Die Fünfziger lassen grüßen

Regensburger Almanach 2004

Die Fünfziger lassen grüßen

Regensburger Almanach 2004

Herausgegeben von Konrad Maria Färber

Mit Beiträgen von
Wilhelm Amann, Claudia Böken, Werner Chrobak, Eva Demski,
Hans-Jürgen Drumm, Konrad M. Färber, Christian Feldmann, Günther Handel,
Oswald Heimbucher, Benno Hurt, Peter Küspert, Berenike Nöll, Heiner Riepl, Michael Sahr,
Günther Schießl, Albert von Schirnding, Wolf-Peter Schnetz, Christof Schütz,
Jutta Vielberth, Birgit Weichmann, Werner A. Widmann und Peter Wittmann

MZ BUCHVERLAG
REGENSBURG

Gedruckt mit freundlicher Unterstützung von:

Dr. med. Franz Xaver Biehler
Evangelische Wohltätigkeitsstiftung in Regensburg
Fachhochschule Regensburg
Technischer Vertrieb Gehmeyr GmbH & Co.
Haellmigk Kunststoffe GmbH & Co. KG
Haellmigk GmbH Schwimmbad & Sauna
Mittelbayerische Zeitung
Sparda-Bank Regensburg eG
Sparkasse Regensburg
Stadt Regensburg
Dr. Johann Vielberth KG
Wirtschaftsberatung Robert Vierthaler e. K.
Immobilien Wingerter GmbH
Spedition Zitzelsberger, Gustav Frick
Oswald Zitzelsberger

Konrad Maria Färber (Hrsg.)
Die Fünfziger lassen grüßen
Regensburger Almanach 2004
© MZ Buchverlag GmbH, Regensburg, 2004
Abbildung auf dem Umschlag: Dult (1951), von Willi Ulfig, Aquarellfarbe auf Papier, Inv.-Nr. 315
© Kunstsammlung der Sparkasse Regensburg
Umschlagfotos: Walther Zeitler
Dieses Werk ist einschließlich aller seiner Teile urheberrechtlich geschützt. Jede Verwertung außerhalb der engen Grenzen des Urheberrechts ist ohne Zustimmung des Verlages unzulässig und strafbar. Dies gilt insbesondere für Vervielfältigungen, Übersetzungen, Mikroverfilmungen und die Einspeicherung und Verarbeitung in elektronischen Systemen.
Satz: Vollnhals Fotosatz, Mühlhausen/ Ndb.
www.mz-buchverlag.de

ISBN 3-934863-20-5

Inhalt

DIE FÜNFZIGER LASSEN GRÜSSEN

8 *Werner Chrobak*
Zwischen Hallenbad und Kabinenroller
*Streiflichter aus Regensburg in den
1950er Jahren*

17 *Konrad Maria Färber*
„S' rosaseidene Höserl"
Regensburger Skandale der Fünfziger Jahre

25 *Wolf Peter Schnetz*
Geisterstunde in der Dominikanerkirche
*Wenn die Kälte am größten ist, wärmt
die Erinnerung*

29 *Benno Hurt*
Die Tochter des Hausmeisters
*Eine vergebliche Regensburger
Liebesgeschichte*

35 *Wilhelm Amann*
Kunst und Künstler der Fünfziger Jahre
in Regensburg
Magere Zeiten und neue Impulse

44 *Eva Demski*
Beerenlese
*Eine Regensburger Kindheit in den
Fünfziger Jahren*

50 *Albert von Schirnding*
Regensburger Tagebuch
*Eine in den Fünfziger Jahren
gelebte Jugend*

62   Claudia Böken
     Aufstieg und Fall eines Regensburger
     Wurstimperiums
     *Die Firma Ostermeier war der Inbegriff
     des Wirtschaftswunders*

REGENSBURG AKTUELL

68   Peter Küspert
     Die Augustenschule
     *Eine Jahrhundertchance für die
     Regensburger Justiz*

77   Benno Hurt
     Das Bild im Rücken der Richter
     *Überlegungen zu Astrid Schröders
     künstlerischer Wandgestaltung im Schwur-
     gerichtssaal des Landgerichts Regensburg*

82   Heiner Riepl
     Kultur über der Donau
     Das neue Künstlerhaus Andreas-Stadel

86   Berenike Nöll
     Obatzter, Bröselschmarrn und Reiberdatschi
     *Bairische Wörter auf Regensburger
     Speisenkarten*

93   Peter Morsbach
     Gescheitert und verhindert
     *Regensburger Verkehrsplanungen für
     die Altstadt*

REGENSBURG IN DER LITERATUR

103 Michael Sahr
     Roswitha Schlegl – eine Kinderbuchautorin
     mit Leib und Seele
     „Geschichten vom Rand der Erde"

111 Hans Dieter Schäfer
     Augustabend im Spitalgarten

REGENSBURGER PERSÖNLICHKEITEN

112 Christian Feldmann
     Ein großer Bischof, ein kleiner Priester und
     die „Volksverdummung"
     *Sanfter Kämpfer: Zum Tod von Studien-
     direktor Josef Hanauer*

REGENSBURGER GESCHICHTE

115 Oswald Heimbucher
     Statt Braunhemd und Geländedienst –
     Volkslied und Kammermusik
     *Wie die Regensburger HJ-Spielschar die
     Ideen der Jugendmusik-Bewegung bewahrte*

121 Günter Handel
     Die Regensburger Wurstkuchl
     *Der Streit um die „älteste Wurstküche der Welt"
     für Regensburg entschieden*

129 *Jutta Vielberth*
Die Bleistiftfabrik Rehbach
*Viele Jahrzehnte lang trugen die Regensburger
Bleistifte das Schlüsselwappen in alle Welt*

136 *Christof Schütz*
Regensburger Kinderkrankenhäuser
*Vom Mathilden-Kinder-Spital zum modernen
Perinatalzentrum*

REGENSBURGER JUBILÄEN

144 *Günther Schießl*
„Schuck wie hais"
150 Jahre Regensburger Bruckmandl

150 *Birgit Weichmann*
Vom Buchladen zum größten katholischen
Krankenhaus Deutschlands
*Das Krankenhaus der Barmherzigen Brüder
wird 75 Jahre alt*

157 *Hans-Jürgen Drumm*
Der Rotary-Club Regensburg wird fünfzig
Mehr als ein alltägliches Jubiläum?

163 *Peter Wittmann*
Peter Bäumler – Galerist (55) und Galerie (30)
*Randbemerkungen zu einer
faszinierenden Zeit*

REGENSBURG VOR 50 JAHREN

168 *Werner A. Widmann*
Das Jahr der schönen Täuschungen

175 Unsere Autoren

180 Abbildungsnachweis und Quellenverzeichnis

181 Register der Jahrgänge 1968 bis 2003

WERNER CHROBAK

Zwischen Hallenbad und Kabinenroller

Streiflichter aus Regensburg in den 1950er Jahren

Mit dem Kabinenroller und dem Skandal um den Film „Die Sünderin" hat Regensburg in den 50er Jahren bundesweit Schlagzeilen gemacht, doch die Situation am Beginn jenes Jahrzehnts war für die Stadt alles andere als glänzend. Der herrschende Wohnungsmangel, der durch die zahlreichen Flüchtlinge noch verschärft wurde, die sprichwörtliche Finanzknappheit der Stadt sowie eine hohe Kriminalitätsrate prägten das Schlagwort von der „besonderen Notlage Regensburg". Obwohl zahlreiche Industrie-Ansiedelungen schließlich zu wirtschaftlichem Wachstum führten und der soziale Wohnungsbau vorangetrieben wurde, war die so genannte Nachkriegszeit in Regensburg im Grunde genommen erst 1959 zu Ende. Der Aufschwung des „Wirtschaftswunders" folgte in der Donaustadt erst in den 60er Jahren. Werner Chrobak gibt einen Überblick.

Bei der ersten genauen Volkszählung nach dem Krieg am 13. September 1950 wurden exakt 117291 Einwohner gezählt. Immerhin waren 1950 noch rund 19000 Flüchtlinge in der Stadt. Bis 1960 stieg die Gesamteinwohnerzahl auf 124414. Eines der größten Probleme war die Finanzknappheit der Stadt in den 50er Jahren: Unter den vergleichbaren Städten Bayerns hatte Regensburg 1950 die geringsten Einnahmen aus Gewerbe- und Grundsteuer. Die Zahl der Unterhaltsempfänger war damals doppelt so hoch wie in Augsburg.

Kennzeichnend auch für die wirtschaftlichen und sozialen Verhältnisse: Hinsichtlich der Kriminalität nahm Regensburg 1950 in Bayern mit 78 Straftaten auf 1000 Einwohner die Spitzenstellung ein (Durchschnitt 32). In der Säuglingssterblichkeit (fast 20%) wurde die Stadt bei einem Vergleich von 100 deutschen Städten nur von Amberg und Straubing übertroffen. Eine Besserung war nur von politischer Seite zu erwarten.

Die Regensburger politische Szene

Die Beschlagnahmung von Gebäuden seitens der amerikanischen Besatzung zog sich zum Teil bis in die Mitte der 50er Jahre hin. 1950 wurde das bisherige IRO-Krankenhaus in der Landshuter Straße unter dem Namen St.-Josefs-Krankenhaus der Verwaltung des Caritasverbandes übergeben. Das Neue Rathaus in Regensburg war 1951 noch das letzte von den Amerikanern besetzte Rathaus der Westzone. 1952 wurden die Hotels National und Weidenhof von den Amerikanern geräumt. Im März 1954 wurde nach dem Bau eines amerikanischen Lazaretts auf dem Gelände amerikanischer Kasernen endlich auch das Männerkrankenhaus der Barmherzigen Brüder wieder für die deutsche Bevölkerung freigegeben.
Zu Beginn der 50er Jahre war in Regensburg Georg Zitzler (CSU) Oberbürgermeister und Hans Perzl (Bayernpartei) 2. Bürgermeister. Beiden waren bei

den Kommunalwahlen 1948 gewählt worden, bei der die CSU mit 33 Prozent als stärkste, die Bayernpartei mit 24 Prozent als zweitstärkste Partei hervorgegangen war. 1952 – damals fanden die Kommunalwahlen noch im vierjährigen Turnus statt – hatte sich das Blatt gewendet. Die CSU konnte ihren Stimmenanteil zwar geringfügig, um 3,5 Prozent auf knapp 38 Prozent steigern und blieb damit stärkste Partei. Zur zweitstärksten Partei aber rückte die SPD auf: Sie vermehrte ihren Stimmanteil von 22 Prozent auf rund 32 Prozent und verdrängte damit die Bayernpartei, die nach erdrutschartigen Verlusten nur noch knapp 5 Prozent der Stimmen erhielt. Im Stadtrat waren damals 17 Mitglieder der CSU, 14 der SPD, 2 der Bayernpartei, ferner 7 Mitglieder kleinerer Splitterparteien vertreten. Die Regensburger Bürger wählten am 30. März 1952 den seit 1948 als Fraktionsführer der CSU im Stadtrat politisch wieder aktiven Hans Hermann in direkter Wahl zum Oberbürgermeister. Im Stadtrat vereinte am 12. Mai 1952 der Herausgeber der „Regensburger Woche" Josef Rothammer (SPD) 23 Stimmen auf sich und wurde damit 2. Bürgermeister.

Auf der kommunalpolitischen Ebene behauptete sich Oberbürgermeister Hermann eine weitere Wahl-

Test des Messerschmitt-Kabinenrollers als Polizeidienstfahrzeug

periode, als 1956 sein bisheriger 2. Bürgermeister Josef Rothammer als Gegenkandidat der SPD bei der OB-Wahl erfolglos gegen ihn antrat. Rothammer wurde als 2. Bürgermeister abgelöst, wobei ihm von 1956 bis 1960 Karl Dinkel folgt. OB Hans Hermann bestimmte bis zu seinem Tod am 20. August 1959 die Regensburger Kommunalpolitik. 1954 bis 1958 vertrat er die Stadt Regensburg zudem als CSU-Abgeordneter im Bayerischen Landtag, seit 1955 war er auch Bezirksvorsitzender der CSU.

Der Tod Hermanns am 20. August 1959 machte eine außerordentliche OB-Wahl am 8. Oktober 1959 notwendig. Als Sieger ging daraus der Volksschullehrer Rudolf Schlichtinger (SPD) mit 58,1 Prozent der Stimmen hervor. Diese Wahl leitete eine neue Ära in der Regensburger Kommunalpolitik ein. Bei den Stadtratswahlen im März 1960 errang die SPD mit 23 Sitzen die absolute Mehrheit. Schlichtinger, für die SPD bereits auch seit 1954 im Bayerischen Landtag sitzend, regierte als SPD-Oberbürgermeister die Stadt fast zwei Jahrzehnte, von 1959 bis 1978. Das Landtagsmandat nahm er bis 1970 wahr.

Wirtschaft Regensburgs

Größter Arbeitgeber bei Kriegsende 1945 waren die Messerschmitt-Flugzeugwerke mit fast 12000 Beschäftigten gewesen. Einen Ersatz für diese Arbeitsplätze zu finden, war eine der größten Herausforderungen für die Regensburger Kommunalpolitik der Nachkriegszeit. So scheiterten zwei Neuansiedlungsversuche von Industriebetrieben, auf die man große Hoffnungen setzte: Die Verhandlungen mit der Waschmittel-Fabrik Henkel und die Bemühungen um die Ansiedlung der Autofabrik Auto-Union auf dem Gelände der ehemaligen Messerschmitt-Flugzeugwerke.

Zum Trost waren aus der Zeit vor dem Zweiten Weltkriegs wenigstens noch einige größere Firmen übrig geblieben: Die Süddeutsche Holzverzuckerungs-AG in der Donaustauferstraße, die 1954 von der Chemischen Fabrik von Heyden aufgekauft wurde. Weiter in Betrieb war auch die den Messerschmittwerken angegliederte Regensburger Stahl- und Metallbau GmbH. Besonders bekannt wurde sie 1953/54 mit der Produktion des „Messerschmitt-Kabinen-Rollers". 1954 wurden in Regensburg 5752 Kabinenroller gebaut, davon gingen 1700 ins Ausland. Nachdem jedoch Ende 1963 die Monatsstückzahl auf 150 Fahrzeuge gesunken war, wurde die Produktion eingestellt.

Auch wenn der Auto-Industrie in Regensburg mit dem Messerschmittroller letztlich kein längerfristiger Erfolg beschieden war, so konnten hinsichtlich von Industrie-Ansiedlungen auf anderen Sektoren Zug um Zug Erfolge verbucht werden. Die Textilindustrie, die vor 1945 in Regensburg kaum vertreten war, nahm hier einen rasanten Aufschwung. Dafür einige Beispiele: Die Kleiderfabrik Bleimund, bereits Ende 1944/Anfang 1945 aus Wielicka bei Krakau nach Regensburg und Umgebung verlagert, errichtete auf dem ehemaligen Messerschmitt-Gelände einen Neubau mit 2100 m² Nutzfläche. Die Produktion wurde auf hochwertige Herrenoberbekleidung umgestellt. Oder das Herrenbekleidungsunternehmen Rieger & Schildt. Nach seiner Rückkehr aus der Kriegsgefangenschaft im August 1945 hatte der Firmeninhaber von der amerikanischen Militärregierung die Lizenz zur Produktion von Straßen- und Arbeitsanzügen erhalten. 1953 wurde ein neues Fabrikgebäude am Hochweg errichtet. 1958 erwarb Rieger & Schildt das Goliath-Haus-West und richtete dort nach einer völligen Entkernung des historischen Gebäudes ein Bekleidungshaus ein. Zur Branche gehören auch das Teppichwerk (1956), die „Regina Wirk- und Strickwarenfabrik GmbH" (1948) und die „Elfi-Strumpffabrik GmbH" (1950). Das Prosperieren anderer Textilbetriebe, vor allem aber das noch nicht ausgeschöpfte Reservoir an weiblichen Arbeitskräften in Regensburg und Umgebung, bewogen schließlich auch die Mieder-Fabrik „Triumph", Ende der 50er Jahre in Regensburg ein Zweigwerk zu errichten.

Der Zuwachs an Arbeitsplätzen im Textilsektor wurde nur noch auf dem Gebiet der Elektrotechnik übertroffen. Bereits im Juli 1945 hatte sich das Sachsenwerk, Licht- und Kraft-AG, bemüht, seinen Firmensitz in Niedersedlitz (Sachsen) nach Regensburg zu verlegen. Von großer Bedeutung für den Regensburger Arbeitsmarkt wurden die Siemens-Schuckertwerke. Von 1948 bis 1950 wurde das Installationsgerätewerk von Hof an der Saale in die Donaustadt verlagert. Dieses im Osten der Stadt an der Irler Höhe angesiedelte Werk entwickelte sich zum größten Industriebetrieb der Stadt – 1959 waren hier über 1600 Menschen beschäftigt. Als zweites Werk eröffnete Siemens 1959/60 im Westen der Stadt auf dem Gelände der ehemaligen Messerschmitt-Werke ein Bauelementewerk, das Mitte der 1960er Jahre in ein Halbleiterwerk fortentwickelt wurde und 500 Menschen einen Arbeitsplatz bot.

Die Bemühungen um eine Neuansiedlung von Betrieben in den 50er Jahren hatten Früchte getragen. Entscheidend dabei war der sprichwörtliche Unternehmergeist von Flüchtlingen und Vertriebenen – zumeist aus dem Sudetenland – und der Umstand, dass die ehemals im deutschen Osten oder der Ostzone angesiedelten Betriebe neue Produktionsstätten im Westen benötigten. Von 35 im Jahr 1958 registrierten Neugründungen waren 22 Flüchtlingsbetriebe.

Als ein wichtiger Wirtschaftsfaktor für Regensburg entwickelte sich damals auch der Hafen. Dieser größte der bayerischen Häfen erreichte bereits 1950 wieder das Maximum des Güterumschlags vor 1945, nämlich 1,3 Millionen Tonnen. 1957 stieg das Volumen auf über 3 Millionen Tonnen. Der dringend erforderliche Ausbau der Hafenanlagen wurde 1959 begonnen.

Die Zahlen der Statistik sollen einige grundlegende Fakten aber nicht verdecken: 1950 war Regensburg unter den kreisfreien Städten der Oberpfalz diejenige mit dem niedrigsten Industrialisierungsgrad: Nur 62 von 1000 Einwohnern hatten ihren Arbeitsplatz in der Industrie. Städte wie Amberg, Weiden und Schwandorf wiesen einen wesentlich höheren Industrialisierungsgrad auf. Das Gewerbesteueraufkommen war

Miss-Wahl in Regensburg am 1. April 1956

Einweihung der wiederhergestellten Nibelungenbrücke durch Bischof Dr. Michael Buchberger am 21. November 1950

in Regensburg, im Vergleich zu anderen bayerischen Städten, am niedrigsten: Im Haushaltsjahr 1956 betrug diese Steuer in Regensburg pro Kopf 57,57 DM, in Nürnberg dagegen 133,48 DM.

Zur Hebung der Wirtschaft setzte die Regensburger Kommunalpolitik auch auf ein neues Konzept des Fremdenverkehrs: Regensburg sollte Kongressstadt und Ziel eines Bildungstourismus werden. Im Mai 1949 wurde der Regensburger Fremdenverkehrsverein wiederbelebt und der Fremdenverkehrsverband Oberpfalz-Niederbayern mit der Werbeplattform Ostbayern gegründet. Tatsächlich stieg die Beschäftigungszahl im Hotel- und Gaststättengewerbe um 25%. Ein Gewinn für Regensburg waren auch die von dem aus Prag vertriebenen Arzt Dr. med. Franz Schmidl initiierten Ärztlichen Fortbildungstage.

Ein Projekt, das Regensburg strukturell einen großen Schritt vorangebracht hätte, aber erst in den 60er Jahren verwirklicht werden konnte, war die Universitätsgründung. 1947 hatte der Regensburger Hochschulrektor Prof. Dr. Josef Engert beim Kultusministerium den Plan einer „Hochschule für Geisteswissenschaften" vorgelegt. Das Kultusministerium seinerseits schlug wegen knapper Staatsfinanzen eine Universität Bamberg-Regensburg vor. Dagegen regte sich Widerstand bei den drei alten Universitäten München, Erlangen, Würzburg. Die für Regensburg so hoffnungsvollen Pläne mussten anfangs der 50er Jahre begraben werden. Erst 1959 unternahm Prof. Engert einen erneuten Anlauf. Oberbürgermeister Schlichtinger unterstützte ihn mit Schwung. Entscheidend war schließlich eine Empfehlung des Wissenschaftsrates im November 1960.

Regensburg nahm natürlich auch am „Motorisierungsaufschwung" teil, ablesbar an den steigenden Zulassungen für Pkw: 1952 waren 2539 Pkw gemeldet, 1954 hatte sich ihre Zahl schon fast verdoppelt. Der dichter werdende Verkehr führte u. a. auch dazu, dass an der Kreuzung Weißenburger/Adolf-Schmetzer-Straße die erste Ampel Regensburgs aufgestellt wurde: von einem Polizisten bedient, aber auch auf Automatik umgeschaltet werden konnte.

Gleichzeitig versuchte die Stadt mit neuen Verkehrsmitteln die gestiegenen Anforderungen zu bewältigen. Im Mai 1950 beschloss der Stadtrat die Errichtung einer „Obuslinie" (Busse mit elektrischen Oberleitungen) zwischen Hauptbahnhof und Konradsiedlung, die am 18. März 1953 in Betrieb ging. Andererseits wurde aber die bisherige Straßenbahn, die als Hindernis für den modernen Verkehr angesehen wurde, Stück um Stück abgebaut. Im Oktober 1955 war die Linie Domplatz-Schlachthof, im September

1959 die Linie nach Kumpfmühl eingestellt worden. Am 1. August 1964 wurde die Regensburger Straßenbahn schließlich endgültig eingestellt. Das „Walhalla-Bockerl", das seit 1946 wieder zwischen Reinhausen, Donaustauf und Wörth verkehrte, war 1956 auf Diesel-Betrieb umgestellt worden. Seit 1959 fuhr das „Bockerl" nur noch ab der Bahnstation Regensburg-Kalkwerk. Am 1. Oktober 1960 wurde auch hier der Personenverkehr still gelegt.

Bauten der 1950er Jahre

Die 1950er Jahre waren von einer regen Bautätigkeit bestimmt, die das Regensburger Stadtbild teilweise bis heute prägt. Die Aufbauarbeiten an zerstörten Gebäuden zogen sich bis Anfang der 50er, zum Teil bis in die 60er Jahre hin. In der Wiederherstellung der angeschlagenen Verkehrsinfrastruktur brachte das Jahr 1950 zwei wichtige Fortschritte: Am 17. November 1950 eröffnete der Regensburger Hauptbahnhof seine erneuerte Schalterhalle. Am 23. November 1950 wurde die wiederhergestellte Nibelungenbrücke für den Verkehr freigegeben. Die Reparatur der im April 1945 gesprengten Steinernen Brücke erfolgte erst 1967.

Die Stadt Regensburg unternahm, trotz der permanenten Finanzknappheit, große Anstrengungen, um die Lebensbedingungen im Versorgungs-, Erholungs- und Bildungsbereich zu verbessern. 1950 konnte das neue Schwimmbecken der Regensburger Turnerschaft, das so genannte RT-Bad, der Öffentlichkeit übergeben werden. Politisch spektakulär war der Neubau eines Hallenbades in der Gabelsberger Straße. Der Anstoß hierzu ging auf den damals amtierenden 2. Bürgermeister Josef Rothammer (SPD) zurück. Rothammer forderte mit seiner These vom „spekulativen Haushalt" die Aufnahme von Schulden

Eröffnung des Schwimmbeckens der Regensburger Turnerschaft am 5. August 1950

Umstritten bei den Regensburgern war die moderne Plastik von Seff Weidl.

durch die Kommune, da nur so bestimmte Objekte verwirklicht werden könnten. Nach langen Diskussionen setzte er sich damit im Stadtrat durch. Am 27. November 1955 wurde das von der Stadtbau errichtete Hallenbad eröffnet. Im Gegensatz zu dem modernen Bau konnten sich die Regensburger mit der davor aufgestellten Bronzefigur von Seff Weidl nicht gleich anfreunden. Sie wurde Spottobjekt zweier Regensburger Faschingsumzüge.

Schließlich gab es zahlreiche für den Schul- und Bildungssektor erforderliche Neubauten. 1951 war Richtfest für den Schulbau in Ziegetsdorf. 1952 wurde der Grundstein zur Bauschule – der späteren Fachhochschule – gelegt. Keine zwei Jahre später folgte die Kerschensteiner Berufsschule. 1958 wurde noch die Schule Hohes Kreuz erbaut.

Die in Regensburg herrschende Wohnungsnot war eine der größten Herausforderungen der damaligen Kommunalpolitik, wobei man zu allererst bestrebt war, Barackensiedlungen, wie zum Beispiel am Pulverturm, zu ersetzen. Finanzielle Unterstützung wurde durch die zwei Wohnungsbaugesetze von 1950 und 1956 ermöglicht. Am 1. April 1950 fand der erste Spatenstich für 98 Volkswohnungen an der Augsburger Straße statt – es war der Auftakt für den sozialen Wohnungsbau in Regensburg. Zahlreiche von der Stadtbau GmbH errichtete Wohnanlagen folgten. An der Ecke Prüfeninger-/Lessingstraße entstanden 1953 die ersten Regensburger Eigentumswohnungen.

Für die gesundheitliche Versorgung der Regensburger Bevölkerung bedeutete der Neubau der Kinderklinik St. Hedwig einen großen Gewinn. In ihrer Nachbarschaft schlug ein Bauprojekt der OBAG heftige Wellen. Anstelle eines kleinen, zweistöckigen Verwaltungsbaus aus dem Jahr 1936 legte die OBAG 1956 den Plan für ein zwölfgeschossiges Hochhaus vor, der jedoch auf scharfe Ablehnung nicht nur des Regensburger Stadtrates und der Bürgerschaft, sondern auch des Bayerischen Landesbaukunstausschusses stieß. Die OBAG begnügte sich dann stattdessen mit dem Bau eines vierstöckigen Gebäudes, das auch einen atombombensicheren Luftschutzraum erhielt. Zwei weitere Bauten können als typisch für die 50er Jahre in Regensburg gelten: 1951 beschloss der Vorstand der Industrie- und Handelskammer die Errichtung eines neuen Kammergebäudes in der Dr.-Martin-Luther-Straße. Die gründerzeitliche Villa Gschwendner, die während der Nazizeit Sitz der Kreisleitung war, wurde abgebrochen. Beim Bau des Kellers beseitigte man allerdings eine 30 Meter lange Römermauer, die hinderlich im Wege stand – das Bayerische Denkmalschutzgesetz wurde erst 1973 wirksam.

Nur rund 200 Meter Luftlinie von der Industrie- und Handelskammer entfernt, entstand 1953/54 in der Landshuter Straße das neue Hauptzollamt Regensburg. Ein weiterer für die 50er Jahre typischer Neubau war das Kolpingshaus. Die im Krieg erfolgte Zerstörung des einst neugotischen Vereinshauses St. Erhardi hatte den Kolpingsverein bewogen, einen Neubau zu errichten. Die damals in Diskussion befindlichen Pläne der städtischen Verkehrsplanung zwangen zur Übertunnelung der Straße in Richtung Eiserne Brücke. Der nach Plänen des bekannten Regensburger Architekten Hans Beckers entworfene Bau wurde 1954 feierlich eingeweiht.

Symptomatisch für das in den 50er Jahren allmählich steigende Konsumverhalten ist die 1953 erfolgte Eröffnung des ersten Regensburger Selbstbedienungsladens – des Silberbauers in der Roten-Hahnengasse. 1954 erweiterte das Kaufhaus Merkur am Neupfarr-

Milchbar in der Jakobstraße 1956, spätere Bar des Handstand-Lucki

platz mit dem „Bardtenschlagerhaus" seine Fläche und baute die erste Rolltreppe ein. Im selben Jahr wurden auch das Kaufhaus Woolworth und schräg gegenüber das Bilka-Kaufhaus eröffnet.

Eine der zeittypischen Besonderheiten besitzt Regensburg auch im so genannten Milchpilz oder Milchschwammerl. In der Zeit der Mangelernährung der Nachkriegszeit wurde Milch als gesundes und preiswertes Nahrungsmittel propagiert. Dem Beispiel amerikanischer Bars folgend wurden die Milchbars mit ihren Milchmixgetränken vorübergehend Mode. Mitte Mai 1954 wurde der Milchpilz, ein Serienprodukt der Firma Hermann Waldner KG in Wangen/Allgäu – in Holzfertigbauweise mit kunststoffüberspanntem Dach –, in den Grünanlagen vor dem Regensburger Bahnhof aufgestellt. Auch wenn inzwischen aus dem Milch- und Eisstand ein Gyros-Verkaufsstand geworden ist, als eines der seltenen Exemplare aus der Serienproduktion der Fünfziger steht der Milchpilz seit kurzem unter Denkmalschutz.

Zum Lebensgefühl der 50er Jahre gehörten die Kinos. In den Samtsesseln der doch noch harten Wirklichkeit der Nachkriegszeit wenigstens für einige Stunden zu entfliehen, gehörte zum Vergnügen, das man sich leistete. Fernsehgeräte waren noch so teuer, dass sie nur in wenigen Haushalten anzutreffen waren. So kam es mit Beginn der 50er Jahre zu einer wahren Flut von Kino-Gründungen. 1950 wurden das Bavaria und die Ostentor-Lichtspiele eröffnet. Es folgten die Regina-Lichtspiele in Reinhausen, das Film-Casino im Kasernenviertel, die Schloß-Tirol-Lichtspiele, das Metropol in der Konradsiedlung, das Scala in Kumpfmühl und zuletzt das Gloria.

Großstadtflair sollten die Geschäftsbauten des Versicherungsunternehmens Deutscher Herold am Eingang der Maxstraße vermitteln. Nachdem die Pläne 1955 genehmigt waren, legten Grabungen die Südostecke des Römerlagers frei. 1958/59 wurde zunächst der größere Verwaltungsbau fertiggestellt. Anschließend folgte der stadteinwärts gelegene kleinere Bau. Ursprünglich sollten die Ausgrabungen wieder zugeschüttet werden, um einen Parkplatz für die Herold-Bediensteten zu schaffen. Dem Bürgersinn und Aktionismus des Regensburger Journalisten und Auto-Rennfahrers Horst Bergschneider war es jedoch zu verdanken, dass sich die Versicherungsmanager zur Freilegung der teilweise bereits zugeschütteten Ausgrabungen bewegen ließen.

Denkmalpflege in Regensburg in den 50er Jahren ist ein problembelastetes Kapitel, das nicht jedes mal einen so glücklichen Ausgang nahm wie im Falle der Herold-Bauten. Ein markantes Beispiel ist der Pustetbau in der Gesandtenstraße. Der Stadtrat stimmte 1957 dem Abriss-Antrag der Firma Pustet zu, obwohl sieben zum Teil wertvolle historische Gebäude mit Hofanlagen betroffen waren. Erheblichen Widerspruch legte damals der Hauptkonservator des Bayerischen Landesamtes für Denkmalpflege in München, Dr. Hans Hörmann, ein, jedoch ohne Erfolg.

Regensburg in den 50er Jahren – das ist ein Kaleidoskop der Not, aber auch des hoffnungsvollen Aufschwungs. Die Stadt und ihre Bürger hatten unter schwierigen Umständen nach der Katastrophe des Zweiten Weltkriegs erstaunliche Leistungen vollbracht. Dazu gehören in erster Linie die Industrieansiedelungen und der soziale Wohnungsbau. Die Ansiedelung von Industrie- und Wirtschaftsbetrieben wurde durch das im Stadtwesten zur Verfügung stehende Messerschmittgelände, durch das Vorhandensein zahlreicher leerstehender Kasernenbauten sowie durch ein noch nicht ausgeschöpftes Potential an Arbeitskräften begünstigt.

KONRAD MARIA FÄRBER

„S' rosaseidene Höserl"

Regensburger Skandale der Fünfziger Jahre

Die großen Skandale der Fünfziger Jahre spielten in Frankfurt, in Bonn und in München. Einer davon rankte sich um das Mädchen Rosemarie Nitribitt, das als „Nuttenwunder von Frankfurt" gewissermaßen selbst zu einer Signatur jener Jahre geworden war. Die damals im Zeichen der Wiederbewaffnung stehende junge Bundesrepublik erschütterten Skandale wie die Onkel-Aloys-Affäre, in die der Bundesverteidigungsminister Franz Josef Strauß verwickelt war. Im Freistaat machten die Spielbankenaffäre und der anschließende Meineid-Prozess der Bayernpartei den Garaus. Die Regensburger Skandale sind im Vergleich dazu zwar harmloser, aber dennoch typisch für diese Zeit.

Ein Ereignis, das Regensburg gleich zu Beginn der Fünfziger Jahre in seinen katholischen Grundfesten erschütterte und nicht zuletzt die 1952 erfolgte Abwahl des damaligen Oberbürgermeisters Georg Zitzler (CSU) zur Folge hatte, waren die Vorgänge um den Film „Die Sünderin". Der Skandal, der damals bundesweit Schlagzeilen machte, ist immer wieder ausführlich dargestellt worden, so dass er hier nur in Kürze geschildert werden soll. Die von der Katholischen Aktion geschürten Proteste gegen die Aufführung des Films hatten zu heftigen Gegenprotesten und schließlich unter ministerieller Deckung zu einem vom Oberbürgermeister erlassenen Verbot des Films ge-

Massenaufruhr in Regensburg wegen der „Sünderin"

führt. Als sich aber der Kinodirektor über das Verbot hinwegsetzte und die Abendvorstellung mit der „Sünderin" anlief, besetzte die städtische Schutzpolizei den Vorführraum und beschlagnahmte die Filmkopie. Das brachte das Fass zum Überlaufen. Eine aufgebrachte Menschenmenge zog zuerst zum Bischöflichen Palais, wo man die Drahtzieher des Filmverbots vermutete, stürmte dann die Kinokasse und marschierte anschließend gegen das Rathaus. Die Menge wurde mit Gummiknüppeln und unter Einsatz eines Spritzenwagens der städtischen Feuerwehr abgedrängt. Auf Anordnung des Oberbürgermeisters musste die Polizei alle verfügbaren Kräfte mobilisieren: Stadtpolizei, Landpolizei und Einsatzreserve. Sogar Einheiten der US-Armee wurden um Beistand ersucht. Der Oberbürgermeister, der sich inzwischen im Hotel „Grüner Kranz" versteckt hatte, ließ sich von dort in einem gepanzerten Polizeifahrzeug nach Hause bringen. In einer tumultartig verlaufenden außerordentlichen Stadtratssitzung, in der sich der Polizeidirektor rechfertigen sollte, wurde mit 16 zu 15 Stimmen die Aufhebung des Filmverbots beschlossen.

Stadtrat Dr. Habbel und die „Intendantenkrise"

Zum Skandal hatten sich in den frühen Fünfziger Jahren auch die Zustände am Regensburger Stadttheater entwickelt. 1953 war aus dem Kreis der Bewerber um den Intendanten-Posten Dr. Wolfgang Nufer erkoren worden. Dass dieser ehemalige Kulturreferent der SS und Hauptschriftleiter der Zeitschrift „Völkische Kultur" gewesen war, beeinträchtigte die Wahl nicht. Nufer hatte in dem katholischen Regensburger Verleger und CSU-Stadtrat Dr. Josef Habbel, der den zuständigen Theaterausschuss des Stadtrats beherrschte, einen mächtigen Fürsprecher. Habbel hielt auch zu Nufer, als sich schon zu Beginn seiner ersten Spielzeit 1953/54 die so genannte „Intendantenkrise" abzuzeichnen begann. Nufer hatte das Regensburger Publikum brüskiert, als er den allseits beliebten Schauspiel-Star Gustav Altenöder kündigte und dieser seitdem im Regensburger

Verleger und CSU-Stadtrat Dr. Habbel stellte sich vor die Intendantenkrise

Katasteramt Grundbucheintragungen vornehmen musste. Der gesamte Theaterbetrieb entglitt dem von privaten Schwierigkeiten belasteten Intendanten zusehends – man sprach hinter vorgehaltener Hand auch von Alkoholproblemen. Für die Geschichte des Regensburger Theaters bedeutete dies einen Tiefpunkt einer Intendantenära, die man sich kläglicher und peinlicher kaum vorstellen konnte. Trotz erwiesener Unfähigkeit gelang es Dr. Nufer, dank seines politischen Beschützers, dass der Stadtrat seinen Vertrag um ein weiteres Jahr bis August 1956 verlängerte. Als jedoch die Zustände am Theater weiter eskalierten und die Presse offen vom Skandal sprach, war die Stadtverwaltung zum Handeln gezwungen. Man einigte sich schließlich darauf, dass Nufer freiwillig zum

1. Dezember 1955 von seinem Posten zurücktrat, die Stadt ihm aber bis August 1956 weiterhin das volle Gehalt in Höhe von 1000 DM bezahlte.

„S' rosaseidene Höserl"

Im Gegensatz zur Intendantenkrise war „S' rosaseidene Höserl" des Regensburger Bauerntheaters eher eine Lachnummer. In dem derb-harmlosen Schwank, der wie üblich in einem oberbayerischen Gebirgsdorf spielte, ging es um eine aus der Großstadt kommende junge und moderne Dame, die hier ihre Sommerfrische verbrachte. Ein neugieriger weiblicher Pensionsgast fand Gefallen an der rosaseidenen Unterwäsche der jungen Dame. Die Folge davon war, dass das rosaseidene Höserl im weiteren Verlauf des Stücks in die Taschen verschiedener Herren wanderte, darunter des Schulrats und des Hofherrn, und somit für allerlei Verwirrung sorgte. Ohne das Stück selbst gesehen zu haben, glaubte jedoch der damalige städtische Rechtsrat Dr. Sigmund Silbereisen, der sich zum Vorstand einer von ihm ins Leben gerufenen „Überkonfessionellen Filmkommission" gemacht hatte und später bei der Aktion „Saubere Leinwand" mitmischte, das „rosaseidene Höserl" könnte die Phantasie besonders von Jugendlichen auf gefährliche Ab- und Irrwege führen. Und weil ihm als Rechtsrat auch das Amt für Jugendschutz unterstand, setzte er die Staatsanwaltschaft in Aktion. Diese wiederum schickte die Polizei ins Bauerntheater, die den völlig verdatterten Theaterleiter ins Verhör nahm. Nachdem sich schließlich herausgestellt hatte, dass Kinder und Jugendliche ohnehin nicht zum Publikum der Bauernbühne zählten, wurde das Verfahren eingestellt – und in Regensburg lachte man über den übereifrigen Tugendwächter im Rathaus.

Die flotte Sekretärin und der Verkehrsdirektor

Am 11. März 1954, einem Faschingsdienstag, war die attraktive und von mehreren offiziellen Herren umschwärmte Sekretärin des Regensburger Verkehrsdirektors Walter Strebe verhaftet worden. Sophie S. (36) hatte gewissermaßen unter den Augen ihres Chefs insgesamt 21200 DM aus der Kasse des Fremdenverkehrsamtes unterschlagen – eine Summe, die heute etwa 100000 EUR entspricht. Zwei Jahre lang war es ihr gelungen, durch Abpausen der Unterschrift ihres Chefs gefälschte Schecks des Fremdenverkehrsverbands auszustellen und sich die Beträge bei der Bank auszahlen zu lassen. Um die Unterschlagung zu vertuschen, hatte sie die Bankauszüge und Bilanzen entsprechend manipuliert sowie die Protokolle des Fremdenverkehrsvereins gefälscht, etwa dass die Vorstandschaft einem Bankkredit in Höhe von 15000 DM zugestimmt habe. Man fragte sich allgemein, wie eine solche Unterschlagung so lange unentdeckt bleiben konnte, noch dazu in einer Behörde?

Der Verkehrsdirektor gab unumwunden zu, er habe seiner Sekretärin deshalb nicht auf die Finger gesehen, weil er von bank- und buchungstechnischen Dingen weder etwas verstand noch davon wissen wollte und ihr außerdem grenzenlos vertraut habe. Allerdings hatte sich auch der ehrenamtlich tätige Kassierer des Fremdenverkehrsvereins nicht um die Kasse gekümmert. Der jährlich vom Fremdenverkehrsverband bestellte Rechnungsprüfer, ein Regierungs-Oberinspektor, meinte, ihm seien zwar hin und wieder gewisse Unstimmigkeiten aufgefallen, aber die Sekretärin habe seine Bedenken stets zerstreuen können. Die beiden städtischen Revisoren, die ebenfalls jährlich die Bücher und Abrechnungen prüften, entschuldigten sich damit, dass es in der Bürokammer, in der ihnen die Bankauszüge vorgelegt wurden, zu dunkel gewesen sei. Pikanterweise zeigte sich immer deutlicher, dass die aparte Sophie S. durchweg ältere Herren sozusagen um den Finger gewickelt hatte.

Hinzu kam – und das machte die Affäre besonders aufregend –, dass nicht nur die Prüfer, sondern vor allem Direktor Strebe offenkundig mehr als nur ein dienstliches Verhältnis zu seiner hübschen Sekretärin gepflegt hatte. Der ehemalige Reichsbahnrat, der 1949 unverheiratet als Verkehrsdirektor in die Dienste der Stadt und des Tourismusverbandes Ostbayern getreten war, zeigte sich bei gesellschaftlichen Anlässen regelmäßig zusammen mit der elegant gekleideten Sekretärin. Er ließ sich von Sophie S. auf Dienstreisen und bei Messen begleiten. Bei offiziellen Veranstaltungen, Eröffnungen oder festlichen Essenseinladungen saß sie stets neben ihm. Die zwischen den beiden sich immer intensiver gestaltende Beziehung hatte schließlich dazu geführt, dass der Verkehrsdirektor Inserate in Fachzeitungen aufgab, wonach er für eine Verwandte eine kleinere Fremdenpension mit Gaststättenbetrieb zu pachten suchte. Sophie S., die mit 31 Jahren unmittelbar nach ihrer Scheidung bei ihm als Sekretärin angefangen hatte, sollte damit offensichtlich für die Zukunft versorgt werden – womöglich auch für eine gemeinsame Zukunft.

Die „Regensburger Woche" gab dazu einen treffenden Kommentar ab: „In einer Stadt, in der es so viele offizielle Herren gibt, die indigniert zur Seite blicken, wenn ihnen ein Geschiedener oder gar in eine konfessionelle Mischehe verstrickter Zeitgenosse ins Blickfeld tritt, nahm man an dem jahrelangen gemeinsamen Auftreten des Herrn Strebe und seiner Sekretärin bei offiziellen Anlässen auch an höchsten Stellen keinen Anstoß."

Unklar blieb bis zuletzt, was die hübsche Sophie mit dem vielen Geld gemacht hatte, und auch das Gericht bezweifelte, dass sie in zwei Jahren 21000 DM allein für Kleidung und Parfüms ausgegeben habe. Man konnte – wie die „Regensburger Woche" damals meinte – sich des Eindrucks nicht erwehren, dass sie andere schonen wollte.

Sophie S. wurde zu 20 Monaten Gefängnis verurteilt. Walter Strebe, dem kein strafrechtliches Verschulden, wohl aber eine krasse Vernachlässigung seiner Dienstaufsichtspflicht vorzuwerfen war, war als Verkehrsdirektor sowie als Geschäftsführer des Fremdenverkehrsverbandes und der AG „Donaustraße" nicht mehr tragbar. Er wurde zunächst beurlaubt und schied dann anschließend freiwillig aus dem Amt. Zum Schluss nochmals Originalton „Regensburger Woche": „Galante Leisetreterei, Unklarheit in der Abgrenzung der Kompetenzen, der Nimbus des Offiziösen um eine flotte Sekretärin, der sie mit einer Art gesellschaftlichen Schutzzone umgab und eine gewisse Verfilzung haben die Tragödie heraufgeführt."

Die heimliche kirchliche Ehe

Aufregend und für Regensburg besonders bezeichnend war der Fall des sudetendeutschen geistlichen Studienprofessors Dr. theol. Dr. phil. Eduard S., der am Neuen Gymnasium – heute Albrecht-Altdorfer-Gymnasium – katholischen Religionsunterricht erteilte und dabei seine Schüler zuweilen auch heftig mit Kopfnüssen und Ohrfeigen traktierte. Jener katholische Geistliche war ins Gerede gekommen, weil er am 22. Mai 1954 seinen ehemaligen und ebenfalls aus dem Sudetenland stammenden Ex-Kollegen und Studienrat a. D. Anton Sch. (65) mit einer 45-jährigen Kriegerwitwe kirchlich getraut hatte, ohne dass eine standesamtliche Trauung erfolgt war. Für die kirchliche Handlung hatte der Bischöflich Geistliche Rat

Josef H., seines Zeichens Pfarrherr in Falkenstein, das ihm anvertraute Gotteshaus zur Verfügung gestellt. Hintergrund dieser rein kirchlichen Hochzeit war, dass die Kriegerwitwe mit drei Kindern die schon seit Jahren bestehende und damals so genannte „Onkel-Ehe" von der obersten Instanz gewissermaßen legalisieren wollte, gleichzeitig aber fürchtete, nach einer standesamtlichen Trauung auf ihre Kriegerwitwenrente verzichten zu müssen. Dr. theol. Dr. phil. Eduard S. hatte sich damit eines Vergehens nach § 67 des Personenstandsgesetzes schuldig gemacht und wurde später vom Schöffengericht verurteilt. Der Pfarrer von Falkenstein kam mit einer Geldstrafe von 300 DM davon.

Nicht ohne Tragik war die mysteriöse Affäre eines Arztes und seiner Geliebten

Der Arzt und die Direktrice – Mord oder Selbstmord?

Nicht ohne Tragik war die Affäre des zum drittenmal verheirateten Regensburger Arztes Dr. med. Kurt P. (42) und seiner 28-jährigen Geliebten Ditha G. Ein geheimnisvoller Telefonanruf in einem Café in der Altstadt hatte in der Nacht vom Sonntag, 12. Juni, auf Montag, 13. Juni 1955, zwei Freunde des Arztes alarmiert. Als sie die Türe zu seiner Am Ölberg gelegenen Wohnung verschlossen fanden, auf ihr Klingelzeichen niemand öffnete, im Schlafzimmer aber noch Licht brannte, holten sie die Polizei. Die Türe wurde gewaltsam geöffnet. Im Schlafzimmer fand man Ditha G. röchelnd auf dem Bett liegen. Sie hatte einen Abschiedsbrief hinterlassen, in dem die Rede von 60 Schlaftabletten war, die sie eingenommen hatte. Der Arzt selbst lag tief schlafend neben ihr. Ins Krankenhaus gebracht wurde beiden der Magen ausgepumpt. Der Arzt erwachte nach einiger Zeit, für Ditha G. hingegen kam jede Hilfe zu spät.

Der Fall war von Anfang an rätselhaft, zumal der Arzt zunächst nur verworrene Angaben machte und sich angeblich an nichts mehr erinnern konnte. Schließlich erklärte er, er habe acht Schlaftabletten einge-

Die Regensburger Woche berichtete ausführlich über diese Liebestragödie

nommen, aber nur um schlafen zu können. Ditha G. habe, nachdem er eingeschlafen war, nicht 60, sondern nur 18 Schlaftabletten genommen, um damit einen Schein-Selbstmord in Szene zu setzen, sei dabei aber, da die von ihr alarmierte Hilfe zu spät kam, infolge ihres schwachen Herzens verstorben. Motiv ihres Schein-Selbstmordes: Sie wollte ihn nach dem Rezept des unlängst in Regensburg gelaufenen Films „Teufel in Seide" zur Scheidung von seiner Frau und Heirat zwingen.

Überraschenderweise stellte sich aber nach der Sektion der Leiche heraus, dass Ditha G. überhaupt keine Schlaftabletten genommen hatte. Im Schlafzimmer waren an der Wand Blutspuren gefunden worden, die auf eine Auseinandersetzung schließen ließen. Die Polizei, die zunächst davon ausgegangen war, die beiden hätten gemeinsam aus dem Leben scheiden wollen, verdächtigte nunmehr den sich zunehmend in Widersprüche verwickelnden Arzt, den Tod seiner Geliebten herbeigeführt zu haben. Dr. med. Kurt P. wurde verhaftet und in die Augustenburg eingeliefert.

Nach und nach enthüllte sich vor den Augen der staunenden Regensburger Öffentlichkeit die Liebestragödie eines verheirateten Arztes und seiner schönen Direktrice. Dr. med. Kurt P. war im Krieg Unterarzt gewesen und dreimal schwer verwundet worden, dann aus tschechischer und russischer Gefangenschaft 1945 nach Österreich entlassen worden. 1946 war er in Regensburg Leiter der Bakteriologischen Untersuchungsanstalt geworden, hatte aber schon ein Jahr später als praktischer Arzt eine gut florierende Praxis übernommen.

Ditha G., die als Direktrice in der Regensburger Korsett- und BH-Fabrik ihrer Tante arbeitete und ein uneheliches Töchterchen namens Cosima hatte, war als Patientin zu ihm gekommen. Der Arzt verliebte sich in die aparte und extravagante Erscheinung. Von Scheidung war zunächst nicht die Rede. Dr. med. Kurt P. hatte eine Ehefrau und eine Geliebte, und anfangs schien die Menage á trois auch zu funktionieren. Während der Arzt mit seiner Ditha G. an Weihnachten 1954 nach Bad Wiessee fuhr, passte die Ehefrau zu Hause auf die Praxis auf. Doch Ditha wollte sich auf die Dauer mit der Rolle einer Geliebten nicht zufrieden geben. „Wenn ich dich nicht kriegen kann, nehme ich mir das Leben", soll sie gedroht haben und, um ihre Drohung wahr zu machen, nahm sie an Silvester in Bad Wiessee Schlaftabletten ein, deren Dosis aber nicht tödlich war. Dies passte wiederum zu der von Dr. med. Kurt P. geschilderten Version eines vorgetäuschten Selbstmordes, der unglücklicherweise tödlich geendet hatte.

Der mysteriöse Fall bekam aber noch eine ganz andere Seite, die den vorgetäuschten Selbstmord wieder zweifelhaft erscheinen ließ. Dr. P. war – wie man jetzt nach und nach dahinter kam – aufgrund seiner schweren Kriegsverwundung rauschgiftsüchtig geworden. Nach einer missglückten Entziehungskur hatte ihm die Ärztekammer die Rezeptierung von Opiaten entzogen. Nachdem er aber ganz offensichtlich weiterhin Rauschgift eingenommen und auch beim Erwachen nach jener verhängnisvollen Nacht unter der Einwirkung von Rauschgift gestanden hatte, rückte Ditha G. aus der Rolle der Geliebten plötzlich in die Rolle einer mutmaßlichen Rauschgiftlieferantin. Man ging davon aus, dass Ditha G. über ihre Mutter, die mit einem Apotheker verheiratet gewesen war, ihren Arzt regelmäßig mit Opiaten versorgt hatte. Unter Umständen hat sie ihm sogar gedroht, ihm das Rauschgift vorzuenthalten, wenn er sie nicht heirate.

Im Lauf der staatsanwaltschaftlichen Untersuchungen stellte sich immer deutlicher heraus – und das war der eigentlich Skandal an dem sonst so tragischen Fall –, dass die polizeilichen Ermittlungen der Regensburger Kripo mehr als stümperhaft geführt worden waren. 1951 war die so genannte „kleine Mordkommission" der damals noch städtischen Polizei mit der Begründung aufgelöst worden, in Regensburg sei eh nichts los – eine folgenschwere Fehleinschätzung. Im Schlafzimmer des Arztes waren keine Fingerabdrücke abgenommen worden, die Wohnung war nicht versiegelt worden, so dass nachträglich eventuell verdächtige Spuren beseitigt werden konnten. Die an der Wand entdeckten Blutproben vertrockneten im Labor, weil der zuständige Arzt in Urlaub war. Der Mageninhalt von Dr. med. Kurt P., der in einem Regensburger Krankenhaus untersucht werden sollte, war beim Saubermachen in den Ausguss geschüttet worden. Pannen über Pannen.

Der letzte Akt jener grotesken Untersuchung verlief fast schon gespenstisch. Um die Todesursache doch noch zu klären, wurde die Leiche Dithas G. auf Gerichtsbeschluss exhumiert. Doch das Ergebnis der Gerichtsmedizin war wiederum nicht eindeutig. Der Tod der Direktrice – so hieß es jetzt – sei durch eine Dicodit-Injektion eingetreten. Dr. med. Kurt P., der zu diesem Zeitpunkt bereits aus der Untersuchungshaft entlassen war, zog diese Erklärung in Zweifel, zumal Dicodit nur in Tablettenform existierte und Ditha G. folglich die Tabletten erst aufgelöst haben müsste, um sie sich anschließend spritzen zu können. Das aber wäre wiederum mit der Kanüle der in der Praxis vorhandenen Spritze gar nicht möglich gewesen. Und – so fragte man sich weiter – wer hatte eigentlich in jener Nacht die beiden Freunde im Café angerufen? Ditha? Der Arzt mit verstellter Stimme oder vielleicht gar dessen Ehefrau, die heimlich vom Hof aus die sich im Schlafzimmer abspielende Tragödie beobachtet haben könnte? Nicht nur Pannen über Pannen, sondern auch Rätsel über Rätsel.

Nach einjährigen Ermittlungen stellte die Staatsanwaltschaft im August 1956 das Verfahren gegen Dr. med. Kurt P. wegen Mangel an Beweisen ein. Der Arzt forderte daraufhin Schadenersatz für acht Monate unschuldig erlittene Untersuchungshaft – vergeblich. Die Kassenpraxis war ihm vorübergehend entzogen worden. Seine Patienten hatte er zum größten Teil verloren. Im Januar 1957 beging er einen Selbstmordversuch. Einem Rasenden gleich hatte er sich mit einem Skalpell fünf tiefe Schnitte in die Brust, zwei Schnitte am Hals zugefügt. Dr. med. Kurt P. wurde zwar gerettet, aber er blieb für den Rest seines Lebens ein gebrochener Mann. Er hatte auf Rehabilitierung gehofft und den Glauben an die Gerechtigkeit für immer verloren.

Aufstieg und Fall eines Bürgermeisters

Mit einem Provinzskandal ganz im Stil der 50er Jahre endete – zumindest vorerst – der unaufhaltsame Aufstieg des SPD-Stadtrats und Herausgebers der „Regensburger Woche" Josef Rothammer. Vom Pressesprecher des SPD-Unterbezirks Regensburg hatte er sich in den Bezirksvorstand emporgeschwungen und nach der Kommunalwahl von 1952 den Posten des 2. Bürgermeisters errungen. 1956 kandidierte er als Oberbürgermeister gegen den amtierenden, aber gesundheitlich angeschlagenen CSU-OB Hans Hermann. Josef Rothammer hätte gute Chancen gehabt, gewählt zu werden, wenn er nicht drei Tage vor der Wahl seinen Dienstwagen gegen die Straßenbahn gesteuert hätte, und dies um drei Uhr morgens. Das allein wäre ja vielleicht noch angegangen, dass der Bürgermeister aber betrunken war und zudem eine stadtbekannte Prostituierte im Wagen hatte, mit der er eine Kneipentour absolvierte – das war zuviel. Die Dame wurde nach dem Vorfall von Lokalbesitzern als „Frau Bürgermeister" begrüßt. Die CSU inszenierte einen gewaltigen Rummel aus Rothammers Missgeschick, und das Ende war, dass der SPD-Spitzenkandidat nicht einmal ein mageres Drittel aller abgegebenen Stimmen erhielt. Der Sturz des barocken Lebemannes war aber nicht endgültig. Sechs Jahre später zog er für die SPD in den bayerischen Landtag ein.

Zitat: Regensburger Woche Nr. 23 / 6. Jg. (1954)

Aufstieg und Fall des SPD-Bürgermeisters Josef Rothammer

WOLF PETER SCHNETZ

Geisterstunde in der Dominikanerkirche

Wenn die Kälte am größten ist, wärmt die Erinnerung

In den späten Herbsttagen, wenn es auf Allerheiligen zugeht und die Nebelschwaden von der Donau herauf ziehen, werden an den Abenden zuweilen noch heute Gespenstergeschichten zur Geisterstunde erzählt, obwohl mittlerweile Halloween mit seinen Kürbismasken um Mitternacht unter den Kids in Mode gekommen ist.

In den 50er Jahren war die Geisterstunde um fünf, fünf Uhr nachmittags ist gemeint. Die Schultage waren streng reglementiert. Sie begannen um 7 Uhr morgens mit dem Anfauchen der Glut in der glimmenden Asche, in der die Briketts zu feinem, grauen Staub zerfallen waren. Ich wuchs in der Dachwohnung meiner Großmutter im Miethaus an der Prüfeninger Straße auf. Meine Großmutter, die größten Wert darauf legte, von Hausierern, Handwerkern, Handlungsreisenden und Regensburger Geschäftsleuten, angefangen vom Theaterfriseur Jordan in der Gesandtenstraße bis zum Herrn Sperb vom Modehaus in der Maximilianstraße, als „Frau Oberst" angesprochen zu werden – wegen dem Anstreicher, dem Sonntagsmaler, dem Schicklgruber, dem Hitler hatte es mein Großvater nicht zum General gebracht im Gegensatz zum Schricker Paule im Nachbarhaus, worüber meine Großmutter so erbost und verbittert war, dass sie auch nicht durch den Hinweis getröstet werden konnte, es sei ja keine Schande, vom Hitler nicht befördert worden zu sein, im Gegenteil! nein, meine Großmutter fühlte sich zeitlebens um den Titel „Frau General" betrogen, wenigstens den Titel „Frau Oberst" durfte man ihr folglich auf gar keinen Fall vorenthalten – „Frau Oberst" also hatte mir den Befehl erteilt, mich um den Kanonenofen in der großen Diele zu kümmern: Holzhacken im Keller, Braunkohlen und Bricketts schleppen, drei Stockwerke hoch, die Asche ausräumen und im Blechkasten nach unten tragen, drei Stockwerke tief, den Kasten mit einem Zeitungsblatt abdecken, damit kein Krümel auf die Holztreppe fiel, umnebelt von feinem Staub die heiße Asche in die Mülltonne füllen, die damals noch Aschentonne hieß und aus Eisenblech war, nicht aus Plastik wie heute, und das Feuer frühmorgens um sieben mit Kienspan und Altpapier entfachen, bis endlich die Funken durch heftiges Blasen aus der Glut sprangen und der Funkenregen in den Zunder griff. Kurzes Frühstück. Schnell noch aufs Klo. Der obligatorische Abschiedskuss auf das schlecht rasierte Kinn meiner Großmutter, „Frau Oberst", die in rosa Korsett und rotem Bademantel generalstabsmäßig gekleidet war und befehlsgewohnt an der Tür stand.

Die Schule begann um acht. Sie endete mittags um eins. Auf dem Heimweg begegnete ich den Mädchen von den Müllerischen. Sie gingen paarweise, die Arme eingehakt, und waren in ernste Gespräche vertieft, ohne uns Knaben sonderlich zu beachten. Nach dem Mittagessen hatte ich zu ruhen wie „Frau Oberst" auch, bevor sie um vier Uhr zur Teestunde rief. Aber um fünf war ja schon Geisterstunde. Ich musste mich beeilen.

Die Geisterstunde gab es in der Dominikanerkirche am Albertus-Magnus-Platz, von dem ich nicht wusste, dass er Albertus-Magnus-Platz hieß. Damals hieß auch das Alte Gymnasium noch nicht Albertus-Magnus-Gymnasium, sondern schlicht und einfach „Königliches Gymnasium" oder „Altes Pennal". Von einem Mitschüler war ich für die Marianische Congregation angeworben worden, die wir MC nannten. Die Marianische Congregation berief sich auf Ignatius von Loyola und war als Schüler- und Studentengemeinschaft nach dem Vorbild eines Ritterordens organisiert – in Regensburg seit 1592.* Die jugendlichen Mitglieder begannen als Knappen und wurden nach einer Zeit der Bewährung mit einer feierlichen Berührung an der Schulter durch den Präses, den geistlichen Führer, dem Präfekten und Konsulte zur Seite standen, zu Sodalen oder „Rittern" geweiht. Das gefiel uns. Zum Schulbeginn im September wurde ich in die Gruppe aufgenommen. Zweimal in der Woche fand das Gruppentreffen statt. Der Gruppenleiter hieß Lang, der Lang Sepp, lang, hager, asketisch, teilnehmend, sorgenvoll. Er wohnte bei seiner Mutter in der Wilhelmstraße. Der Sepp lehrte uns Wanderlieder und Gebete und bereitete uns auf das Keuschheitsgelübde vor, das wir leisten sollten, sobald wir zu Sodalen gereift waren. Nach einem Probejahr stand die höhere Weihe bevor. Den Sepp verehrte ich glühend, ich wollte mich seinetwegen bewähren. Er entzog sich. Er gilt als verschollen. Von seinem späteren Lebensweg weiß ich nichts. Keiner, den ich gefragt habe, konnte mir Auskunft geben. Neben den vielen bekannten blieb er der vielleicht einzige unbekannte Regensburger! So etwas gibt es – auch in Regensburg.

Als die Tage neblig und novembrig wurden, vertauschten wir das Revier der Gärten und Straßen mit dem Gruppentreff in der Kirche. Dort wurde uns der Kreuzgang zugewiesen. Der Sepp hatte Kerzen mitgebracht, die er auf Grabplatten stellte. Sie flackerten und blakten. Dann erzählte er mit hohler Stimme Gespenstergeschichten und warnte uns vor dem Bösen. Wir sollten fest beten, um uns vor den Geistern zu schützen. Wenn die Geschichte am schaurigsten wurde, machte er „huhuuu". Dann beteten wir besonders innig. Trotzdem sah ich das kopflose Gespenst in der Grabsteintiefe des Kreuzgangs als Schatten auftauchen und mit einer Nebelschleppe schleimig heranschleichen. Ich fürchtete mich sehr. Wir alle fürchteten uns sehr. Aber wir ließen uns natürlich nichts anmerken. Die Gebete steigerten sich zu einem klappernden Stakkato. Der Nachhauseweg abends um sieben führte am Stadtpark entlang am Leichenhaus vorbei. Dort beschleunigte ich meinen Schritt und bekreuzigte mich dreimal. Hinter jedem Gebüsch konnte das Gespenst auftauchen. Schon hörte ich es in den Zweigen knacken. Dann wich ich schnell auf die Straße aus, wo die Autos mit ihren Scheinwerfern nasse Löcher in den Nebel stachen. Einmal wurde ein Radler totgefahren. Ich sah ihn in seinem Blut am Straßenrand liegen. Viele Schaulustige standen herum. Der Tote hatte ein unschuldiges Lächeln im Gesicht, fast kindlich. Meiner Großmutter, „Frau General", wie ich sie zu nennen pflegte, erzählte ich natürlich nur von meinem Mut, den ich im Kreuzgang in der Dominikanerkirche mit den vielen Grabsteinen und den Totenköpfen wieder einmal vor allen anderen bewiesen hätte. Vom Leichenhaus erzählte ich nichts.

An den Gruppenabenden im gotischen Kirchenschiff, von dem (nach Süden) der Kreuzgang abzweigte – mit einem großen Schlüssel wurde eine Pforte geöffnet –

wurden wir vom Sepp vor den Heiden gewarnt. Die Heiden waren die Evangelischen. Leider waren die meisten Müllerischen Evangelische, auch Renate, die Pfarrerstochter aus der Taxisstraße, die Zweitälteste von Fünfen, von denen jede ein Bub hätte werden sollen. Vor allem Renate. Ich bewunderte sie mit ihrem dunklen Jungfrau-von-Orleans-Haarschnitt, einem Pagenschnitt über einer entschlossenen Stirn mit trotzigem Blick. Aber sie war eine Heidin. Also war Abstand geboten! Natürlich nicht nur, weil sie Heidin, sondern auch weil sie ein Mädchen war.

Wolf Peter Schnetz (dritter v. rechts) im Sommer 1953

In den Wintermonaten war ich hin- und hergerissen, wem ich mehr Aufmerksamkeit schenken sollte, den Mädchen von den Müllerischen oder der MC.

Die unbeschreibliche Schönheit und Reinheit der Jungfrau Maria wurde uns vom Sepp in die Seele gebrannt, um uns vor pubertären Anwandlungen zu schützen. In seinem bekehrenden Eifer wurde er zuweilen vom Fähnleinführer Eberhard Dünninger unterstützt, der noch redegewandter und eindringlicher war. Heute ist er Mandatsträger im Stadtrat von Regensburg und „Fähnleinführer" der ÖDP wie übrigens auch die Älteste der fünf Pfarrerstöchter aus der Taxisstraße, Mechthild von Walter, die in der Landeshauptstadt München Stadt- und Studienrätin geworden ist und ebenfalls der ÖDP angehört. Offensichtlich eine Partei, die als Sammelbecken von der jesuitischen MC bis zu evangelischen Pfarrerstöchtern reicht, ähnlich wie in anderen Parteien jeder Sozi ein Arbeiter, jeder Christsoziale ein Kapitalist, jeder Grüne ein Landwirt und jeder Freidemokrat ein westernwilliger Wirtschafts- und Leistungsmensch und ein Besserverdiener ist. Ich bin nur ein simpler Geschichtenerzähler und als solcher das einzige Mitglied in meiner Partei, unter allen Verdienern der schlechteste, für ein Gedicht keinen Cent.

Die Sodalenweihe schaffte ich noch. In der Dominikanerkirche bekam ich den Segen, eine silberne Anstecknadel und ein schönes Marienbildchen mit einem frommen Spruch. Weihrauch wölkte im Kirchenschiff. Ich gelobte ewige Treue. Der Präses Franz Xaver Baumer, die leibhaftige Güte in Menschengestalt, las die Andacht im weißen Chorgewand und legte die Hand auf meine Schulter.

Danach ging es unaufhaltsam bergab. Der schmale Klostergarten zwischen der Kirche und dem Gymnasium war dem Schulhof zugeordnet und in eine Hoch- und Weitsprunganlage umgewandelt worden. Dort bemühte sich mein geliebter Turn- und Sportlehrer Franz Haimerl, der Dr. Haimerl, wie er genannt werden wollte, seinen Schülern nicht nur Hoch- und Weitsprung, sondern als waghalsigstes aller Unternehmungen auch den Stabhochsprung beizubringen. Dazu bekamen wir alte Barrenstangen in die Hand gedrückt, mit denen wir uns in die Luft katapultieren sollten. Die Abstürze im Schatten der Kirche waren schrecklich. In den Augen meiner Klassenfreunde war der Haimerl, der Doktor Professor, vorsichtshalber gebrauchten wir beide Titel, nichts als ein Sadist.

Immerhin machte ich in der Leichtathletik so gute Fortschritte, dass ich mich entschloss, einem Sportverein beizutreten, der DJK, der Deutschen Jugendkraft. Meine Großmutter, „Frau Oberst", stimmte nur unter der Bedingung zu, dass ich mich auch dem Weißen Sport verschrieb, dem Tennis-Spiel auf den Tennisplätzen der Regensburger Turnerschaft an der Uhlandstraße gleich neben dem Stadion, das es dort gab. Die Tennisplätze wurden im Winter als Eisfläche aufgespritzt. Leichtathletik, Tennis, Donau-Schwimmen im Sommer, Schlittschuhlaufen, Skifahren, Theaterspielen im Winter und die Gruppentreffen der MC in der Kirche waren einfach zuviel. Ich musste mich entscheiden. Nach einem heftigen Ringen in schweren Gewissensnöten entschied ich mich für den Sport. Die Liebe zwischen dem Lang Sepp und dem Dr. Haimerl hatte zugunsten des Sports den Ausschlag gegeben. Ich musste es dem Sepp sagen und beichten. Ich war ein Verräter, ich wusste es. Ich hatte seine Achtung und den Segen der Kirche verloren. Ob mir auch der Eberhard Dünninger zürnte, weiß ich bis heute nicht. Sicher hat er mir längst vergeben. Er jedenfalls erinnert sich nicht an einen unchristlichen Groll. Heute unterhalten wir uns nur noch über Literatur.

Bliebe noch zu erwähnen, dass es eine Bauleiter von der Dominikanerkirche war, die es uns als Abiturienten im Sommer 1959 ermöglichte, zur Geisterstunde nach dem Abiturball auf das Dach des Alten Pennals zu klettern und dort neben rosa Reizwäsche ein Fahrrad mit dem höhnischen Spruchband zu montieren: „Nach oben gebuckelt, nach unten getreten!" In den Augen der Schulleitung, Hans Bengl war damals der Rex, war diese Tat, wofür die Stabhochsprunggruppe verantwortlich gemacht wurde, ein geradezu gespenstischer Hochverrat, so dass er die Übeltäter von der B-Klasse kurzerhand aus der Schülerliste eliminierte, was der größtmögliche Ehrverlust war. Seither wandle ich nur noch als reuiger Geist durch die Gasse Am Ölberg, wo der Zugang zur Kirche liegt. Jetzt endlich ist auch dieses Geheimnis gelöst.

Wenn die Kälte am größten ist, wärmt die Erinnerung.

* Vgl. Johannes Buhl, 400 Jahre Marianische Congregation Regensburg, in: Regensburger Almanach 1992, S. 99–109.

BENNO HURT

Die Tochter des Hausmeisters

Eine vergebliche Regensburger Liebesgeschichte

Der Schriftsteller Benno Hurt, Jahrgang 1941, hat seine Eindrücke und Erlebnisse im Regensburg der 50er Jahre in seinem zum Teil autobiographischen Roman „Eine deutsche Meisterschaft" verarbeitet. Über das 1991 im Kellner Verlag erschienene Buch schrieb die Süddeutsche Zeitung: „Das Zeitgeschichtliche verbindet sich ... mit der eindringlichen Studie eines Heranwachsenden, der zwischen sportlichem Ehrgeiz und erwachender Sexualität (auch sie ist imprägniert mit den spezifischen Duftstoffen der fünfziger Jahre) seine Identität sucht. Und außerdem spielt die Handlung in einer sehr typischen Provinzstadt. Hinter Kolbstadt verbirgt sich Benno Hurts Heimatstadt Regensburg." Der Autor hat nachfolgenden Ausschnitt für den Regensburger Almanach ausgewählt.

Ihm blieben nur noch ein paar Tage. Er wollte Franzi, die Tochter des Hausmeisters der Pestalozzischule wiedersehen. Er trieb sich in der Nähe der Schule herum. Er ging wieder den Gartenweg; an diesem Zaun hatte sie gelehnt, der Nachtzug München-Hof-Leipzig fuhr durch, blaue Feuerfunken zerstoben, bröckelten von den Oberleitungsdrähten.

Waggons voller Zonenmenschen, spöttelte er.
Die schlafen bestimmt, sagte Franzi.
Träumen von Kühlschränken und VW.
Gibt es die bei ihnen nicht?
Du gefällst mir, lachte er. Die bringen keinen Fuß aufs Gaspedal.
Gehen wir, sagte sie.
Sie griff nach seiner Hand und sah dem Zug nach.
An Dietmars starker Hand durchs Wirtschaftswunderland, schmunzelte er.

Im Gartenweg hatte er sie zum erstenmal geküsst. Es war ihr erster Kuss gewesen. Er hatte keinen Grund, das zu bezweifeln. Er drückte sie gegen den Holzzaun, damit er seine Hände frei hatte. Sie hatte ihn an den Handgelenken gefasst, und wenn er seine Hände öffnete, mit den Fingerkuppen über dem Rock an ihren Schenkeln tastete, registrierte er an der Entschlossenheit, mit der sie den Griff um seine Handgelenke schloss, ihre Angst, ihren Widerstand. Wusste sie überhaupt, gegen was sie sich wehrte? Warum sie sich ihm widersetzte? Er behielt einen klaren Kopf. Nein, sie wehrte sich nicht gegen ihn. Sie wehrte sich gegen den Zeitpunkt. Er bewegte seine Finger, der stumme Kampf ihrer Hände begann von neuem, nervös wie der Flügelschlag eines Vogels raschelte ihr Rock. Er drückte seinen Mund auf ihren Mund, gegen den sanften Widerstand ihrer Lippen, er fuhr mit seiner Zunge über ihre Zähne. Als er seine Augen öffnete, sah er, dass sie die Augen offen gehabt hatte. Augenblicklich machte er sich von ihr los, richtete sich auf, rückte ab. Sie griff nach seinen Händen, führte sie zurück, lehnte sich in den Zaun, aber er bewegte seine Hände nicht, rührte keinen Finger, wartete, bis sich ihre Oberschenkel ihm entgegendrückten. Jetzt erst war er erregt.

Ja, sie war die Tochter des Hausmeisters. Er hatte sich am Anfang eingebildet, dass sie nach Schulspeise roch. Der Haarkranz auf dem runden Hausmeisterschädel ihres Vaters, seine pappigen Hände, wenn er in den Pausen den Schülern aus einem Korb die süßen Amerikaner reichte, die stets finstere Wohnung im Parterre, das private Refugium aus üppig wuchernden Pflanzen, ausgesonderten Rollschränken und Vogelkäfigen, immer, überall Schule, noch im Elternschlafzimmer, in das er einen Blick geworfen hatte, die Erinnerung an fromm gefaltete Hände über dem hoch aufgetürmten Hausmeisterehepaarbett – das wollte er sich nicht „einkaufen", das verband er mit ihr. Er war ihr nicht treu.

Er trug den Geruch fremder Parfums noch in seinen Kleidern, wenn er sich anschließend mit ihr traf. Bemerkte sie es nicht? Redete sie nur nicht darüber?

Er hatte sie damals, 1953, für den frühen Nachmittag zu sich eingeladen. Seine Familie verbrachte das Wochenende in der Arberhütte im Bayerischen Wald. Er hatte sich abgesetzt. Sie kam pünktlich, auf die Minute. Er lag noch im Bett. In der Küche häufte sich im Spülbecken das Geschirr. Der Aschenbecher quoll über. Er hatte mit einem Freund gefeiert. Er kleidete sich an, nachdem er ihr geöffnet hatte. Schubladen wurden aufgezogen, geschlossen. Teller klirrten. Aus einer Gummiflasche drückte sie Pril ins Wasser. Wie sehr sie Mutter ähnelte. Dieses bedrückende Schweigen, das um sie entstand, das aggressive Klirren des Bestecks, wenn sie Messer und Gabeln zurück in die Besteckschublade legte. Er konnte in diesem Schweigen das Ticken der Wanduhr nicht mehr ertragen. Wie wenig sie sich von Maria unterschied: Wie sie dieses Schweigen schufen, und dann die Starrköpfigkeit, mit der sie es aufrechterhielten, durchhielten, der wortlose Vorwurf, der sich in dem metallenen, gläsernen Klappern und Klirren der Küchengeräte wiederholte – Schweigen war ihre stärkste Waffe. Sie hatte die Ärmel ihrer Schürze hochgekrempelt. Ja, sie trug, als wäre dies selbstverständlich, Mutters Schürze. Er saß auf der Chaiselongue und beobachtete sie. Wenn sie ihren Kopf vom Schatten ins Licht bewegte, leuchtete ihr rotes Haar auf. Sein Blick wanderte mit ihren Bewegungen hin und her. Ihn schwindelte. Er hatte zuviel getrunken am Abend vorher. Ihre schmalen Hände mit den rotlackierten Fingernägeln stießen steil ins Wasser wie die gestreckten Körper der Kunstspringer, die im Blau-Weiß-Bad ihre Meisterschaft austrugen; sie war eine leidenschaftliche, ausdauernde Schwimmerin; sie konnte springen. Sie federte auf dem Dreimeterbrett, sprang in einem schönen, kühnen Bogen, tauchte ein, durchschwamm die Fünfzigmeterbahn in gleichmäßigen Zügen, schnellte am Beckenrand aus dem Wasser, das im Sonnenlicht von ihrem glänzenden Lurexanzug ablief, wie jetzt die Wasserperlen vom Geschirr abliefen, das sie kurz hochhielt, prüfend musterte, bevor sie den Teller in den Geschirrkorb stellte. Er hatte sich zu ihr in die Umkleidekabine gedrängt, wo es dumpf und modrig nach Gras und feuchten Badeanzügen roch. Er hatte Stunden in der Sonne gelegen, jetzt drückte er seinen aufgeheizten Körper gegen ihre Brüste, sie schlotterte, stürzte, weil die Kante der Holzbank in ihre Kniekehlen stieß. Im Fallen versuchte er, sie zu küssen, ihre Haut schmeckte nach gechlortem Wasser. Ein Klopfen an der Tür der Umkleidekabine trieb sie auseinander; sie standen still, mit angehaltenem Atem. Sie hörten, wie ein Ball gedämpft in der Wiese aufsprang, das Keuchen der Spieler, die hinter ihm herjagten. Sie waren erleichtert.

Sie trocknete Tassen und Teller, stellte sie ins Büffet. Dann, am Küchenfenster, sah sie zum Taxisbräu hinüber, wandte ihm den Rücken zu. Das Geschirr war im Büffet, das Besteck in der Schublade, eine frische Decke über dem Tisch. Jetzt bröckelte das Schweigen ab, lief wie Sand durch das Nadelöhr eines Glasbehältnisses, verrieselte, verrann. Sie war ihm ausgeliefert. Sie gehörte ihm, stellte er triumphierend fest. Das ruhige Bild ihres Rückens, wie sie am Fenster stand, um sich von ihm abzuwenden,

Benno Hurt als 13-jähriger Stenz im Sommer 1954

verdeutlichte nur, dass sie sich ihm zuwenden müsste, endlich, mit jeder Bewegung, jeder Geste, jedem Laut, jedem Wort, auf das er begierig wartete, zurückgelehnt auf der Chaiselongue, aus verengten Augen fixierte er sie. Mit geöffneten Beinen lag er da. Seine Familie bestieg den Arber. Er war mit Franzi allein.

Ihre Bewegungslosigkeit enthielt unausgesprochen die Bitte, er möge ihr helfen, dieses Schweigen zu beenden. Er sah über ihre Schultern zum Seiteneingang des Taxisbräu hinunter, wo auf dem Treppenplateau Bierträger sich stapelten.

Ich lieb dich doch, sagte er. Sie fing zu weinen an. Er fasste sie an den Oberarmen, drehte sie herum. Er sah ihr auf den Mund.

Schorscherl, begann er, ihr zögernd vorzusingen, den Blick auf ihre

Lippen geheftet, in der Erwartung, dass auch ihr Mund dieses Wort formen würde, ein Losungswort, sie wussten beide Bescheid; sie musste die Losung ausgeben, sich ihm ausliefern mit einem Wort, mit einer Verformung ihrer Lippen. Schorscherl, begann er wieder, indem er sie an den Schultern fasste, Schorscherl, komm, fahr mit mir … Sing es. Sing es für mich.

Sie schüttelte den Kopf. Er ließ nicht locker. Aus ihrem Mund, aus dem Mund der Tochter des Schulhausmeisters, wollte er hören, was zur albernen Erkennungsmelodie geworden war. Bettelnd sah er ihr auf die Lippen. Angestrengt formte sie unter seinem strengen Blick das erste Wort. Mit diesem Wort zwang er sie, ihr Schweigen zu brechen, er war Sieger geblieben, sie gab auf, mit einem Wort, dem ersten Akt ihrer Hingabe, unter Tränen sang sie: Schorscherl, komm, fahr mit mir im Automobil, von Hamburg nach Kiel, kost ja net viel …

Er sah entzückt auf ihren Mund, als würde sie endlich ein langersehntes Geständnis ablegen, das Eingeständnis, dass sie von ihm abhängig war, dass er sie besitzen konnte, wann immer er wollte, wo immer er auch herkam.

Schorscherl, komm fahr mit mir im Automobil, von Hamburg nach Kiel, kost ja net viel …, wiederholte sie den Refrain mit brüchiger Stimme. Er drängte sie gegen die Tür. Mit einem Zug öffnete er die in ihrem Rücken gebundene Schürze. Er schob ihren engen Rock hoch zur Hüfte. Warm fühlte seine Hand zwischen Strumpfende und Schlüpfer. Mit klarem Blick kontrollierte er in ihrem Gesicht, was sie fühlte, auf dem Weg seiner Hand unter dem Gummizug ihrer Wäsche. Nur für ihn trug sie, die Hausmeistertochter, schwarze Wäsche, nur für ihn stand sie auf Stöckelschuhen, zunehmend wehrlos, gegen die Tür gelehnt.

Er brauchte diesen Widerstand. Er suchte ihn. Ja, er baute ihn auf. Es war wie bei „Eine-Ware-Losschlagen". Beim Rasieren vor dem Spiegel, am Steuer des Libby: Er baute sich seinen Gegner auf.

Später bewirtete er sie mit den Resten, die vom Abend vorher übrig geblieben waren. Fisch in Tomatensauce aus dem Frigidaire, Mürbteig mit Bananenscheiben belegt, mit Aprikosenhälften beschichtet; durchsichtige Gelatine, in der der Aprikosensirup aus der Dose aufgelöst war, überzog als kühler Guss den Kuchen. Eine halbvolle Flasche Weißwein, endlos zogen sich auf dem Etikett grüne Rebstöcke eine Steillage hinauf, auf deren höchstem Punkt ein Kirchturm in einen Herbsthimmel ragte. Wein von der Mosel, sagte er weltmännisch. Das ist die Mosel, er deutete auf die silbrige Schleife am Fuß der Rebhänge.

Spätlese 1951, las sie andächtig. Spätlese, Dietmar! wiederholte sie ungläubig.
Spätlese – was sonst.
Spätlese, las sie nochmals, sich vergewissernd, vom Etikett. Kopfschüttelnd, vorwurfsvoll, sah sie zu ihm auf: Spätlese – du spinnst!
Er nahm die bleikristallenen Römer, die auf einem Klöppeldeckchen hinter Glas das Wohnzimmer zierten, aus der Vitrine, stellte sie lässig auf die Tischplatte. Vorsichtig fasste sie an den mit Nuppen besetzten Schaft.
Daraus trinkt ihr?
Daraus trinken wir.
Am Sonntag.
Täglich – wo denkst du hin.

Wo hatte sie hingedacht? Sollte er hierbleiben, sie heiraten, mit ihr ein Zimmer in der Hausmeisterwohnung ihrer Eltern beziehen, sich ein Schlafzimmer einrichten in diesem düsteren, weitläufigen Souterrain, das über kein Bad verfügte, in dem man von einem einzigen finsteren Gang in die Küche, in das Wohnzimmer abtrat, als würde man vom gebohnerten Schulhausgang ins Lehrerzimmer treten. Jeder hatte seine Chance. Auch sie. Seine Chance lag nicht hier, nicht in Kolbstadt. Wollte sie ihre Chance wahrnehmen, musste sie raus aus dieser Pestalozzischule. Der Geruch von Kreide, Bohnerwachs und lauwarmem Kakao musste raus aus ihren Wollsachen, raus aus ihrem roten, selbstgeschneiderten Kostüm. Sie durfte sich nicht auf einem Weg, der durch Schrebergärten führte und bei einer Volksschule endete, bewegen. Ihre gemeinsame Zeit, ihre Zeit mit ihm, war eine Erfahrung, die sie nutzen könnte. Was ist aus ihr geworden? dachte er, als er mit seinem Libby bei der Schulhofmauer hielt und durch das Spalier der aufragenden Pappeln nach dem Fenster spähte, hinter dem er sie vermutete; es brannte Licht. Er stellte den Motor ab, kurbelte die Scheibe herunter, stützte seinen Ellbogen in die Öffnung der Fahrertür. Er hatte sie sich gezogen, abgerichtet nach seinen Wünschen und dann allein gelassen. Hatte es Männer gegeben, die davon profitierten? War sie wieder eine feste Bindung eingegangen? Wurde er in ihrer neuen Beziehung verschwiegen? Oder war er bei ihr, wenn ein anderer bei ihr war? Könnte sie das rote, selbstgeschneiderte Kostüm tragen, aus dem roten, engen Rock schlüpfen, ohne von seiner Gegenwart verunsichert, ohne von der Erinnerung an Schorscherl, Hamburg und Kiel traurig gestimmt zu werden?
Er stellte das Radio an, drehte den geriffelten Plastikknopf auf der Suche nach einem Sender. Eifersucht war das letzte, was er sich verziehen hätte. Er lächelte. Jeder wurde schließlich einmal sentimental.

Einkäufer aus aller Welt, sagte der Sprecher, kamen wieder nach Hannover. Das Markenzeichen Made in Germany konnte wieder auf Interesse und Nachfrage in allen Kontinenten rechnen. Bundeswirtschaftsminister Erhard – er legte den Gang ein, fuhr an – kann sagen: „Es ging uns nie so gut", und seine Devise, meinte der Sprecher, seine Devise „Wohlstand für alle" geht für die große Mehrheit sichtbar und spürbar in Erfüllung. Es rauchen wieder die Schlote, schloss der Kommentator.
Sie gehörten nicht zur großen Mehrheit. Nennenswertes Einkommen in der Familie verdiente nur er. Warum zur großen Mehrheit gehören? fragte er sich. Spitzenverdiener wollte er werden. Auf geradem, kurzem Weg. Den Umweg über die Mehrheit nahm er allenfalls widerwillig in Kauf.

Sein Philips Autoradio war kritisch, und das hieß analytisch, betrachtet, kein Luxusartikel. Der Informationsstrom versiegte nicht, auch nicht, wenn er aus seinem Libby stieg und das Hotelzimmer aufsuchte, denn er konnte das Philips-Gerät aus der Halterung ziehen. Er würde sein Nyltesthemd waschen und auf einen Plastikbügel hängen und dabei auf Tuchfühlung mit dem bleiben, was draußen in der Wirtschaft geschah. Er wollte sich offenhalten für alle Informationen. Welchen Anzug man bei welcher Gelegenheit trug, war genau so wichtig wie die Verkaufsziffern von VW zwischen Flensburg und Konstanz. Alles stand mit allem in Beziehung, bedingte sich; alles war Ursache und Wirkung zugleich.
Er lenkte seinen Libby durch die nächtliche Stadt. Im Martini, dem einzigen Lokal, in dem Pernod zu haben

war, saßen ein paar Gymnasiasten, tranken ein Weißbier. An Sonntagmorgenden spazierten sie, die Süddeutsche Zeitung in die Beuge ihres Armes geklemmt, durch die Maximilianstraße. Knabenhafte Vorstellungen von dem Phänomen Großstadt waren das, Fremdanleihen, nicht mehr, die achtlos weggeschnippte Zigarettenkippe, ein Eis bei dem Italiener, der Benjamin Gigli am Hauptbahnhof bei der Durchfahrt im Zug die Hand gedrückt hatte und jetzt mit dieser Photographie in seiner Auslage warb, ein bewegungsunscharfer Benjamin Gigli, verdutzt, weil er nicht wusste, wie ihm geschah, als der Zug außerplanmäßig im Ödland hielt, wie er das nannte, was seine Lehrer als Heimatstadt bezeichneten. Immerhin, der clevere Eismann hatte diese „italienische Begegnung" inszeniert, und die Mittelbayerischen Nachrichten hatten das Photo gedruckt.

Neben der Eisdiele die fade Eleganz des Café Fürstenhof, wo im ersten Stock die Billardkugel rollte, während im Parterre die Körper der Tanzenden sich steif bewegten; hier führten die Herren, hielten den rechten Ellbogen waagrecht, hielten in linker Herrenhand die rechte Damenhand, exakt in Augenhöhe. Bei Tageslicht besehen war das tiefste Provinz. Über allem wachte der Bischof, dieser eifersüchtige Hüter des sechsten Gebotes, der mit allen Mitteln seines Einflusses dafür sorgte, dass sich keine Industrie in Kolbstadt ansiedelte. In den Fabriken, in den Köpfen der Arbeiter, in den Körpern der Arbeiterinnen wohnte die Sünde, ließ der Bischof im Bistumsblatt schreiben.

Der Bischof und seine Katholische Aktion, die Kolbstadt vor vier Jahren in die Schlagzeilen gebracht hatten, als sie sich der „Sünderin" entgegenstemmten, ihrem lasterhaften, verderbten Körper, der angeblich grell und amerikanisch war; mit einem weichen, mitleidigen Herz, wie die Befürworter der „Sünderin" zu bedenken gaben. Mitleid fühlte auch er mit den Eingeborenen von Ödland, die sich auch heute noch dem Donnerwetter beugten, das am Morgen des 21. Februar 1951 von Kolbstadts Kanzeln einsetzte; er erinnerte sich genau, denn der „Schandfilm" war für Jugendliche unter sechzehn Jahren verboten; natürlich sah er den Streifen, in dem nicht viel zu sehen war. Mehr zu sehen gab es vor dem Rathaus von Kolbstadt, wo sich Hunderte von Frauen mit Kindern und Geistliche versammelt hatten als das Aufgebot der Katholischen Aktion, dem „Die Freiheit der Presse und des Films" gegenüberstand. Polizei zog im Gloria auf, beschlagnahmte die sündigen Filmrollen, besetzte das Theaterbüro. Vor dem Bischöflichen Ordinariat kam es zum Auflauf. Als der Brandmeister der Berufsfeuerwehr sich weigerte, mit der Spritze gegen den unanständig gesinnten Teil der Bevölkerung vorzugehen, beschlagnahmte die Polizei den Löschwagen. Sein jugendlicher Schmähruf war einer von dreitausend Schmährufen, die in Strömen von Wassern ertränkt wurden. Gummiknüppel flogen im Foyer des Gloria, wo statt der „Sünderin" „In die Falle gelockt" auf der Leinwand flimmerte; polizeiliche Prügel bezogen die enttäuschten Besucher, die sich an den Standphotos der schamlosen Sünderin schadlos halten wollten. Nein, was wollte er noch in dieser Stadt. Es gab keine Aufstiegsmöglichkeiten in ihr. Jede Träne, die er weinen würde, wäre eine falsche, sagte er sich.

Am Dienstagnachmittag räumte er seine Bücher, Schulhefte, Geschäftsjournale aus der Kommode, stapelte seine Wäsche. Christ, sein kleiner Bruder, hatte Unterricht.

WILHELM AMANN

Kunst und Künstler der Fünfziger Jahre in Regensburg
Magere Zeiten und neue Impulse

Die Kunst und die Künstler der 50er Jahre sind einem historisch bedingten Zwiespalt ausgesetzt: Auf der einen Seite die unfassbaren Verfehlungen des 3. Reiches und der Atomschrecken des beginnenden „Kalten Krieges", auf der anderen Seite eine neue Modernität, eine schwingende Dynamik und ein optimistisches Lebensgefühl. Die Kunst der 50er Jahre wird nicht neu erfunden. Sie greift nach den großen Bewegungen der ersten Hälfte des 20. Jahrhunderts. Sie nimmt alles auf, was nicht reglementiert ist. Ihre wichtigsten Kunstrichtungen sind: Klassische Moderne, Surrealismus, Abstrakter Expressionismus, Kubismus, Art brut, Ecole de Paris, Collage, Verzahnte Malerei, Gruppe Cobra. Deutschland richtet den Blick nach Frankreich, später nach New York. Die Weltkunst diskutiert: Figuration oder Abstraktion. Die Diskussion endet nie. Viele Künstler befreien sich in der Abstraktion, kehren aber später zu Figuration zurück.

Das Leben der Künstler ist auch in Regensburg alles andere als rosig. Viele von den Flüchtlingen und Vertriebenen hat der pure Zufall in die Donaustadt geführt, mitunter auch verwandtschaftliche Beziehungen, ehemalige Bekanntschaften oder frühere Kunstverbindungen.

Die Künstler darben noch mehr als die übrige Bevölkerung. Wer kauft Kunst, wo das Brot fehlt? Wer vergibt Aufträge, wo erst aufgebaut werden muss? Den Kunstschaffenden bleibt nichts anderes übrig, als alle möglichen Aufträge auszuführen. Noch heute sehe ich Willi Ulfig vor mir, wie er hoch über dem Eingang zum damaligen Capitol eine riesengroße Filmtafel anbringt und die letzten malerischen Feinheiten ausführt.

Die amerikanische Militärregierung erteilte am 22. Mai 1946 die Genehmigung für die Gründung des Berufsverbands Bildender Künstler Ndb./Opf. (BBK). Acht Tage vorher wurde der Kunst- und Gewerbe-Verein wieder zugelassen, während die „Künstlervereinigung Regensburg", eine relativ lose Verbindung, schon seit 1945 existierte. Diese verlangt „ein verantwortungsbewußtes Kunststreben". Und dass Künstler „die sich allzu willig der Kunstproduktion zu Propagandazwecken des Dritten Reiches anpaßten, gut daran täten, eine nicht zu kurze Weile im stillen Kämmerlein zu bleiben und denen die Ausstellungswände zu überlassen, die unter der Kunstkammer-Bevormundung nicht ausstellen durften oder nicht wollten". Der Feuilleton-Redakteur der MZ mit dem Pseudonym „Philipp", schreibt 1945: „Was wir nicht mehr sehen wollen: kernige Blut- und Bodenbauern, vor allem nichts unter dem Titel ‚Fruchtbarkeit'."

Nicht nur als berufsständische Organisation ist der BBK wichtig, er ist auch für die praktischen Dinge hilfreich, so z. B. die Durchführung von Mal- und Zeichenkursen; Zuteilung von Pressfaserplatten und

Schmierseife; Holzzuteilung, bzw. Rahmenbewirtschaftung; Brennspirituszuweisung; Beschaffung von Zeichen- und Malmaterial; Farbzuteilung; Bereitstellen von Heizmaterial; Pinselspenden.

Einzelausstellungen sind zu dieser Zeit seltener, mit Ausnahme von Willi Ulfig, der 1947, 1949 und 1950 in der Galerie Reitmeier Regensburg und 1948 in der Kunsthalle Regensburg ausgestellt wird. Eine Kuriosität ist seine Präsentation im Capitol-Filmtheater Regensburg. Die großen Ausstellungen werden vom BBK, dem Kunst- und Gewerbeverein, der Künstlervereinigung Regensburg – in der 2. Ausstellung 1946 werden in der zweiwöchigen Dauer über 2000 Besucher gezählt – Freie Künstlergruppe Regenbogen und der Donau-Wald-Gruppe veranstaltet. Eintrittspreise sind etwas selbstverständliches.

Die Vereinigungen streben auch originale Ausstellungsmöglichkeiten an: Im Foyer und den Wandelgängen des Stadttheaters; bei der Besatzungsmacht; in von Amerikanern besetzten Villen; am Christkindlmarkt; im Amerikahaus; bei G. Geißelbrecht, einem Cafétier in dessen Gastronomieräumen in Kumpfmühl; in Schaufenstern; auch der Rat des Malers Richard Nicolas wird befolgt, im Freien auszustellen.

Beim Künstler-Sommerfest 1948 kürt man die schönste Regensburgerin. Ein Jahr später geht eine ganztägige Großveranstaltung über die Bühne, die „Regensburger Künstlerhilfe". Die Zusammenarbeit der Berufsverbände von Künstlern, Journalisten, Schriftstellern, Deutscher Musikverband, Genossenschaft deutscher Bühnenangehöriger, Internationale Artistenloge u. a. wird zu einem vollen Erfolg.

Eine Ausstellung, die alle Rekorde bricht, findet Ostern 1950 statt. 6400 Besucher zieht „Die schöne Regensburgerin" und „Die Schöne Frau unserer Heimat" an. Der Verleger Karl Esser lässt jedem 300. Besucher ein Bild der Ausstellenden überreichen, und der MZ-Verlag hat für das jeweils beste Bild einen Preis von 200 DM ausgeschrieben.

Motivveranstaltungen bereichern die Szene, wie z. B. die Graphikreihen „Der Mensch" (1958), „Das Tier" (1959) und „Der Mensch und die Technik" (1960). Wie das Wettrüsten und die politische Bedrohung die Kunst weiterhin beschäftigt, sieht man 1966 bei den drei Mischtechniken von Ferdinand Kieslinger „Mit der Bombe leben" in einer Ausstellung des BBK.

Endlich winken die ersten öffentlichen Aufträge. Walter Zacharias gestaltet 1956 die Glasfenster der Hauskapelle des Don-Bosco-Heimes. Hans Muth schafft 1961 die Gedenktafel mit dem Porträt von Hans Hermann an der nach ihm benannten Schule. Richard Triebe gestaltet 1961 die kupfergetriebene Türe zur Neuen Waag.

In einer typographisch ansprechenden Broschüre bringt der Berufsverband 1958 ein Künstlerverzeichnis heraus. Dieser lange gehegte Wunsch soll eine Verbindungsklammer zwischen den Künstlern und der Öffentlichkeit sein. Es enthält die Namen der Künstler mit Kurzbiographie, Informationen über Ausbildung und die ausübenden künstlerischen Techniken.

Werke von Regensburger Künstlern der 50er Jahre

Kurt von Unruh
30. 10. 1894, Hannover – 22. 2. 1986, Roding

Wenn man die Angermühle bei Roding – ein Foto ist in dem 1959 erschienen Buch „Der Landkreis Roding" abgedruckt – betrachtet, so überrascht die Ähnlichkeit mit dem Aquarell des Künstlers. Dann aber zeigt

Unruhs eigener Blick, ein Jahr vor dem Foto umgesetzt, sein künstlerisches Anliegen. Man fühlt den Winter. Unruhs Auge ist aus einer tief liegenden Perspektive auf das Anwesen gerichtet. Das gotische Treppengiebel-Haus, die am Wasser stehende Mühle mit An- und Vorbauten staffeln das Bild in die Breite, von kahlen Bäumen links und rechts angehalten. Die alten Bauten lehnen sich schief aneinander, die weißen Schneedächer gehen ineinander über. Der Winter mit seinen kalten Farben hat alles fest im Griff. Einige Schwünge lösen das Bild aus der winterlichen Starre, so vom linken Baum herab und im Wasser des Regens. Die wunderbar gemalte Flusspartie korrespondiert mit dem bedeckten, beigefarbenen Himmel, den ein sanftes bläuliches Band der weiten Hügellandschaft vom bewohnten und bebauten Mittelteil trennt. Unruh wohnt in der Nähe der Angermühle, hier malt er und führt nebenbei mit der Familie eine kleine Landwirtschaft.

Kurt von Unruh, Die Angermühle in Roding, 48,3 x 63,3 cm, Aquarell, Bleistift, Kohle, 1958

Xaver Fuhr
23. 9. 1989, Mannheim – 16. 12. 1973, Regensburg

Bevor sich Xaver Fuhr endgültig 1950 in Regensburg niederläßt und bis zu seinem Tod hier lebt, verbringt er einige Jahre in Nabburg. Dort entsteht vermutlich um 1945 das Aquarell „Gelber Ochse". Abgesehen von

Xaver Fuhr, Gelber Ochse, ca. 42 x 31,5 cm, Aquarell, um 1945

einigen „echten" finden die meisten Reisen in seinem Kopf statt. Die vorgefundene Wirklichkeit wird in seinem Sinne „zertrümmert" und neu zusammengesetzt. Die Welt ist aus den Fugen, so, dass die Linien der Häuser, Straßen u. ä. nur schräg gegeneinander stehen können. Die Lokalfarbe weicht meist einer „symbolischen Farbigkeit", die auch nicht die reguläre Begrenzung einhält. Ein Liniengerüst strukturiert die Bildfläche. In seinem Aquarell „Gelber Ochse" greift Fuhr teilweise und bewusst auf die expressionistische Farbgebung zurück. Fuhr hat eine ganze Reihe von Arbeiten seiner Stadt gewidmet, von der er einmal sagte: „Warum ich in Regensburg lebe – und nicht in München? Lakonisch: München war, Regensburg ist. Hier ist mehr Atmosphäre; hier ist das Ist, das umgeformte War ewiger Metamorphosen."

Ludwig Bemelmans
21. 4. 1898, Meran – 1. 10. 1962, New York

In Amerika ist das Werk des in Regensburg aufgewachsenen Malers, Zeichners und Schriftstellers Ludwig Bemelmans unvergessen, ja seine Bücher stehen in jeder Buchhandlung in eigenen Regalmetern parat. Bemelmans kam öfters in die Stadt seiner Kindheit. Kurz vor dem Tod 1962 war er noch einmal in Regensburg, er wollte hier begraben werden. Sein Buch „The Blue Danube", 1945 erschienen, ist der Stadt Regensburg gewidmet und mit 13 farbigen Illustrationen geschmückt. Seine Malweise erinnert etwas an Raoul Dufy, geht aber in der Freiheit des Motivs und dessen Veränderung „gegenstands-

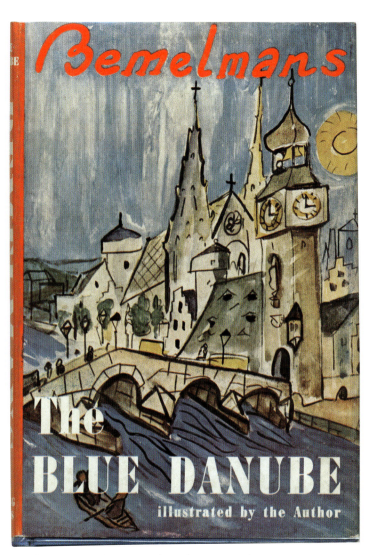

Ludwig Bemelmans, The Blue Danube

loser" um. Die Farbe wird wirklich und unwirklich verwendet, häufig Fläche gegen Fläche gesetzt ohne den bestimmenden Rahmen. Im 1955 erschienen Roman „Hotel Splendid", als auch 1947 in „The Best of Times" tauchen Regensburg-Reminiszenzen auf.

Ein Regensburger Biergarten in einer Zeichnung von Ludwig Bemelmans

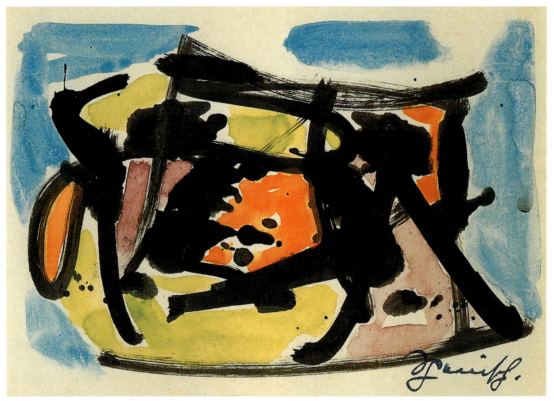

Otto Baumann, Spanisch, 10,4 x 14,6 cm, Aquarell, Tusche, 1959

Otto Baumann
16. 10. 1901, Regensburg – 1. 7. 1992, Regensburg

„Das kommt mir spanisch vor", diesen skeptischen Satz mag sich womöglich Otto Baumann gedacht haben, der sicher auch von dem eingangs beschriebenen „Kunstkampf" Abstrakt-Figural betroffen war – wenn auch nicht existenziell. Das abstrakte Aquarell mit Tusche ist rechts unten mit dem Titel „Spanisch" bezeichnet. Baumann gibt seinen ungegenständlichen Arbeiten – die sich übrigens über zehn Jahre hinziehen – sonst exaktere Titel: Urweltauge, Dunkles Zeichen, Samurei im Angriff usw. In einer Arena, von blauem Himmel umgeben, findet ein Kampf, ein Stierkampf, statt. Die spanischen Farben gelb und helles rot und die dunkle Farbe des Blutes begleiten die Szene, bei der die Masse Stier gegen den Widerstand des Torero steht. Die treibende Kraft und der breitbeinige Kopffüßler sind die beiden Kunstpole – wie geht der Kampf aus? Baumann wusste es zu diesem Zeitpunkt nicht – man denke nur an die harte Demontage Carl Hofers. Für ihn waren die Ausflüge in die Abstraktion immer peripher, die in Form von Postkarten meist an den Bruder gerichtet waren. Er hatte sich längst und für immer anders entschieden. Das Bild „Spanisch" ist 1959 entstanden.

Jo Lindinger
3. 3. 1907, Straubing – 31. 1. 1995, Regensburg

Bei der Kohlezeichnung „Margarethe", die als Skizze für das Bühnenbild der gleichnamigen Oper 1951 im Regensburger Stadttheater entstanden ist, würde man rasch die Einordnung „Klassische Moderne" vornehmen. Die Zeichnung eines älteren Meisters, der eine Stadt porträtiert, sähe anders aus. Lindingers Darstellung einer Stadt um 1500 stellt die Flächen und Formen in Quadern von Dreiecken, Rechtecken, Rhomben nach den Gesetzen der Kunst aneinander und aufeinander. Seine neue Sachlichkeit führt die Lichtregie. Aber dennoch erscheint uns eine altdeutsche Stadt, wie sie das Libretto der Oper von Charles Gounod verlangt. Die Städtischen Bühnen Regensburg spielen diese Oper ... sie spielen sie in ihrer Stadt. Jo Lindinger zeigt damit Regensburg als Bühne. Er war Meisterschüler von Emil Preetorius. Über 1000 Bühnenbilder bewältigt er im Laufe seines Lebens. Andererseits arbeitet er als Maler, Graphiker und feinsinniger Buchausstatter. Jahrelang beschäftigt er sich in einer Serie „Buchstabe und Schrift". Sie bringt ihm Ausstellungen und Würdigungen in Bucheinträgen und Rezensionen. Die graphisch-malerischen Blätter der Gestaltung mit Form und Inhalt des Buchstabens, vom Anfang bis zur Jetztzeit, geben einer schier unendlichen Phantasie Raum.

Jo Lindinger, Margarethe, 15 x 26 cm, Kohle, 1951

Willi Ulfig
26. 11. 1910, Breslau – 4. 2. 1983, Regensburg

Der Mensch macht sich seine Bilder. Er macht sie von sich, von anderen, von seiner Umgebung. Nicht objektiv führt er die Hand; seine Empfindungen, ein inneres Abbild, das erfundene Lichtverhältnis und Farben klingen in ihm. Ulfig ist ein exemplarisches Beispiel dafür, wie Bilder gefunden und gebaut werden ohne Abbild zu sein. Der Makrokosmos schmilzt und der Mikrokosmos wird in Potenzen vergrößert. Die Farben spielen mit, denn sie sind seelisches Ausdrucksmittel. Er denkt in Farbflächen, die fesseln, die Akkorde setzen, musikalisch eine Bildsymphonie

Willi Ulfig, Annemarie Ulfig mit Tochter Christine, Öl, 60 x 50 cm, um 1951

schaffen. Etwas anders bei dem Porträt „Annemarie Ulfig mit Tochter Christine" um 1951, und den frühen Selbstbildnissen. Hier arbeitet er sparsam in der Farbgebung. Bei dem Doppelporträt beschränkt er sich auf blasses Carminrot, das er auch im Inkarnat und in der die linke Seite belebende Hand benutzt, Schwarz, Grau, Beige, Weiß. Diese Farben werden stark variiert vom hellsten Grau bis zum tiefsten Schwarz, vom gleißenden zum gebrochenen Weiß, vom hellen zum dunkleren Rot, wie die Inkarnatstöne. Die Farben folgen in ihren Flächen dem diagonalen Bildaufbau, der mit seinen Linien und Kanten durch wenige Bögen unterbrochen wird. Sie sind deshalb elementar in ihrer Aussage, sind sie doch wie zwei Klammern, die Mutter und Kind zusammenziehen und vereinen. Zugleich gehören sie dem „lebenden" Teil an. Frau Ulfig konnte sich noch gut an die Entstehung des Bildes erinnern: „Ich hatte damals eine Ponyfrisur."

Hans Geistreiter
22. 5. 1910, Regensburg – 9. 1. 1996, Regensburg.

Nach der Lehre als Theatermaler beim Vater in Regensburg, wechselt er von 1927 bis 1930 an die Kunsthochschule zu Prof. Richard Klein. Anschließend geht er an die Münchner Akademie zu Olaf Gulbransson (Meisterschüler) und Karl Caspar. Frühe Freundschaft mit

Paul Klee. Bei den Nationalsozialisten eckte er naturgemäß an.

1945 kommt er aus dem Krieg zurück, das Werk und das Haus zerbombt, die Bevölkerung verarmt, nicht einmal mit dem Notwendigsten ausgerüstet ... und er, der Künstler, wird zu diesem Zeitpunkt ein abstrakter Maler. Was gibt es da, um zu überleben – nicht viel? Er unterrichtet Kunst an der Volkshochschule, dekoriert Gaststätten, malt wie Ulfig riesige Kinoplakat-Tafeln, gründet mit fünf Kollegen die „Freie Künstlergruppe Regenbogen", um Reklameaufträge, Plakate, Schaufenster, Faschingswägen, Gestaltung von Hallen für Bälle und dgl. auszuführen und wird schließlich 1959 selber Wirt. Sie können und machen alles. Bei einer Diskussion 1946 wurde Prof. Ermer vorgeschlagen, zu dem Thema „Der Bildungsweg des freischaffenden Künstlers" einen Vortrag zu halten. Geistreiter hat seine Zweifel, da er der Ansicht ist, dass ein Festbesoldeter nie von den Nöten und Schwierigkeiten eines Freischaffenden wissen und sprechen kann.

Vor Beginn der 50er Jahre wendet sich Geistreiter bereits dem Tachismus zu, findet dann in der expressiv-abstrakten Malform seine Aussage. Das Gegenstandslose wird zu seinem Geheimnis – er entwickelt aus ihm einen farbigen Mythos. Seine ureigenen Erfindungen, in Meditation und Farbenrausch entstanden, sind neu und doch irgendwie vertraut. Ein abstrakt, menschlicher Kosmos. Hierbei bedient er sich einer eigens geschaffenen Technik (Papier-Batik?), die er nicht preisgibt und nie preisgab.

Hans Geistreiter, Schwarz – Rot – Gelb, 39 x 30 cm, Mischtechnik, 60er Jahre

EVA DEMSKI

Beerenlese

Eine Regensburger Kindheit in den Fünfziger Jahren

Jeden Tag kommen mehr Eimer ins Haus. Geriffelte, rostige Blecheimer, von kugeligen Frauen an der Tür abgegeben, sie sagen: „Sechs Liter!" oder: „Heit sans achte!" entweder bekümmert oder triumphierend. Über den Preis lassen sie nicht mit sich reden. Die Wohnung riecht bis ins Klo, als säße man im Inneren einer Himbeere. Himbeerrot, wie es angeblich der Pullover im Kaufhaus Rothdauscher sein soll, ist plötzlich eine fragwürdige Farbe. Denn entweder der Pullover ist es nicht oder die Himbeeren. Beide Farben, das kann jeder sehen, haben überhaupt nichts miteinander zu tun.
Und das Himbeereis machen sie auch aus was anderem, sage ich zu Kitty. Das sieht man doch ganz deutlich.
Wahrscheinlich aus Zahnpasta, sagt sie zerstreut, und ihr Blick geht über viele Eimer voll roten Samtes, auf dem es sich weiß ringelt.
Uh! sage ich. Äh. Würmer!
Das sind eigentlich nicht direkt Würmer! antwortet Kitty, noch immer nicht bei der Sache, weil in ihrem Kopf die undurchschaubaren Umwandlungen der Eimer in Flaschen und Gläser und des sehr vergänglichen, ja, geradezu sichtbar vermatschenden und hinschmelzenden Eimerinhalts in etwas nahezu Ewiges stattfindet.
Ja, wir beugen uns weit zurück in eine Zeit, wo noch nicht in Bad Schwartau aus einer einzigen, riesengroßen Himbeere eine einzige, riesengroße Marmelade für Europa und Übersee gemacht wurde.

Es sieht zwar aus wie Würmer, sagt Kitty, deren Berechnungen zu irgendeinem Abschluß gekommen zu sein scheinen, und sie läßt fürs erste den Gedanken an mögliche Katastrophen beiseite, zum Beispiel, daß die Hausmädchen ihre Tage haben und nichts davon sagen, so daß wenig später alle Gläser aufgehen, wie man weiß.

Es hat nur den Anschein, als seien es Würmer, sagt sie in die Eimer hinein, wo die Anscheine zeigen, daß sie einen Anfang und ein Ende haben, der Anfang nämlich ist ein schwarzes Pünktchen, das heben sie und schwenken es suchend hin und her. Ihre Verwandten können sie nicht suchen, denn immer mehr von ihnen kommen aus der erstickenden Tiefe der Eimer hervorgekrochen und zeigen sich den Obengebliebenen.

In Wirklichkeit sind sie nichts als Himbeeren. Woraus sonst sollen sie bestehen? Das frage ich dich. Du bist doch gut in Naturkunde. (Biologie hieß, solange es irgend ging, Naturkunde. Man schaffte den Namen ab, als er sich immer schwieriger erklären ließ.)
Wenn sie nur Himbeeren sind, sage ich, warum sehen sie dann nicht wie Himbeeren aus?

Ach, antwortet sie und blickt in eine Ferne, von der sie denkt, daß ich nicht weiß, was in ihr vorgeht. Ich weiß es aber ganz genau, denn mein Großvater, ihr Mann, hat sich vor kurzem in eine Telefonstimme verhört, dunkel und schwer wie Marsalawein, hat er in einem unvorsichtigen Moment gesagt, und alle waren froh gewesen, als er die Stimme eingeladen hatte und ihre Besitzerin ganz und gar nichts von dem hielt, was sich indessen nicht nur mein Großvater versprochen hatte. Nein, das ist ein Gestell, hieß es allgemein, mach dir keine Sorgen, Kitty, wenn unten im zweiten Stock im Büro was passiert, hörst dus oben klappern.
Ach, weit gefehlt! Sie war dunkler Marsalawein und sah deshalb auch entsprechend aus, basta.

Wieso ist das so schwer zu verstehen? sagte Kitty. Sie sehen zwar nicht genau wie Himbeeren aus, aber sie sind immer in der Himbeere gewesen, sie leben in Himbeere, sie essen Himbeere, folglich sind sie es. Du könntest sie übrigens absammeln! Ich verschwinde sehr schnell. Deshalb bleibt mir auch die erste Phase des Umwandlungsprozesses verborgen.

Man kann Schnaps daraus machen! sagt Battist und schaut angeregt in die Eimer. Da macht das mit den Maden nichts aus. Der Alkohol reinigt alles.
Battist ist Kittys Bruder, ihr jüngerer Bruder, einsneunzig, zweizentnerdreißig und kahl wie ein Apfel, aber nicht, weil er keine Haare hätte, sondern weil ihm jeden Morgen der Friseur den Schädel kahl rasiert. Battist heißt eigentlich Jean-Baptiste und haßt Zeitverschwendung. Kämmen ist Zeitverschwendung. Battist ist reich und mächtig, alle Mädchen in ganz Rheinhessen sind ihm verfallen, ach! und Battist haßt das Neinsagen ebenso wie Zeitverschwendung. Gott sei Dank bleiben all die tausend Lieben folgenlos, auch die erlaubte, leider. Das macht aber gar nichts. Ich reiche zu dieser fernen Beerenzeit Battist bis zum Knie und weiß über alles Bescheid.
Schnaps! sagt seine Schwester liebevoll. Das kannst du daheim machen. Hier wird Saft und Gelee gemacht, das heißt, wenn das Gelee fest wird. Sonst eben nur Saft.
Ah, dieser Saft! In reinem Weißwein angesetzt, schieden sich die Früchte rasch von ihren unähnlichen Ebenbildern, welche bald reglos oben schwammen und abgeseiht werden konnten. Der Wein zog die Farbe aus den Beeren und wurde dunkelrot, wie Blut tropfte es aus dem über einen umgedrehten Schemel gespannten Tuch in die Schüssel. Das wurde dann mit Zucker dick gekocht, ein paar Tropfen davon in kaltes Wasser: Sommer mitten im Winter.

Kinderkram, sagt Battist. Ich fahr ins Elsaß. Sie mochten ihn dort, wegen seines Namens und seines schönen, dem ihren ähnlichen Niemandslanddialekts – und weil er wunderbar Klavier spielen konnte. Wenn er gewußt hätte, was ich wußte. Nämlich, daß hinten im Bügelzimmer ein fünfundzwanzig Liter fassender Steintopf mit einem schweren Holzdeckel stand, dessen Boden gerade mit den Vorgängern der verewigten Himbeeren, nämlich Erdbeeren, bedeckt war. Es fiel niemandem auf, daß die Schicht etwas dünner geworden war, im Warten. Wenn man nämlich eine oder mehrere dieser mit Rum und Zucker konservierten, seltsam bleichen Beeren lutschte, bekam man einen angenehmen Zustand. Nein, davon wußte Battist nichts, und ich sagte es ihm auch nicht, weil die ganze Familie sicher, ja, felsenfest überzeugt war, daß ich von dem Topf keine Ahnung hätte und überdies sein Deckel für mich viel zu schwer sei. Damals erfand ich das Hebelgesetz.

Die Erdbeeren: Keine Walderdbeeren (die nimmt man für die Bowle), sondern dicke Senga Sengana, vorsichtig von ihren Strohbettchen geholt, auf die sie im Beet wegen Übergewichts zu sinken pflegen.

Im Grund, sagt Kitty regelmäßig am Jahresende, wenn alle einen schweren, mittäglichen Dessertschwips haben, ist es egal, was man reintut. Es schmeckt alles gleich und sieht alles gleich aus. Aber so darf man eben nicht denken. Und Battist – der zwischenzeitlich wieder in seine Weinberge und zu den rheinhessischen Mädchen sowie zu seiner Frau Annchen zurückgekehrt ist, läßt durch den Mund seiner Schwester verkünden: Vielleicht sollte man doch gleich Schnaps draus machen! Aber was gibt es dann nach der Gans zum Nachtisch?

Noch aber ist Sommer, die Schichten im Rumtopf wollen trotz jahreszeitlich sorgfältigen Nachfüllens nicht so wachsen, wie sie sollen, Kitty blickt nachdenklich in das Dunkel des steinernen Topfes, und ich erfinde mürrisch die Abstinenz, mindestens bis zu den Stachelbeeren. Die Stachel- sowie die Johannisbeeren kommen von den Sudetendeutschen. Die wohnen am Stadtrand, und einmal im Jahr sind wir mit denen verwandt. Sie nennen Beeren Bären, und ihr Lieblingslied handelt vom „Vuglbärbaam", welcher bei uns Vogelbeerbaum heißt und keine Rolle spielt, weil er nichts zum Rumtopf beizutragen hat, und nie hat Kitty seine Früchte in eine Bowle getan, trotz ihrer Experimentierfreude und Durchsetzungskraft, für die eine nicht sehr beliebte, aber beharrlich alljährlich wiederholte Brombeerbowle der Beweis ist.

Also: Es gibt rote, weiße und schwarze Johannisbeeren. Die Sudetendeutschen haben mehr rote als schwarze, was vernünftig ist, weil die schwarzen nach Katzendreck und die weißen nach gar nichts schmecken. Kitty zieht etwas an, das sie für ländlich hält (ein paspeliertes Jäckchen von Wallach in München), und die festen Ballyschuhe mit den Korkabsätzen.

Wir nehmen unsere eigenen Schüsseln mit, sagt sie.
Herr Küther bringt uns hin.
Herr Küther ist Fahrer, und an Weihnachten schmückt er den Christbaum. Er tut sonst noch manches, aber dort, wo wir jetzt hinfahren, fährt er nicht gern hin. Da könne er dann gleich wieder den Wagen waschen, sagt er.
Im Kofferraum klappern die Schüsseln. Du mußt nichts essen, was du nicht essen willst, sagt Kitty zu mir. In Wirklichkeit meint sie, daß sie dort nichts hinunterbringt, weil sie glaubt, daß das Besteck nicht ordentlich gespült ist, und überhaupt, aber das sagt sie nicht.

Das Auto wird am Abend weiß von Staub sein, und wie immer wird man nicht rausgekriegt haben, was sie denken, die Sudetendeutschen. Es sind viele Brüder, die zusammen zwei Oberkieferprothesen haben, so daß man nur mit denen reden kann, die sie grade tragen, während die anderen stumm und verhungert aussehen. Frauen haben sie aber trotzdem und viele Kinder, jedes Jahr werden die herausgesucht, die im Alter zu mir passen, damit wir uns gegenseitig anschweigen können. Sie wohnen alle nah beieinander, in kleinen, verstockt aussehenden Häuschen, die sich in pico bello gehaltenen Gärten verkriechen.

Pico bello! sagt Kitty, während sie die Armee der Beerensträucher mustert, unter denen in graden Reihen Kohlrabi und gelbe Rüben, Erbsen und Porree wachsen und manchmal ein rot-grüner Rhabarberbusch. Pico bello! die Ordnung, also von der können sie hier noch was lernen.

Offenbar haben die Sudetendeutschen nie genug zu essen. Entweder wird grade was aufgetragen oder abgeräumt, aber immer wird drüber geredet. Nur nicht, wenn es gegessen wird. Dann ist Ruhe.

Na, dann wollen wir mal, sagt Kitty, nein, danke Fanny, – nicht Fanny? Gerti?, ach so, Marga!, entschuldige, nein, jetzt keinen Kaffee. Ich kann sonst nicht schlafen. Wir pflücken lieber, wenn ihr erlaubt.

Und Herr Küther lädt schlecht gelaunt ein Säckchen Südzucker aus, als Gegenleistung. Mit kleinen Schemeln ziehen wir zwischen die Reihen der Sträucher, alsbald wird es still, denn die Sudetendeutschen trinken jetzt ihren Kaffee allein. Sie wissen, daß er ihnen nicht den Schlaf rauben wird.

Es ist still, und Kitty hat ihr ländliches Jäckchen an einen Baum gehängt. Die Nylons werden von den Stachelbeeren angegriffen und schnell zur Strecke gebracht. Die Stachelbeeren sind klein, glasiggrün und ziemlich sauer. Oder sie sind groß, gelb bis traubenrot, matschig unter harter Hülle und süß. Die kleinen sauren Teufel sind gut für Gelee. Die anderen seien eher zum so Essen, sagt Kitty. Von einer Stachelbeerbowle halte sie nichts, vertraut sie mir an. Wenn die haarigen Dinger in der Flüssigkeit herumschwämmen, sagt sie, also das sähe so – ja also – jedenfalls seien es nicht die geeigneten Beeren.

Ich mag sie, weil sie ja auch das ersehnte Ende meiner Rumtopfabstinenz markieren – aber das sage ich natürlich nicht. Das einzige Geräusch, das man hört, ist zunächst das Summen, wie es in einem fast eingeschlafenen Sommergarten ganz normal ist. Das träge Flattern der Hühner in der Sandkuhle und ihr rro? rro?, das sie von Zeit zu Zeit fragend an irgendeinen Gott der Hühner richten. Kühe gibts hier keine, bloß zwei unsichtbare Schafe, von deren komplizierten und beängstigenden Krankheiten die Frauen Magda? Fanny? Fini? gern erzählen. Geschichten über kranke Tiere öffnen die Handtasche, das Herz und das Portemonnaie meiner Großmutter Kitty umgehend. Einmal hat sie einen absurden Preis für einen Domfalken bezahlt, der im Käfig eines finsteren Tierhändlers saß. Vielleicht war die Freilassung des Falken das wichtigste Ereignis in ihrem Leben.

Hier hört man bloß einen Regenpfeifer, und Kitty fragt, wie viele Schüsseln ich schon voll habe. Keiner ahnt, wie lang es dauert, eine Schüssel vollzukriegen, mit Beeren, während man so viel denken muß.

Ich bin noch bei der ersten, sage ich.

Ich blöderweise auch, sagt Kitty. Insgesamt dürfen wir fünf, und man hofft, daß wir bald gehen. Ich gäbe eine Million für ein Zitronenwasser. Das haben die hier aber nicht, weil sie nur Eigenes essen und trinken, und Zitronen kommen aus Afrika. Eins von den gleichaltrigen Kindern bringt einen Krug mit lila Saft. Er ist mit kaltem Wasser verdünnt und schmeckt uns beiden, wie man sich denken kann. Wie Nektar von Ambrosia, hätte mein Großvater gesagt.

Heidelbeer, sagt das Kind. Den haben wir noch von daheim. Kitty läßt fast das Glas fallen, sie rechnet, zehn Jahre ist das jetzt fast her mit dem daheim von denen.

Hatten sie nichts Wichtigeres mitzunehmen wie Heidelbeersaft? fragt Kitty beim Zurückfahren den Herrn Küther, der einen mißmutigen Kringel auf die staubige Kühlerhaube gemalt hat.

Ich weiß nicht, Frau Doktor, sagt der.
Es läßt sie gar nicht los. Das muß man sich vorstellen, den ganzen langen Weg mit all dem Dreck und diesen Schwierigkeiten! Heidelbeersaft! Der braucht dir doch bloß aufzugehen, dann kannst du alles andere auch gleich wegschmeißen, was du mitgeschleppt hast.
Drei Schüsseln Johannisbeeren und zwei Schüsseln Stachelbeeren, dazu zehn Jahre alte Heidelbeeren aus der entschwundenen Heimat.
Im nächsten Jahr kaufen wir das Zeug, sagt Kitty. Andererseits sieht man sie dann gar nicht mehr. Sie sollen doch nicht denken, daß wir uns für was Besseres halten. Herr Küther hustet. Er hält sich ganz eindeutig für was Besseres, denn seine Ahnenreihe zeigt eine beruhigende Seßhaftigkeit und reicht nicht weiter als bis Plattling. Fürs Herumkommen haben Gott sei Dank die Kriege gesorgt.

Auf der Flucht vor den rheinhessischen Mädchen ist Battist wieder vorbeigekommen, hoch und mächtig empfängt er uns an der Tür, und auch die bayrischen Mädchen können ihre Blicke nicht von ihm wenden, wie man an den unseren sehen kann, die mitten in der Woche mit frischen Schürzen herumstehen und über ihre eigenen Füße fallen, die in Kirchgehschuhen stecken. Er schaut in die Schüsseln.

Wenn man bei euch ist, macht ihr immer aus dem schönen Zeug diesen süßen Krempel. Brennen müßt ihr es! Oder zumindest Wein draus machen, obwohl das auch Weiberzeug ist. Johannisbeerwein! Stachelbeerwein! Heidelbeer-Erdbeer-Brombeerwein! Lauter Büchsenöffner! sagt er und lacht, daß die Biedermeiermöbel auf ihren armseligen Beinchen zu zittern anfangen.

Da kenn ich welche, die sind mit dem Beerenzeug ihr Leben lang Alkoholikerinnen gewesen und haben sechzig Jahre lang dem Pfarrer erzählt, sie hätten außer dem Meßwein noch nie was angerührt.

Was erzählst du für furchtbare Sachen vor dem Kind, sagt Kitty und lacht, weil sie keinen Menschen auf der Welt mehr liebt als ihren kleinen Bruder. Mir geht es genauso mit ihm, und ich kann nicht genug Geschichten hören, wie sie ihn im Ersten Weltkrieg ins Gefängnis gesteckt haben, weil er zehn Tage lang vierundzwanzig Stunden gesungen hat: Es ist so schön, Soldat zu sein, damit er keiner zu sein brauchte. Oder wie er im ersten Tonfilm seines Lebens als großer Mann und Herzensbrecher so geweint habe, daß die Tränen in breiten Bächen unter der Kinotür herausgelaufen seien, oder wie er, als der Sarg eines lieben Freundes nicht in das Erdloch passen wollte, der Trauergemeinde zärtlich zurief: Ei nemmt'n doch widder mit häam! Der will doch gor net! Und basta, es wird kein Schnaps gemacht, nicht einmal für dich! sagt Kitty, und ich lauere, ob sie mich dalassen, wenn er zu erzählen anfängt, oder ob sie mich hinausschmeißen. Man weiß es nie vorher.

Manchmal haben sie mich auch schon versehentlich dagelassen, und ich lerne fürs Leben. Zum Beispiel, daß es Dinge gibt, die man im fünften Monat besser nicht mehr tut, und daß die ansonsten eher langweilige Tante Hedi mit ihren gehäkelten Samthüten und ihrer Lispelstimme etwas Hochinteressantes ist, was nymphoman heißt und nicht bei uns im Wörterbuch steht. Und daß die sogar ihm, Battist, zu anstrengend sei. Sie rede danach immer so viel und wolle, was noch schlimmer sei, auch zu viel hören.

Diesmal schmeißen sie mich hinaus, und bis ich ihn hätte ein bißchen für mich allein haben können, ist er schon wieder weg.

Sie werden schon rot! sagt irgendwann jemand mit einer kleinen Traurigkeit in der Stimme, und ein paar Wochen später heißt es: Jetzt sind die ersten schon schwarz! Und Kittys Gatte hat vom Wagen aus ergiebige Hecken erspäht, die er – natürlich ohne seine Mithilfe – abzuernten befiehlt. Brombeeren, die sich, wie jeder weiß, dem Sammler nicht kampflos ergeben. Eigentlich der Sammlerin. Männer sammeln keine Beeren, obwohl mir scheint, daß grade Brombeeren in den Männern das Kriegerhandwerk ansprechen könnten. Mich fragt aber keiner, und es werden Eimerchen verteilt, Handschuhe nicht, denn mit denen hat man nicht den richtigen Griff. Manchmal geht der Hausherr mit und beaufsichtigt das Sammelpersonal.

Für mich hat er ein besonderes Spiel, das mich für Stunden vom Sammeln dispensiert und das ich nicht nur deswegen liebe. Er deutet auf irgendwelche Gewächse, ob im Wald oder am Waldrand, ob an Feldwegen oder bewachsenen Trümmern – wohin den kleinen Trupp eben der Brombeerfeldzug führt – er deutet und fragt: Wie heißt das?

Weißichnicht ist eine in unserer Familie unbekannte Antwort. Außerdem besuche ich eine Nonnenschule, und da, wie jedermann weiß, Pflanzen die einzige Art Natur sind, von der die was verstehen dürfen, setzt er einen hohen Kenntnisstand voraus, den er allerdings nie nachprüft.

Ich beginne vorsichtig: Giersch, sage ich, oder: Kuckucksnelke. Da ihn diese Antworten zu langweilen scheinen und ich die meisten Pflanzen nicht kenne, versuche ich es einfach – der gemeine Rußquendel, sage ich, kreuzblütiges Fünfzehntalerkraut, vierblättriges Mariensiegel, querblühende Essigrose, haarige Pferdemelde, gestreifte Distelwinde. Das regt ihn an, er widerspricht: Ob es sich nicht vielleicht um die übelriechende Eselsmelde oder das Pharaonensiegel handle? Nicht nur, daß die Distelwinde ihm zu wenig gestreift erschiene, auch die Essigrose lasse den säuerlichen Geruch vermissen und sei vielleicht doch die halbgefüllte Hundsrose – wir amüsieren uns hervorragend, während die Pflückerinnen im Kampf mit den Brombeerhecken eine Wunde nach der anderen davontragen. Kittys Mann ist zufrieden mit sich und mir.

Wenn die Brombeeren eingebracht sind, ist der Sommer vorbei. Jeder weiß das, aber wir warten noch die Heidelbeeren ab, nach deren Verarbeitung die Küche neu geweißt werden muß. Warum streichen wir sie nicht eigentlich gleich lila? sagt Kitty. Die kugeligen Weiblein kommen zum letztenmal an die Tür, in kleinen Gefäßen bieten sie Preiselbeeren an, bitter, bitter schmeckt das Sommerende. Von der Bitternis braucht man nicht viel. Ein Liter Beeren wird verarbeitet und in ganz kleine Gläser gefüllt, in den Rumtopf dürfen sie nicht und in eine Bowle schon gar nicht. Aus denen könnte nicht einmal der Battist Schnaps machen wollen, sagt Kitty und weint.

Er ist tot, der kleine Bruder. Ganz plötzlich. Die rheinhessischen und die bayrischen Mädchen trauern. Kommt er nie mehr, frage ich. Ich frage, weil ich den Tränen der Großen nicht glauben kann.

Nein, nie mehr, sagt Kitty. Bitter, bitter schmeckt das Sommerende.

ALBERT VON SCHIRNDING

Regensburger Tagebuch

Eine in den Fünfziger Jahren gelebte Jugend

Die Aufzeichnungen setzen anderthalb Monate vor meinem 18. Geburtstag ein und reichen zunächst bis zum Ende meines letzten Schuljahrs am Alten Gymnasium in Regensburg. Sie sind, von Kürzungen abgesehen, „naturbelassen" – auch wenn mir beim Abschreiben das meiste eher unangenehm war: die Attitüde, das „Dichter"-Selbstbild. Aber vielleicht fällt aus diesen Notizen doch ein schmales Licht auf eine in den frühen fünfziger Jahren in Regensburg gelebte Jugend. Wobei Regensburg freilich nur – teilweise auswechselbare – Kulisse ist.

Typisch für die Zeit scheint mir das politische Desinteresse eines eine „höhere" Bildungsanstalt besuchenden Jugendlichen. Der 17. Juni ging vorüber, ohne daß die Vorgänge in der DDR oder, wie man damals sagte, in der „Ostzone" auch nur zur Kenntnis genommen wurden. Begierig wurde dagegen das Kulturangebot der Provinzstadt angenommen: die Aufführungen im Stadttheater, die Konzerte im Neuhaussaal, die Filmclub-Matineen, die Vorträge und Diskussionen in der Volkshochschule.

Obwohl ich mich über den Deutschunterricht erhaben dünkte und es nicht über mich brachte, eine verordnete Lektüre zu lesen, hielt ich mich bei meinem wilden privaten Durcheinanderlesen weitgehend an die zeitgenössischen Autoren, die auch in der Schule an der Tagesordnung waren: an Hesse, Gertrud von Le Fort, Carossa, Weinheber, Britting, Bergengruen, Ina Seidel, Friedrich Georg Jünger. Mit Benn hatte ich nichts im Sinn, und die Autoren der Gruppe 47 waren mir kaum dem Namen nach bekannt. Im Jahr 1950 war ein Büchlein einer gewissen Johanna Schomerus-Wagner bei Glock und Lutz in Nürnberg über „Deutsche katholische Dichter der Gegenwart" erschienen; es enthielt meinen Kanon. Die katholische Erziehung in der katholischen Stadt bestimmte meinen Geschmack und mein Urteil. Das war fünf Jahre später schon anders, als ich im Frühjahr 1958 noch einmal für zwei Monate ins Elternhaus zurückkehrte, um mein Staatsexamen vorzubereiten.

1953

26. Februar
Die Physikschulaufgabe ist glücklich überstanden. Gestern nachmittag an der Donau entlang, ich las im *Peter Schlemihl*. Neben der Romantik ein eigener Ton, wie wir ihn auch bei Autoren der Gegenwart finden, etwa bei Ernst Jünger oder im *Steppenwolf*.

28. Februar
Vortrag über Orff. Bei den Hörbeispielen aus *Carmina burana* ging es mir durch und durch. Wir werden bei der Abiturfeier mit unserem Chorleiter Heinz Benker etwas aus den *Catulli carmina* singen.

1. März, Sonntag
Im Filmclub um 11 Uhr *Die Kinder des Olymp*. Der Eros als einziges Motiv. Ich war für den Rest des Tages zu nichts mehr zu gebrauchen.

3. März
In der Schule wird eine religiöse Woche abgehalten, die mich doch sehr beeindruckt. Ich mag keine Umwälzungen, aber die eigene Religiosität ist wie ein Feuer, das in sich zusammensinkt, wenn ihm nicht von Zeit zu Zeit Brennstoff zugeführt wird.

4. März
Mit Richard lese ich Platons *Phaidon*. Es geht eigentlich um seine Griechischnote, aber wir merken doch, daß wir uns im Herzen der abendländischen Philosophie befinden. – Im Neuhaussaal die h-Moll-Symphonie von Schubert und die 5. Symphonie von Dvořák.

5. März
Im Stadttheater Orffs *Kluge*. Dann noch im Radio einen Vortrag über Triebanlage und Charakter. Ich hatte den Eindruck, daß die Psychologie zwar sehr genau die Komponenten beschreibt, aus denen ein Mensch zusammengesetzt ist, ohne jedoch das Einmalige zu erfassen, das er eben auch ist. Jedenfalls merke ich das an mir selbst.

7. März, Samstag
Beim Amt im Dom, mit dem die religiöse Woche abgeschlossen wurde, gebeichtet und kommuniziert. Endlich wieder einmal mitgebetet. Nachher mit unserem Religionslehrer Professor Hammer, Pater Peireira und einem Teil der Klasse in der Wurstküche. – Abends waren Viktoria und ich bei Inge Köck zum Essen eingeladen. Wir spielten dann mit einem Ding,

Albert von Schirnding in den Fünfziger Jahren

das Goethe als Kind in der Hand gehabt haben soll: Hinter einem Rad, das am Rand Löcher trägt, ist eine bemalte Papierscheibe befestigt, die, wenn man das Rad vor einem Spiegel dreht, ein bewegtes Bild erzeugt. Die Scheibe ist auswechselbar; wir sahen einen ballspielenden Türken, tanzende Paare usw. Nachher sang ein weiterer Gast einige Schubert-Lieder.

8. März, Sonntag
Nach dem Erwachen in den Tagebüchern des Novalis. Eine Stunde griechische Wortkunde gelernt, Guardini-Lektüre. Um 10 ? Uhr Messe in der Emmeramskirche. Vor dem Mittagessen noch etwas Mathematik. Dann mit Mörikes Mozart-Novelle begonnen.

9. März
Im Deutschaufsatz bekam ich von Herrn Kranz einen Zweier. Guardini wunderbar über das Ich-Du-Verhältnis und den Wortcharakter der Dinge. Kein rechtes Glück bei einem Gedicht.

10. März
MC-Gemeinschaftsmesse in der Wolfgangskrypta. Nachmittags Gruppenstunde. Ich war leider wieder sehr albern. Auf Veranlassung meines Vaters nahm ich an einem Kurs teil, zu dem der Dr. Schneider ab jetzt jeden Dienstagabend in seinem Büro im Schloß ein paar junge Leute versammelt, um sie in die Geheimnisse des Geldwesens einzuführen. Raffiniertes Hörspiel von Günter Eich: *Die Mädchen von Viterbo*.

12. März
Im Griechischunterricht kam Dr. Bengl auf die griechische Knabenliebe zu sprechen. Dabei spiele auch das frühe Dahinwelken der Frau unter dem südlichen Himmel eine Rolle.

15. März, Sonntag
Guardinis *Gläubiges Dasein* zu Ende gelesen, weiter in den *Duineser Elegien*. Nach der 8-Uhr-Messe Gang an der Donau im schönsten Morgenlicht. Griechisch, Englisch, Geschichte gelernt. Nachmittags Mathematik, dann im Garten Beschäftigung mit der Rolle des Kain, den ich in Armand Payots Stück *Ihr werdet sein wie Gott* spielen soll. Auf den Winzerer Höhen; Dreifaltigkeitskirche.

16. März
Erste Theaterprobe mit Max Kaunzinger im MC-Heim.

19. März
Hofmannsthals frühe und nachgelassene Verse sind eigentümlich blaß, ich habe keine Freude an ihnen. Josephi-Tag, keine Schule. Mit den Eltern zur Frühmesse in die Jakobskirche. Griechische Lyrik, Rilke- und Lehmann-Gedichte. An meinem Eliot-Vortrag gearbeitet. Nachmittags Händels *Messias*.

21. März
In der Schule Vortrag von Medizinalrat Pürckheimer über Geschlechtskrankheiten; Gefühl der Bedrohung. – Im Stadttheater Hauptmanns *Michael Kramer*. In der Pause wieder sehr albernes Benehmen, wo bleibt die Bildung? So ein Stück bringt mich einfach aus dem Gleis.

22. März, Sonntag
Um 6 Uhr morgens mit der Lektüre von Kleists *Käthchen von Heilbronn* begonnen, das ich im Lauf des Tages zu Ende las. Dazu Reinhold Schneiders kleine Schrift über den Dichter. Im Filmclub *Ausgestoßen*.

23. März
In der Frühmesse; durch die Fenster der Emmeramskirche flutete Morgenlicht. Gang durch die Stadt; am Neupfarrplatz gibt es jetzt Erikakraut. Um 10 Uhr Turnabitur. Nachher die ganze Klasse beim Kneitinger. Meinen Aufsatz über *Die Sprache als Raum* umgeschrieben; ich widme ihn Dr. Bengl.

26. März
Vorgestern ein Kulturfilm: *Natur in Gefahr.* Neue Abgründe tun sich auf. Die Fratze der Technik! – Viel über meine Liebe nachgedacht, die Gefahr, am geliebten Menschen vorbeizulieben, aber das geschieht wohl meistens. – Bei Engelbert Rucker, dem glücklichen Besitzer eines Plattenspielers, zum Konzert. Bach, Beethovens *Eroika* und *Don Juan* von Strauss.

27. März
Der frühere Oberstudiendirektor Rendle besuchte uns; wir seien doch seine Lieblingsklasse. Noch immer wirkt seine Persönlichkeit stark auf mich, selbst in der schon fortgeschrittenen Zerstörung durch das Alter. Seine Anwesenheit werde übrigens gar nicht gern gesehen; ja, er müsse mit einem Hausverbot rechnen.

9. April
18. Geburtstag. Tino und Antoinette Bouvier aus Genf. Gang durch die Stadt: Ich zeigte ihnen die Jakobskirche, das Rathaus und den Dom. Antoinette kann die Folterkammer nicht sehen; da merkt man, daß die Schweizer keinen Weltkrieg hinter sich haben. Abends Gäste: der Regierungspräsident Wein, von der Borchs, mein Englischlehrer Bartkowski.

Eine Seite aus Schirndings Tagebuch vom März 1958

10. April
Ich komme eben von der Buchhandlung Pustet, wo ich in einem Buch von Eduard Spranger über die jugendliche Sexualität und Erotik las. Große Hilfe!

13. April
Gestern *Don Juan* im Stadttheater. Ich war durch Kierkegaard gut vorbereitet. Heute morgen mit der *Thais* von Anatole France begonnen. Die verdrehte Darstellung des Sündenfalls erregte in mir den Verdacht, daß das Buch auf dem Index stehen könnte. Ich schaute bei Pustet nach, und der Verdacht bestätigte sich. Also breche ich die Lektüre ab.

18. April
Mit Richard den *Phaidon* beendet. Ich schloß den Vorhang immer mehr, die Sonne kam immer fahler herein: Sokrates stirbt ... Und als es vollbracht war, hatte ich wirklich das Gefühl, aus einem Totenzimmer zu kommen. – Dann der Abschlußball in der Tanzschule Wolf. Erdkunde gelernt; der Stoff interessiert mich nicht im mindesten, so bleibt nur das Lernen als Lernen, und das macht umso mehr Spaß. Im Dörnbergpark *Gilgamesch*.

1. Mai
Im Café Habsburg feierten wir mit unserem Regisseur Max Kaunzinger und dem MC-Praeses Pater Martini das Gelingen der Aufführung von *Ihr werdet sein wie Gott*. Die Rede kam auf den Beruf als Zerstörer jeder höheren Lebensfähigkeit.

7. Mai
In der Buchhandlung Wunderling *Wind, Sand und Sterne* von Saint-Exupéry gekauft, 2,60 DM. – Ziemlich durcheinander; die Lektüre von Eckermanns *Gesprächen mit Goethe* brachte mich wieder ins Gleichgewicht.

10. Mai
Dichterlesung von Bernt von Heiseler. Infolge seiner Köpergröße unbeholfen wirkend, hohe Stimme, wehrloses Gesicht. Nachher saß man noch bis $1/2$ 2 Uhr zusammen. Über die Zeit der „Machtergreifung". Es war der Moment, in dem sich die Geister schieden. Heiseler verteidigte die Mitmacher unter den Autoren. Es sei am Anfang nicht alles schlecht gewesen.

16. Mai
Heute findet hier ein Länderwettspiel zwischen Deutschland und England statt. Wie viele Tausende mögen sich da am Jahnplatz versammeln. Ich bleibe zu Hause, weil mir das Spiel gleichgültig ist; aber es zieht mich doch auch hin; Gefühl des Ausgeschlossenseins. Besuch von Eugen Diesel. Die Frage meiner Berufswahl wurde verhandelt. Er warnte mich davor, zu viel zu dichten. Die Welterfahrung heutzutage müsse so groß sein, daß man eigentlich erst mit dreißig mit dem Schreiben beginnen könne.

18. Mai
Gestern abend besuchte ich die Dichterin Gertrud von den Brincken, die in Neu-Kareth wohnt. Ich las ihr mehrere Gedichte vor; sie lieh mir ihren umfangreichen Roman *Niemand*.

19. Mai
Bei Holle Leinisch zur Vorbereitung auf die von uns beiden besonders gefürchtete Physik-Schulaufgabe. Dann Fahrt an den Regen bei Zeitlarn zu einem kurzen ersten Bad in diesem Jahr.

23. Mai
Schon wieder Wagner im Stadttheater, diesmal der *Tristan*.

26. Mai
Mittags zwei Stunden am RT-Schwimmbecken. 1500 m geschwommen. Sehr heiß. Im Eckermann gelesen.

28. Mai
Heute in einer Lesung des jungen Regensburger Dichters Rudolf Farys. Der nicht unbegabte Mensch erstickt in der Luft des Vereins hiesiger Schriftsteller! Er ist nicht frei von Sentimentalität, aber immer wieder gab es prächtige Strophen:
Der Dom ist noch da und das Rathaus auch,
und der Park ist mit Blumen verziert,
als hätte die Stadt – da du fort warst – kein Hauch
und kein Zittern des Windes berührt.

4. Juni
Fronleichnamsprozession. Die verschiedenen *Tantum ergo* der Domspatzen. – Von $1/2$ 11 Uhr bis in die Nacht gelernt: lateinische Wortkunde, Tacitus, Mathematik, Religion. Ich muß aufpassen, daß ich nicht über der Lernerei mich selbst verliere.

6. Juni
Nachmittags fürs Abitur gelernt. Dann ins Symphoniekonzert im Neuhaussaal: Beethovens Sechste und Siebte. Ich sah erstaunlich viele Altersgenossen mit der Partitur in der Hand. – Nach dem Konzert noch lange in Werfels *Veruntreutem Himmel*. Im Vergleich zu Thomas Mann wirkt der Autor recht spießbürgerlich auf mich. Gestern sandte mir übrigens der Hamburger Dulk-Verlag meine Gedichte zurück. Hans Dulk fügte einige vernichtende Zeilen bei. Sie gipfeln in der Feststellung, daß nicht alles, was sich reimt, gedruckt werden muß. Er legt mir ans Herz, die Gedichte zu verbrennen. Sie seien wirklich nur jugendlich. Ich glaube, der Dämpfer tut mir ganz gut.

9. Juni
Im Neuhaussaal als Matinee Calderons *Großes Welttheater*. Das ist ja noch viel größer und eindrucksvoller als Hofmannsthal. Die Aufführung würde in meinem Leben Epoche machen, wenn ich die nötige Empfänglichkeit aufbrächte. Aber die Reflexion verhindert es.

13. Juni
In der Aula werden die Verhaltensregeln für das Abitur verlesen. Dann bei Pustet. Jetzt daheim mit leerem Gefühl.

14. Juni
Studiengottesdienst in der Dominikanerkirche. Aber mir fehlt die Kraft zur Hingabe. Ihr Alten, wie habt ihr ein so langes Leben ausgehalten? Eine Unmenge Tee getrunken, um die Stimmung nicht zu weit unter den Nullpunkt sinken zu lassen. Aber das ist Selbstbetrug.

15. Juni
Deutscher Abituraufsatz: „Was können wir im Zeitalter des Massen- und Schablonenmenschentums zur Verinnerlichung unseres Lebens tun?" Das Thema lag mir sehr. Nachmittags schaffte ich aus einer Kiste, die seit den letzten Kriegsjahren im fürstl. Schloß deponiert war, die 55 Halblederbände von Goethes „Ausgabe letzter Hand" in mein Zimmer.

17. Juni
Überraschend leichtes Mathematikabitur, bin jetzt in Hochstimmung. Im RT-Becken bei 16 Grad 750 m geschwommen. Sehr ausgelassenes Benehmen.

18. Juni
Letzter Abiturtag. Auch der griechische Text bot kaum Schwierigkeiten. Um 11 Uhr die ganze Klasse zum Kneitinger. Nach einer Stunde wieder zur Schule, um dort im strömenden Regen Blödsinn zu machen. Der Oberstudiendirektor Dr. Bengl gesellte sich, bestens gelaunt, zu uns. – Shakespeares *Sonette* und Kleists *Marionettentheater*.

19. Juni
Rudolf Farys antwortete mir auf mein Schreiben, das sich auf seine Gedichte bezog. „Selten hatte ich Gelegenheit, über einen Brief so herzlich zu lachen, wie über den Ihren. Vermutlich kommt es daher, weil ein junger Mann mit halbverdauten Schlagworten den Schulmeister zu spielen versuchte. Zu Ihrem Glück bin ich mit meinen dreißig Jahren doch schon alt genug, um über so etwas hinwegsehen zu können. – Ich schreibe es nur Ihrem jugendlichen Eifer zu, wenn Sie Urteile fällen, für die Sie noch nicht kompetent sind. – Ihre Worte über die Schriftstellerrunde sind hart. Ich bestreite nicht ihre Richtigkeit. Im Gegenteil, ich unterstreiche sie. Und das kann ich getrost, weil ich seit Jahren in diesem Kreis verkehre und jeden Einzelnen studieren konnte. Auf welche Weise Sie sich aber das Wissen um die Trostlosigkeit des Grünen Kranzes angeeignet haben wollen, ist mir ein Rätsel. Oder wollen Sie behaupten, daß die im Bosse-Verlag erschienenen Anthologien Grundlage genug für so ein ungeheuer hartes Urteil sind? Ich würde Ihnen empfehlen, sich mit diesen Menschen näher auseinander zu setzen. Vielleicht bekommen Sie dann Achtung vor einigen, die um ihre eigene Unzulänglichkeit wissen und dennoch an den Dingen dieser Welt leiden." Meine Kritik war sicher richtig, aber der herablassende Ton, in dem ich sie vortrug, war unverzeihlich falsch.

20. Juni
Nach ausgiebigem Frühstück an meinem Hörspiel geschrieben. Um $1/2$ 10 Uhr zur Pause in den Schulhof, um ein paar Freunde zu sehen. Dann im Garten Eckermanns *Gespräche mit Goethe*. Nochmals in die Schule zur Chorprobe. Viktoria aus Carossa vorgelesen, der mir von den Lebenden immer noch der liebste ist. Brief an Ina Seidel.

21. Juni, Sonntag
Vormittags im Filmclub: *Das Spiel ist aus* (Sartre). Die Vorstellung vom Zustand nach dem Tod ist für einen Christen naiv und unerquicklich, sie verdichtet aber großartig den Totalitätsanspruch des Eros.

23. Juni
Heute vormittag nach zwei Schulstunden mit Hans zum Riesenwal Jonas, dem größten Tier der Welt, wie es heißt. 58.000 Pfund, na ja. In der Hochschule Diskussion über den Sartre-Film.

24. Juni
Mit dem Rad nach Maria Ort; in der warmen Naab geschwommen. Als ich am Ufer in Gedichten von Britting las, entstieg dem Wasser Prof. Jockers, unser hochgeschätzter Mathematiklehrer, mit seinen beiden Kindern. Ich genierte mich ein bißchen, daß ich hier so allein im Gras lag. Weiter nach Sinzing zu Dorners. Mit Rudi, Rup und Rainer über das Johannisfeuer gesprungen. Bei strömendem Regen nach Hause. Mein Vater sprach in abfälligem Ton von diesem „heidnischen Brauch".

25. Juni
Stimmungsvolles Konzert (Haydn) im Museumshof.

27. Juni
Heute wurden die Abiturergebnisse verkündet. Eberhard Dünninger hat den besten Aufsatz. Aber auch ich habe allen Grund, zufrieden zu sein. Ich bekam von meinem Vater 100 Mark.

1. Juli
Wandertag. Mit den Rädern nach Wiesent. Dann Fußwanderung ins Höllbachtal. Unser Klaßleiter Prof. Kranz veranstaltet ein anspruchsvolles Quiz. Die landschaftliche Szenerie erinnert mich an Brittings Erzählung vom *Sturz in der Wolfsschlucht*. Auf dem Rückweg rät mir Prof. Kranz dringend davon ab, Lehrer zu werden. Dazu fehle es mir entschieden an Ernst. Hemingways *In einem andern Land (A Farewell to Arms)* in einem Zug gelesen. Mit Holle bei Oberstudiendirektor Rendle im Krankenhaus. Abends zum Tanzen bei Wolf. Es war so heiß, daß mein Hemd heute früh noch durch und durch naß war.

6. Juli
Professor Stepun aus München hielt im Keplerbau einen Vortrag über *Wesen und Unwesen des Films*. Der Mann sieht wie ein Löwe aus. Triumphale Beherrschung der Kulturen. Der Film als Wahrheit über die Lüge, in der wir leben. Großartige Formulierungen. Da er Büchners *Woyzeck* erwähnte, machte ich mich nach dem Heimkommen gleich an die Lektüre.

7. Juli
Beim Augenarzt Dr. Niebler, der mich sofort in ein politisches Gespräch zog. Ich konnte mich nur mit Ja und Nein beteiligen und kam mir reichlich dumm vor. – Prof. Stuber erklärte, wir hätten mit dem Abitur die schwerste Prüfung unseres Lebens hinter uns. Als Altphilologe habe man glänzende Aussichten. – Bei Pustet und Wunderling: Ich schwanke zwischen Stifters *Studien*, Ina Seidels *Lennacker*, Erhart Kästners Griechenlandbuch. Nachmittags besuchte mich Gertrud von den Brincken. Ich las ihr meine neuesten Gedichte und den Anfang meines Romans vor. Sie zeigt wirkliches Interesse an meiner Arbeit. So ernst genommen zu werden, begegnet mir hier zum ersten Mal.

8. Juli
Letzte Stunde bei Prof. Jockers. Seine Nüchternheit, Offenheit, seine direkte Art machten tiefen Eindruck auf mich. Wie er über Gott und die Gebote sprach! Er meinte, es gehörten zwanzig Jahre dazu, um einzusehen, daß die Gebote zu unserem Besten seien. Alle Schuld rächt sich auf Erden! Erhart Kästner schickte mir sein Griechenlandbuch *Ölberge, Weinberge*. Gott sei Dank habe ich es gestern nicht gekauft. Abends an der Donau, glitzernde Wasserschollen in der späten Sonne. Festlicher Sommer. Um 9 Uhr zu Richard Strobel in die Niedermünstergasse. Wir gingen durch die Stadt und tranken im Bahnhofrestaurant eine Flasche Wein, damit unseren Griechischunterricht beschließend. Lese Oscar Wilde, *Dorian Gray*. Lord Henrys Liebe zu Dorian ist durch und durch reflexiv, getränkt von Ironie und Zynismus. Also ist er unfähig zur Leidenschaft. Gibt es ein menschliches Dasein, in das nicht wenigstens einmal das „Große" einbricht?

10. Juli
Am Domplatz traf ich mich mit der Klasse; wir zogen zum Hafen hinunter, wo Prof. Völkl seine Gastwirtschaft hat. Wir benahmen uns nicht gut, ich fühlte mich unglücklich. Holle besuchte im selben Haus eine Bildhauerin, Frau Graupner. Generalprobe für die Schlußfeier im Neuhaussaal. Ich werde keinen An-

zug anziehen, vielleicht sogar in der Lederhose hingehen. Die Regensburger Zeit ist zu Ende. Noch drei Tage, am Morgen nach dem Ball fahre ich nach Genf.

1958

1. März
Erster Tag in Regensburg, wo ich mich nach den emotional zermürbenden letzten Münchner Wochen in meiner Kammer unterm Dach auf das Staatsexamen vorbereiten will. Ich begann gleich um 7 Uhr mit der Arbeit. Nachmittags bei schönem, aber kaltem Wetter Spaziergang mit Viktoria; unter Kastanien wie in einem Kreuzgang auf und abgehend, lasen wir den ersten Gesang aus *Hermann und Dorothea*.

2. März
Im Konzert des Wiener Kammerorchesters unter P. Angerer und mit Elly Ney. Ihre Haltung drückt gleichzeitig Ehrfurcht und Stolz aus. Ich kann und will aber nicht vergessen, welche Rolle sie im Dritten Reich gespielt hat. Befleckte Hände. Die Musik ist nicht meine Muttersprache, aber da ich in meiner Muttersprache vieles nicht ausdrücken und vernehmen kann, bin ich auf das Erlernen von Fremdsprachen angewiesen, und oft fühle ich mich in einer von ihnen mehr zuhause als in der eigenen.

3. März
Mit Klaus Meister, der sein erstes Tübinger Semester hinter sich hat, Platons *Lysis* zu lesen begonnen.

5. März
Herrliches Wetter, nach dem Essen langer Spaziergang mit Viktoria am Donauufer. Die Wellen sind so, daß man sie streicheln möchte.

6. März
In der Buchhandlung Prasch fand ich eine ganz passable antiquarische Ausgabe von Friedrich Huchs *Pitt und Fox*. – Abends im Stadttheater die ersten zwei Akte der *Vier Grobiane* von Wolf-Ferrari.

9. März
Langer Spaziergang mit Richard Strobel. Ich erzähle von Ernst Buschor. Die Poesie der unwirtlichen Vorstadtgegend, die heiteren neuen Häuser. Abends im Konzert. Das Kehr-Trio spielt Brahms und Schuberts *Forellenquintett*; die populären Stücke sollten das Regensburger Publikum wohl mit der Zumutung des Streich-Trios von Günter Bialas versöhnen.

10. März
Im Sinfonie-Konzert des „verstärkten"(!) Stadttheater-Orchesters unter Alexander Paulmüller. Immerhin: Magda Rusy als Solistin des 1. Klavierkonzerts von Chopin.

11. März
Büchereinkauf bei Pustet, darunter Freuds Abhandlung über den Witz. – In Borchardts *Gespräch über Formen*. Mein Widerwille gegen diesen Geist ist aufs neue und entschiedener erwacht. Das Gespräch ist purer Jugendstil. Kein Funken Leben, keine Naivität, Anmut, Natürlichkeit, Freiheit und Heiterkeit. Ein Gespräch zwischen zwei Partnern, die nicht der leiseste Hauch von Sympathie verbindet. Das Ganze die personifizierte Humorlosigkeit. Peinlichkeiten und Entgleisungen bei höchstem Anspruch.

14. März
Die zweite Hälfte von Wolf-Ferraris *Vier Grobianen* im Stadttheater. Das ist kaum fünfzig Jahre alt und

viel verstaubter als alle Rossinis und Donizettis zusammen.

15. März
Mit Viktoria, Hans Meister und Burkhard Salfner auf den Winzerer Höhen. Im vergänglichen Schnee ist immer wieder das vergängliche Datum eingeschrieben. – Später im dunklen Zimmer Brahms gehört, dann – zur Vorbereitung auf die Archäologie-Prüfung – den Band mit Abbildungen griechischer Plastik durchgegangen. Wir bestatten immer einen Genuß durch einen anderen.

19. März
Richard Strauss: *Tod und Verklärung*. Feuchte, stark duftende Rosengärten, perlende Schauer der Wonne. Viel Poesie, aber nichts von Tragik. Endlose Wiederholung einer bestimmten Lust, der ewige Rhythmus von Begierde und Erfüllung. – Spaziergang mit Viktoria. Überraschend schöne Anblicke in den Gäßchen der Altstadt.

21. März
Im Stadttheater *Banditenstreiche* von Franz von Suppé. Mein lieber Paul Werder singt den Babbeo. Sonst kenne ich keinen und keine mehr – außer dem nicht umzubringenden Adolf Tippmann.

22. März
Stumpfsinnige Lernerei in der lateinischen Wortkunde. Aber bei Wunderling kaufe ich Jean Pauls *Flegeljahre*. Wie freue ich mich auf die Lektüre!

23. März
Nachmittags zu Dorners nach Sinzing. Rudi macht sein Praktikum am Domgymnasium. Klagen des Domkapellmeisters Theobald Schrems über die „somatische Celeration" der Kinder. Noch vor ein paar Jahren habe er eine dritte Klasse „unbesehen" singen lassen können.

24. März
Im Theater *Gaslicht*. Die für mich neuen Schauspieler Renate Hünlich und Wilhelm Graf. Vorher ging übrigens in der ganzen Stadt für etwa 20 Minuten das Licht aus.

25. März
In der an den Römerturm angebauten Ulrichskirche, deren Inneres gerade restauriert wird. Sie war immer geschlossen, so daß ich sie jetzt zum ersten Mal sah. Ich empfinde sie als Regensburgs merkwürdigste und schönste Kirche. Vegetative farbige Dekoration, wie viel Zartheit in der Kraft.

26. März
Erster warmer Frühlingstag. Nach dem Essen im Garten *Pitt und Fox*. An Ceres in die Luitpoldstraße Blumen geschickt. Im Theater gestern Abend der *Hamlet*, höchst unköniglich gespielt. Der Darsteller des Hamlet, Gerhard Knick, der auch inszenierte, verwechselte Melancholie mit Mattigkeit. Ein unausgesetzter Jammerton. Ich war sehr enttäuscht.

27. März
Wunderbares Wetter. Blitzende Möwenscharen über der Donau. In einem Vortrag von Professor Dünninger über *Die künstlerische Sprache des Films*.

29. März
Schöner Nachmittagsspaziergang mit Viktoria und Rudi Dorner. Mit der Fähre über die Donau, dann

über Riegling gegen Eilsbrunn. In der Gegend spielen für mich mehrere Brittingsche Erzählungen. Pulsatillen, Krokusse, Leberblümchen. Rast im „Waldhäusl".

1. April
Gegen Abend eine Stunde im Dörnbergpark auf meiner alten Bank mit dem Blick auf die tiefästigen Bäume. Begonnen mit Jean Pauls *Flegeljahren*.

3. April
Die bösen Brüder S., die mich, wie mir Klaus erzählt, überall verächtlich machen. Ich hatte eigentlich immer die Überzeugung, daß die wenigen „Gescheiteren" sich ohne weiteres zusammentun müßten, aber das Gegenteil ist der Fall. Jeder bewacht eifersüchtig sein eigenes Territorium, das nicht größer ist als das Reich Popo oder Pipi in Büchners *Leonce und Lena*.

4. April
Schöner Spaziergang auf den Dreifaltigkeitsberg, Viktoria aus den *Flegeljahren* vorgelesen. Im Radio die *Matthäuspassion* (Karl Richter). Bachs Musik der überzeugendste Beweis für die Wahrheit des Christentums. Sie löschte in mir jeden Funken eines antiken Lebensgefühls. Und doch weiß ich, daß ich zu anderer Zeit wieder der Heide sein werde, der ich auch bin.

5. April
Edgar Schultheiß zeigt mir Gedichte seines Klassenkameraden Peter Schnetz, die mich sehr beeindrucken. Er lehnt aber, wie Edgar sagt, meine Lyrik ab. In der neunten Klasse ein junger Komponist namens Sterl. Daheim mittelhochdeutsche Grammatik, entsetzlich langweilig und überflüssig.

6. April
Ostersonntag. Mit Viktoria bei Frau Oberst Becher in der Prüfeningerstraße 48, der Großmutter von Peter Schnetz. Er war nicht da, sondern über die Ferien in Rom. Hinzukam ein Dr. Krüger aus München, der während des Kriegs Lektor im Piper-Verlag war. Über Ernst Jünger, Ludwig Curtius etc. Er war mit Wolfskehl befreundet. – Zuhause Phantasien, begeisterte Pläne, Vorbereitungen für Gedichte. Im Stadttheater Gounods *Margarethe*, völlig unbedeutendes Werk, ging in der Pause heim. – Nachricht vom Tod Reinhold Schneiders.

9. April
23. Geburtstag. Vergeblicher Versuch, aus den zum Teil ekstatischen Erfahrungen der letzten Tage ein Gedicht zu machen. Mit Klaus im neuen Hallenbad. Dann im Musikhaus Fritz, wo wir Mozarts d-moll-Konzert, gespielt von Clara Haskil, hören. Der katholische Geistliche mit dem genüßlichen Mund, der uns auf die „feinen Stellen" aufmerksam macht.

10. April
Mit Hans Meister und Burkhard Salfner in dessen Auto nach Etterzhausen, von dort ins Laabertal. Kahler Jura, aber wunderschönes, waldreiches Tal. Abends die *Alkestiade* von Wilder, „szenische Lesung". Das schöne Stück total verschandelt. Meinen ehemaligen Deutschlehrer Dr. Kranz getroffen, der sich nicht entblödet, meinen Titel *Falterzug* mit dem Satz zu kritisieren: „Schirnding, Falter ziehen nicht!" Die Lehrer schrumpfen doch mächtig ein.

14. April
Mit Richard Strobel in der Ulrichskirche. In dem hinteren oberen Teil, der auf der Krypta steht, Pfeiler von fast antiker Klarheit und Schwerelosigkeit. In die So-

ckel sind alte Fensterbogen eingemauert, die wahrscheinlich aus einer schon früher vorhandenen Kirche stammen. Der Fußboden ist weggenommen, man geht also direkt auf dem Gewölbe. Wir stiegen auch in den Dachstuhl und von dort auf einen außen an der Kirche laufenden Steg.

20. April
Bei Frau Becher zum Tee. Peter Schnetz, ein Herr von Rüdiger und ein nettes Mädchen. Über Rom und Winckelmann, den Frau Becher mit Schliemann verwechselt. Ich lasse es dabei. Peter las ein paar seiner Gedichte vor, die ich fast alle sehr schön, begabt, jugendlich-reich finde.

23. April
Die Winterreise von einem Paul Neuner ohne Glanz und tiefere Empfindung vorgetragen. Das romantische Lied ist die zarteste Blüte des 19. Jahrhunderts, das trotz allem das Jahrhundert der Seele ist. Auch die Müllerschen Texte sind schön, weil sie einer anonymen Seele nachempfunden sind, ihrerseits späte Blüten einer durch die Jahrhunderte gewachsenen Pflanze. In der Pause Peter Schnetz, der mir unsympathische Herr von R. und der junge Komponist Sterl.

24. April
Abends kam Peter Schnetz, so aufrichtig und sympathisch wie seine Gedichte. Er will Dramen schreiben; Thema: Wie überwindet man die Melancholie? Glaubt, daß er nie Prosa zuwege bringen wird. Führt kein Tagebuch, wirkt auf mich auch nicht als „geistige Existenz", was mir nur angenehm ist. Wir verabredeten eine gemeinsame Lesung für Oktober.

26. April
Im Alten Gymnasium wurde Saroyans *Menschliche Komödie* aufgeführt. Wie viel mehr das Ganze als die Summe seiner Teile. Die anwesenden Lehrer, die Angehörigen, die nach der Vorstellung auf die Spieler warteten, die vor Stolz strahlenden Freundinnen der älteren Mitwirkenden, die Herzlichkeit der Klassenkameraden untereinander: all das ergriff mich tief. Sehnsuchterweckende kleine Welt, die nichts von sich weiß, nur im Bewußtsein eines einzelnen zusammenhängt, der nicht zu ihr gehört.

27. April
Mit den kleinen Schwestern im Herzogpark. Es hatte geregnet, nun lag unter einem jählings blauen Himmel eine kristallisch funkelnde Frühlingswelt. Abschiedsessen mit Klaus im Neptunhof des Rathauskellers. Nachher an der Donau. Nur mythische Gegenstände: Die Stadt am gegenüberliegenden Ufer mit ihren steilen Gassen, der Fluß, die Brücke, das Fischernetz, der Kahn, die Lichter.

30. April
Bei Ceres zum Abschiednehmen. Vorträge im Alten Gymnasium: Professor Seel aus Erlangen über Ovid und seine Zeit – in lateinischer Sprache. Es ist unmöglich, in klassischem Latein einen unklaren Gedanken auszudrücken. – Später zu Richard. In der Niedermünsterkirche herrscht Aufregung wegen eines zu modernen Marienaltars. – In meiner dunklen Bodenkammer, in die nur der geisterhaft erleuchtete Vollmondhimmel durch die Zweige der alten Bäume blickte, Mozarts letztes Klavierkonzert gehört. Dann ein letzter Gang durch die Stadt. Nichts mehr von dem, was mich diese zwei Monate hier festhielt, ist übrig. Der Reiz des bescheidenen Lebens, des stillen und selbstgenügsamen Daseins, die Poesie der Resignation haben aufgehört, auf mich zu wirken.

CLAUDIA BÖKEN

Aufstieg und Fall eines Regensburger Wurstimperiums
Die Firma Ostermeier war der Inbegriff des Wirtschaftswunders

Einst war die Firma Ostermeier der Stolz der Stadt. Ostermeier-Wurstwaren machten Regensburg in der Welt bekannt. Das Unternehmen war in Regensburg ein Synonym für das Wirtschaftswunder der 50er und 60er Jahre. Seit einigen Wochen ist der Firmen-Name aus dem Stadtbild verschwunden: Das Fabrikgebäude am Donaumarkt wird seit Ende letzten Jahres abgerissen, der Schriftzug ist längst den Abrissmaschinen zum Opfer gefallen. Über den Ruinen hing noch lange der Geruch der früheren Räucherkammer.

Der graue Gebäudekomplex zwischen Ostengasse und Donaumarkt, Klostermeyer- und Gichtlgasse war in den letzten Jahren zum Schandfleck für das Stadtviertel verkommen, die leeren Schaufenster der verlassenen Geschäfte von Schichten alter Plakate zugekleistert. Und dabei gehörte seine Einweihung 1973 zu den Höhepunkten der Ostermeier'schen Familiengeschichte. Die Fleisch- und Wurstwarenfabrik war damals eine der wichtigsten Wirtschaftsfaktoren in der Stadt.
Durch den 2100 Quadratmeter großen Neubau war die Betriebsfläche auf 7098 Quadratmeter angewachsen. 345 Mitarbeiter trugen zu einem Jahresumsatz von 37 Millionen Mark bei, wie Firmenchef Franz Ostermeier in der Festschrift im Juli 1973 stolz verkündete.
Angefangen hatte die Firmengeschichte 1938. Damals übernahm der 28-jährige Metzgermeister Franz Ostermeier mit seiner frisch angetrauten Frau Rosa zur Pacht eine kleine Metzgerei in der Malergasse. Von da aus wollte das Paar – so schilderte es Ostermeier anlässlich seines 60. Geburtstags selbst – „die alte Ratisbona erobern". Zunächst aber wurde dieser Traum durch den Einberufungsbefehl jäh beendet. 1944 vorzeitig vom Militär entlassen, versuchte es Ostermeier erneut. Die letzten Kriegsmonate waren nicht gerade dazu prädestiniert, eine Metzgerei zu eröffnen. Trotzdem: 1946 zog Ostermeier – zwar immer noch zur Miete – bereits in einen größeren Laden um. 1949 wurde er in den Verband Bayerischer Fleischwarenindustrieller, im gleichen Jahr ins Handelsregister aufgenommen.
Dann ging es Schlag auf Schlag: 1950 Erwerb des Anwesens Klostermeyergasse 2, 1952/53 Einbau des Fabrikationsbetriebes in dieses Gebäude. Franz Ostermeier nannte das selbst stolz „die erste Ausbauphase". Mit dem Wirtschaftswunder expandierte die Firma. 1955 erwarb sie von der Witwe des überraschend verstorbenen Regensburger Metzgermeisters Josef Händlmaier dessen sechs Filialen. Sie wurde als Exportbetrieb anerkannt und erhielt die Zulassung zur Ausfuhr ihrer Waren nach England und Amerika. 1956 konnte ein eigener Räuchertrakt an das Gebäude angebaut werden.
Der Ehefrau Rosa, so sagen frühere Angestellte noch heute, sei das Engagement für die Belegschaft zu ver-

Werbung für Regensburg – die Regensburger Knacker der Firma Ostermeier

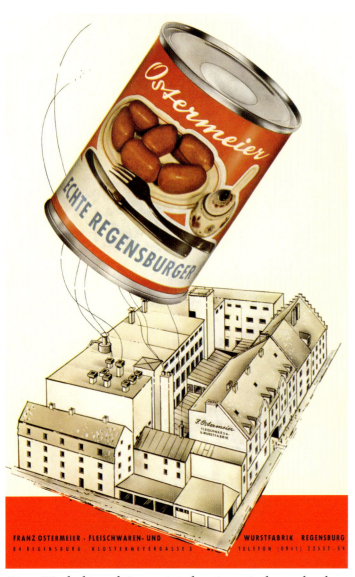

Eine Werbebroschüre zeigt den inzwischen abgebrochenen Komplex der Firma Ostermeier – darüber schwebt eine Dose „Echte Regensburger"

danken gewesen: 1960 gründete die Firma ein Sozialwerk für ihre Mitarbeiter, das 1968 um eine firmeneigene Pensionskasse erweitert wurde. Der Name von Franz Ostermeier war bis zu seinem Tode auch eng mit dem SSV Jahn Regensburg verbunden, dessen Sponsor er mit Leidenschaft und Engagement war.

Mit dem Bau eines Kühltraktes und der Modernisierung der Fabrikationsräume wuchs das Wurst-Imperium zwischen Ostengasse und Donaumarkt weiter. Die Familie blieb inzwischen von schweren persönlichen Schicksalsschlägen nicht verschont: Nach einem Autounfall 1962 war Rosa Ostermeier an den Rollstuhl gefesselt. Es sollte noch schlimmer kommen: 1964 starb der einzige Sohn, Franz Ostermeier jun., 26-jährig bei einem Autounfall mit seinem Porsche auf der B 8 zwischen Hemau und Hohenschambach. Die Mittelbayerische Zeitung meldete damals, dass der Wagen mit solcher Wucht gegen einen Straßenbaum geprallte war, dass dieser völlig zersplitterte. Die Kurve heißt im Volksmund noch heute „Ostermeier-Kurve". Obwohl jetzt ohne Erben arbeitete Franz Ostermeier sen. weiter an seinem Lebenswerk: 1966 erhielt er die Zulassung als Zerlege- und Verarbeitungsbetrieb für Lieferungen in den EWG-Raum. 1967 eröffnete er ein Auslieferungslager in Baden-Württemberg. Die Fleisch- und Wurstwarenfabrik beteiligte sich an großen Fachmessen wie der IKOFA in München und sammelte Preise und Auszeichnungen für ihre Produkte – 1969 meldete sie stolz, dass „die Zahl 100 bei der Errringung von Medaillen im Rahmen von Qualitätswettbewerben" überschritten sei.

1970 wurde die Verpackungskapazität durch modernste Verpackungsautomaten auf 60 000 Einheiten pro Tag erhöht. Den Abschluss eines Kooperationsvertrages mit der Fleischwarenfabrik Stockmeyer erklärte der Firmenchef 1972 in der hauseigenen Mo-

Firmengründer Franz Ostermeier

Ehefrau Rosa Ostermeier

Sohn Franz, mit 26 Jahren verunglückt

natszeitung der Belegschaft selbst: „In Zukunft, so wurde vereinbart, werden unsere beiden Unternehmen füreinander da sein. Dies heißt in der Sprache des modernen Zeitalters: Es wurde cooperiert. Cooperation heißt auf deutsch Zusammenarbeit!" Die beiden Firmen brachten es miteinander auf knapp 1100 Mitarbeiter und einen Jahresumsatz von fast 150 Millionen Mark.

Und Ostermeier expandierte weiter: Nach zweijähriger Bauzeit wurde im Juli 1973 der Neubau am Donaumarkt in Betrieb genommen. Die Firma war auf dem Zenit. Irgendwann in diesen Jahren hatte der Chef wohl einen Herzinfarkt. Dass er seitdem ein Medikament zur Blutverdünnung nehmen musste, trug Jahre später zu seinem Tod bei.

Im Januar 1978 stürzte der 68-Jährige während der Vorbereitungen zum 40-jährigen Firmenbestehen beim Spaziergang mit seinen Hunden auf den Winzerer Höhen. Der kleinen Verletzung, die er sich dabei zuzog, maß er keine Bedeutung bei. „Er war durch das Medikament Bluter. Letztlich ist er innerlich verblutet", erinnert sich der langjährige enge Mitarbeiter Josef Sperrer.

Die Witwe Rosa Ostermeier saß ja selbst im Rollstuhl. „Die Arme war in ihrem drehbaren Haus auf den Winzerer Höhen angebunden und musste deshalb den Betrieb verkaufen", erzählen sich ältere Regensburger heute noch. „Das mit dem drehbaren Haus ist eine Sage, das Haus stand fest, wie alle anderen Häuser auch", sagt ein Mitarbeiter, der seiner Chefin damals täglich Bericht erstattete und das Gebäude deshalb

Franz Ostermeier war ein Symbol für die Qualität von Regensburger Wurstwaren

gut kannte. Allerdings habe man durch die Fensterfronten rund um das Gebäude einen Blick in alle Himmelsrichtungen gehabt. Und ganz so unbeweglich war Rosa Ostermeier trotz ihres Rollstuhles nicht. Sie nahm trotz ihrer unfallbedingten Behinderung durchaus am gesellschaftlichen Leben teil, besuchte Theateraufführungen und Wohltätigkeitsveranstaltungen.
Was an der Legende wahr ist, ist der Verkauf des Ostermeier-Imperiums. Zwei Jahre nach dem Tod ihres Mannes verkaufte sie es an die Frank Holder Gruppe, zu der damit acht Fleisch- und Wurstfabriken in Deutschland und der Schweiz gehörten.
Der Firmenname Ostermeier und mit ihm die bewährten Rezepturen blieben erhalten, wurden sogar weltweit bekannt: Die Holder Gruppe war bereits zuvor Olympia-Caterer gewesen und nahm nun auch Ostermeier-Produkte in dieses Repertoire auf.

Wurst-Botschafter bei Olympia

Zum Olympia-Botschafter avancierte Prokurist Josef Sperrer, der in Regensburg Chef aller Ostermeier-Filialen war. Heute ist er knapp 70, war 38 Jahre seines Lebens bei Ostermeier beschäftigt. Nach dem Konkurs seiner Firma ging er vorzeitig in den Ruhestand, obwohl ihn die Firma Jungmayer übernehmen wollte. Er ging mit all den schönen Erinnerungen, die er in den letzten Firmenjahrzehnten gesammelt hatte.
Sperrer brachte Ostermeier-Spezialitäten zu den olympischen Spielen nach Sarajewo, Los Angeles, Calgary, Seoul, Albertville, Barcelona, Lillehammer und Atlanta. Auf Erinnerungsfotos ist er mit Olympia-Legenden wie Jürgen Hingsen, Michael Groß, Edwin Moses und Carl Lewis zu sehen. In seinem „Kufenstüberl" bei den Winterspielen war nicht nur Schorsch Hackl Stammgast. Josef Sperrer gehörte dazu wie die olympischen

Ringe. Deswegen wurde er auch 1998 noch nach Nagano eingeladen, als es die Firma Ostermeier schon nicht mehr gab.

„Es sind meine schönsten Erinnerungen", sagt Josef Sperrer noch heute.

Während sein alter Arbeitsplatz in den letzten Monaten langsam aber sicher von der Bildfläche verschwand, verfolgte er die Diskussion über den möglichen Stadthallen-Standort mit großem Interesse. Dabei wurmte ihn eines: die von Gegnern ins Spiel gebrachte Hochwasser-Debatte. „Ich war 38 Jahre bei Ostermeier am Donaumarkt, und in dieser Zeit hatten wir nicht einmal Wasser im Keller."

Von nun an ging's bergab

Nach diesem neuerlichen geradezu olympischen Höhepunkt in der Firmengeschichte war der Sturz umso tiefer. Rosa Ostermeier, die 1992 im Alter von 80 Jahren verstorben war, musste ihn nicht mehr mit ansehen: 1996 endete die Ära Ostermeier mit einer 20-Millionen-Pleite. Angeblich, so war damals von Eigentümer Dr. Wilfried Holder zu hören, habe die Firma mit ihrem Stamm von 290 Mitarbeitern monatlich dreihunderttausend Mark Verlust eingefahren.

Das Interesse der Konkurrenz an dem in Fachkreisen klangvollen Namen war groß: „Ostermeier schließt, die Wurst bleibt", hieß es am 5. Oktober 1996 in einer Überschrift der Mittelbayerischen Zeitung. Die Geiselhöringer Firma JUMA (die Brüder Max und Roland Jungmayer) übernahm die Produktion, einen kleinen Teil der Belegschaft und die Filialen.

Nicht alle – denn manche der Vermieter suchten auf eigene Faust Nachfolger.

So kam auch der Münchner Branchenriese Vinzenzmurr nach Regensburg, der im Donau-Einkaufszentrum Fuß fasste und auch in zwei früheren Ostermeier-Filialen in der Altstadt. „Der Weißwurst-Krieg in der Altstadt" hieß es in der MZ, als in ehemaligen Ostermeier-Geschäftsstellen plötzlich Juma und Vinzenzmurr Nachbarn waren. Kurz darauf sind die Ostermeier/JUMA-Filialen von der Passauer Wurstwarenfabrik Königsbauer (KÖPA) übernommen worden. Ostermeier-Wurst für den Großhandel wird allerdings nach wie vor in Geiselhöring nach den bewährten Rezepturen hergestellt und vertrieben.

Um die hochverschuldete Fleischfabrik auf dem Donaumarkt, die seit der Insolvenz leer stand, kümmerte sich der Konkursrichter. Im Dezember 1997 fiel der ganze Komplex an die Firma Ubiterra, eine Tochter der Hypobank. 3,5 Millionen Mark, zuzüglich 3,3 Millionen Mark an Dienstbarkeiten soll sie dafür gezahlt haben und saß dann auf einem schier unverkäuflichen und immer weiter verfallenden Gebäude. Zwar hatte es immer wieder Interessenten gegeben, die ließen sich aber vom Vorkaufsrecht der Stadt abschrecken. Denn schließlich liebäugelte Regensburg schon seit den 80er Jahren unter Oberbürgermeister Friedrich Viehbacher mit dem Donaumarkt als Standort für die Stadthalle. Also wollte man den Ostermeier-Trakt nicht zum Objekt für Grundstücksspekulanten werden lassen.

Erst im Jahr 2002 fand die HVB Projekt, die Immobilien-Tochter der HypoVereinsbank, einen Käufer: Die Stadtbau GmbH Regensburg. Sie ist jetzt Besitzer des Ostermeier-Areals samt der Gebäude, die sie inzwischen abreißen ließ. Wenn es nach dem Willen vieler Stadtpolitiker geht, wird dort irgendwann vielleicht einmal die Stadthalle bzw. das Regensburger Kultur- und Kongresszentrum gebaut. Ob an den Namen Ostermeier dann eine Straße oder Gasse im Umfeld erinnern wird, bleibt abzuwarten.

PETER KÜSPERT

Die Augustenschule

Eine Jahrhundertchance für die Regensburger Justiz

Mit der feierlichen Einweihung durch die Bayerische Staatsministerin der Justiz Dr. Beate Merk am 25. März 2004 wurde die ehemalige Augustenschule nach vierjähriger Bauzeit als moderner Erweiterungsbau des Regensburger Justizgebäudes ihrer neuen Bestimmung übergeben. Mit dem Umbau der alten Augustenschule war für den schon lange drängenden Raumbedarf der hiesigen Justizbehörden zweifellos die glücklichste Lösung gefunden worden. Der Präsident des Regensburger Landgerichts, Peter Küspert, blättert in seinem folgenden Beitrag zurück, schildert die Geschichte und Entwicklung des Regensburger „Justizpalastes" und stellt schließlich das neue-alte Gebäude vor.

Der Lokalberichterstatter des Regensburger Anzeigers war voll des Lobes. Noch ganz unter dem Eindruck des eben in der Kumpfmühler Straße fertiggestellten neuen Central-Justiz-Gebäudes schwärmte er in der Morgenausgabe des 1. April 1905: „Für alle Fälle ist bestens vorgesorgt – auf lange Jahre hinaus wird unser neuer Justizpalast mit seiner Einrichtung allen berechtigten Ansprüchen Genüge zu leisten imstande sein."
Großzügig hatte man damals geplant und gebaut. Gerade einmal 66 Justizangehörige sollten in dem imposanten Gebäudekomplex untergebracht werden; für die Sitzungen der Straf- und Zivilrichter waren insgesamt sieben Säle vorgesehen, was seinerzeit für eine außerordentlich großzügige Planung gehalten wurde. Im Lauf der folgenden Jahrzehnte galt es jedoch immer enger zusammenzurücken. Zusätzlicher Raumbedarf entstand vor allem als Folge der Aufhebung des Landgerichts Straubing und seiner teilweisen Vereinigung mit dem Landgericht Regensburg zum 1. April 1932 sowie der Eingliederung des Amtsgerichts Stadtamhof in das Amtsgericht Regensburg zum 1. Juli 1932. Dienstzimmer von Landgerichtsdirektoren mussten zu Sitzungssälen, Beratungszimmer und sogar Putz- und Materialkammern zu Büros umfunktioniert werden. Immerhin waren damals noch so viele Raumreserven vorhanden, dass der seinerzeitige Landgerichtspräsident Johann B. Weigl den Gedanken einer gemeinsamen Unterbringung von zwei Richtern in einem Zimmer als eine „den dienstlichen Belangen abträgliche Zusammenpferchung" zurückweisen konnte. Nach dem Ende des Zweiten Weltkriegs konnte man sich diese Großzügigkeit nicht mehr lange leisten. Zum 1. Juli 1959 wurden die amtsgerichtlichen Zweigstellen Regenstauf und Wörth a. d. Donau aufgehoben und dem Amtsgericht Regensburg eingegliedert. Bis Anfang der siebziger Jahre waren vor allem aufgrund der drastisch gestiegenen Bevölkerungszahl und des rasanten wirtschaftlichen Aufschwungs sowohl die Aufgaben als auch der Personalkörper der Justiz erheblich angewach-

Die fast 100-jährige Augustenschule im neuen Glanz

sen. Eine Unterbringung aller Mitarbeiter im Zentraljustizgebäude war trotz der längst üblichen Mehrfachbelegung der Dienstzimmer nicht mehr möglich.
Da die Pläne für Neu- oder Erweiterungsbauten nicht recht voran kamen, mussten im August 1970 eine an das Justizgelände angrenzende Steinbaracke der Wasser- und Schifffahrtsdirektion für die Unterbringung eines Teils der Staatsanwaltschaft und im Juli 1976 im ehemaligen Milchwerk zwischen Augustenstraße und Ladehofstraße ca. 1000 m² für das Grundbuchamt angemietet werden; die Referendarausbildung fand im Gebäude Ägidiengang 2 statt, die Bewährungshelfer waren in die Richard-Wagner-Straße ausgelagert. Dennoch herrschte im Justizpalast selbst erdrückende Raumnot. Jedes freie Plätzchen wurde ausgenutzt. Eine Reihe von Mitarbeitern mussten Büros im Keller des Gebäudes beziehen, Sitzungen wurden so oft wie möglich in den Dienstzimmern abgehalten, Schränke mit wichtigen Akten standen in den Gängen und Fluren des Gebäudes. Fast beschwörend klang der Appell des damaligen Landgerichtspräsidenten Siegfried Mühlbauer, der bei seiner Amtseinführung der Festversammlung zurief, dringend erforderliche Maßnahmen könnten doch nicht immer weiter zurückgestellt und auf die lange Bank geschoben werden.
In den Folgejahren wurden Pläne für eine Erweiterung des Justizpalastes um einen südlich vorgelagerten Quertrakt ebenso verworfen wie die Idee einer Verlagerung der gesamten Justiz aus der Innenstadt nach Königswiesen. Im Jahr 1976 fiel schließlich im Bayerischen Staatsministerium der Justiz die Entscheidung zugunsten der nächstliegenden und zugleich bürgerfreundlichsten Lösung: Beschlossen wurde die Errichtung eines Erweiterungsbaus auf eigenem Gelände am bestehenden Standort an der Augustenstraße, wofür allerdings das zwischen Justizpalast und Augustenschule gelegene alte Wachtmeisterwohnhaus weichen musste. Nach dem Abriss des alten Gebäudes und mehrjähriger Planungs- und Bauzeit wurde schließlich am 25. April 1988 der Neubau eines Amtsgerichtsgebäudes an der Augustenstraße 3 eingeweiht.
Wegen der eingeschränkten Grundstückssituation konnte der Raumbedarfsplan für das neue Gebäude allerdings nicht das Raumprogramm vorsehen, das für eine langfristig angelegte Gesamtlösung erforderlich gewesen wäre. Schon damals war daher allen Beteiligten klar, dass mit dem Erweiterungsbau trotz der damit verbundenen Entlastung beileibe nicht alle Raumprobleme der Regensburger Justiz beseitigt werden konnten. Die immer drängenderen Probleme harrten auch nach der Inbetriebnahme des neuen Amtsgerichtsgebäudes einer Lösung.
Der stetig wachsende Sitzungsbetrieb war an seine Kapazitätsgrenzen gestoßen. Statt der beim Bau des Justizpalastes noch für ausreichend gehaltenen sieben Säle für Zivil- und Strafsachen waren im Lauf der Jahre – der Not gehorchend – immer mehr andere Räume zu Sitzungssälen umfunktioniert worden, bis zuletzt im Altbau des Landgerichts und dem Neubau des Amtsgerichts zusammen 16 Säle zur ständigen Verfügung standen. Doch selbst das reichte nicht mehr aus, um den Bedarf zu decken. Zuletzt fanden jährlich über 12000 mündliche Verhandlungen beim Amts- und Landgericht Regensburg statt – Tendenz steigend. Nicht nur die Zahl der Verfahren war kontinuierlich angestiegen, auch die immer umfangreicheren, schwierigeren und längeren Strafprozesse taten ein Übriges. Nicht zuletzt war seit einer Änderung der Prozessordnung der Anteil von Zivilverfahren, in denen statt der gesamten Kammer nur ein Richter als Einzelrichter entscheidet, deutlich gewachsen. Stän-

dig galt es, Engpässe zu überbrücken, insbesondere bei Fortsetzungsterminen in Strafsachen. Als Manko wurde auch empfunden, dass der Schwurgerichtssaal gerade in großen und spektakulären Strafprozessen für Verfahrensbeteiligte und Zuschauer zu wenig Platz bot. Aber auch in Zivilsachen fanden Sitzungen in einigen der aushilfsweise benutzten Sitzungssäle in großer Beengtheit statt.

Unbefriedigend waren über die Jahre hinweg auch die Rahmenbedingungen für die Ausbildung und Prüfung der Rechtsreferendare, trotz der anerkannt hohen fachlichen Qualität der Ausbildung. Beim Landgericht Regensburg wurden und werden ständig zwischen 300 und 400 Rechtsreferendare ausgebildet, die seit 1987 in den Räumen des ehemaligen Milchwerks unterrichtet werden. Das bedeutete zwar eine gewisse Verbesserung gegenüber dem früheren Zustand, bei dem der Unterrichtsbetrieb auf mehrere Gebäude bei verschiedenen Behörden verteilt war. Der herbe Charme der Industriearchitektur des alten Milchwerks vermochte aber nicht darüber hinwegzutrösten, dass die Räume des für ganz andere Zwecke konzipierten Gebäudes unzweckmäßig geschnitten und auf mehrere Ebenen verteilt waren, dass sie nur unzureichend mit moderner Technik ausgestattet werden konnten und die Wege für die Referendare zur Praxisaus-

Die Augustenschule wurde vorbildlich saniert und ist jetzt Justizbehörde

bildung bei den übrigen Justizbehörden umständlich waren. Für die juristischen Staatsprüfungen mussten zudem externe Prüfungsräume für teures Geld angemietet werden.

Besonders problematisch war die Unterbringung eines Teils der Staatsanwaltschaft in einer an den Hof des Zentraljustizgebäudes grenzenden angemieteten Steinbaracke. Bei der Anmietung im Jahr 1971 war sowohl von der Wasser- und Schifffahrtsdirektion als Vermieterin als auch von der Justiz ausdrücklich betont worden, „daß es sich dabei nur um ein kurzfristiges Provisorium handeln kann, das auf keinen Fall zu einem Dauerzustand werden sollte". Zugegeben: Manch ein Kollege genoss zu Zeiten das fast ländliche Idyll in der „Baracke" – wie sie intern hieß – mit den fast ins Zimmer hineinwachsenden Obstbaumzweigen und einem sich gelegentlich auf die Fensterbank verirrenden und interessiert auf die Aktenstapel lugenden Huhn des Justizhausmeisters. Trotzdem: der insgesamt zunehmend marode Bauzustand, die langen, umständlichen Wege beim Aktentransport und manche „Duftfahne" aus den Sanitäranlagen ließen die nostalgischen Gefühle nicht überhand nehmen.

Aber auch in den Büros des Zentralgebäudes waren die Mitarbeiterinnen und Mitarbeiter außerordentlich beengt untergebracht: Anstelle der im Jahr 1905 eingeplanten 66 Personen arbeiteten im Jahre 1977 über 250 Personen im Hauptbau, wobei manche Räume mit bis zu sechs Mitarbeitern belegt waren. Auch die meisten Richter des Landgerichts und viele Staatsanwälte mussten sich ihre Zimmer mit Kollegen teilen.

Natürlich hatte die Justiz sehr genaue Vorstellungen, wie diese Probleme zu beseitigen wären: Sie musste ja nur nach Westen schauen, um die Lösung vor Augen zu haben. Dort stand – von spürbarer Patina überzogen, aber als durchaus selbstbewusstes städtisches Pendant zu den staatlichen Justizgebäuden – der Bau der 1901 errichteten Augustenschule. Geliebäugelt hatte die Justiz schon lange mit ihr, wer wollte ihr das verdenken, so ideal würde sie sich in den Justizstandort am westlichen Rand der Altstadt fügen und das gesamte Ensemble zu einer richtiggehenden Justizmeile entlang der Augustenstraße ergänzen. Für die Verantwortlichen der Regensburger Justiz bestand kein Zweifel: Diese Jahrhundertchance durfte man sich nicht entgehen lassen!

Die ersten Annäherungsversuche in den sechziger Jahren verliefen ergebnislos. Bei seinem Besuch in Regensburg im September 1976 sprach der damalige Justizminister Karl Hillermeier immerhin bereits von der „Idealvorstellung" eines Erwerbs der Augustenschule zur Erweiterung des Justizareals. Erst in den achtziger Jahren verdichteten sich die Kontakte zwischen Stadt und Justiz über einen möglichen Ankauf der Schule. Als glückliche Fügung erwies sich dabei, dass inzwischen auch die Stadt ein Interesse daran hatte, den Schulstandort an der Augustenstraße aufzugeben. Mit ins Gewicht fiel auch, dass die Augustenschule dringend sanierungsbedürftig war und in ihrem damaligen Zustand modernen Anforderungen kaum mehr genügte, weder in sanitärer noch in unterrichtstechnischer Hinsicht. Hinzu kam schließlich, dass wegen zurückgehender Schülerzahlen und der Verlagerung des Schüleraufkommens in den westlichen Teil des Schulsprengels der Standort an der Augustenstraße als zunehmend problematisch angesehen wurde.

Ende März 1985 stellte der Schulausschuss des Regensburger Stadtrats mit seinem Votum zugunsten des Neubaus einer Hauptschule im Bereich der westlichen Altstadt und des Stadtwestens an der Clermont-

Ferrand-Allee die Weichen für einen Erwerb des alten Schulgebäudes durch die Justiz. Nach intensiven Verhandlungen zwischen der für den Freistaat handelnden Bezirksfinanzdirektion Regensburg und der Stadt wurde die Augustenschule schließlich mit notariellem Kaufvertrag vom 16. Januar 1990 an den Freistaat Bayern verkauft. Der Stadt Regensburg wurde die weitere Nutzung des Schulgebäudes bis 31. August 1996 gestattet, da auch nach dem Umzug von Schülern und Lehrern in den Neubau an der Clermont-Ferrand-Allee im Frühjahr 1995 die Augustenschule als Ausweichquartier für die Schüler der Realschule Am Judenstein während der Sanierung ihrer Schule benötigt wurde. Die endgültige Räumung und Übergabe an die Justiz erfolgte im September 1996.

Das Konzept für die künftige Nutzung des Gebäudes durch die Justiz sah Folgendes vor: Die ehemalige Augustenschule sollte zu einem Sitzungs-, Unterrichts- und Prüfungsgebäude für die Regensburger Justizbehörden umgebaut werden. Die Voraussetzungen für eine solche Umwidmung waren geradezu ideal: Große Schulzimmer mit Grundflächen zwischen 60 und 80 m², wie sie auch für Sitzungssäle gebraucht werden, breite Flure und Treppenhäuser, die den Publikumsverkehr aufnehmen können und ein geräumiger Eingangsbereich. Die Größe des Baukörpers mit vier Hauptgeschossen und einem Kellergeschoss, etwa 40 Räumen und einer Nutzfläche von fast 3000 m² bot die Möglichkeit, sowohl den gesamten Sitzungsbetrieb des Amts- und Landgerichts Regensburg als auch den kompletten Unterrichtsbetrieb für die Referendare zusammenzufassen. Nachdem der Bayerische Landtag im Jahr 1998 den Umbau und die Sanierung des Schulgebäudes für Zwecke der Justiz auf der Grundlage der Planungen des Staatlichen Hochbauamts Regensburg genehmigt hatte, konnte im März 2000 mit dem Bau begonnen werden.

Von Anfang an wurde großer Wert darauf gelegt, Substanz und Charakter des Schulgebäudes soweit wie möglich zu erhalten und das neue Nutzungskonzept so schonend wie möglich zu integrieren. Dabei war allerdings eine Reihe von besonderen Anforderungen zu berücksichtigen, die sich aus baufachlichen und funktionalen Überlegungen ergaben. So musste eine witterungsgeschützte, geschlossene Verbindung zwischen den anderen Gebäuden der Justiz und dem Schulgebäude hergestellt werden; der

Im Turm vereint: das bayerische Rautenwappen und das Regensburger Schlüsselwappen

für diesen Zweck geschaffene gläserne Zwischenbau über der Tiefgaragenzufahrt an der Augustenstraße wurde zugleich dazu genutzt, bestimmte zentrale Funktionsbereiche wie die Anweisungsstelle für Zeugen und Sachverständige, die Kasse oder besondere Vernehmungsräume aufzunehmen. Um Gefangene aus der Justizvollzugsanstalt Regensburg unmittelbar zu Gerichtsverhandlungen vorführen zu können, wurde ein besonders gesicherter unterirdischer Verbindungsgang zwischen den Gebäudekomplexen geschaffen. Und im Keller der Augustenschule stehen heute statt der früheren riesigen Heizkessel Gleitregale, in denen das Archiv der Staatsanwaltschaft mit etwa 400000 Akten lagert.

Herzstück der neuen Nutzung bilden jedoch die Unterrichts- und Prüfungsräume im obersten Stockwerk des Gebäudes sowie die 23 Sitzungssäle in den übrigen drei Etagen. Helligkeit und Freundlichkeit der Räume sind der vorherrschende Eindruck für jeden Besucher. Licht durchflutet das Haus: Die hohen und weiten Fensterflächen öffnen das Gebäude zur Sonne. Helle Türen und Möbel verstärken den Effekt. Bei der Gestaltung und Ausstattung der Verhandlungssäle wurde besonderer Wert darauf gelegt, sterile Nüchternheit ebenso zu vermeiden wie falsches Pathos.

Obwohl an der Nordostecke des Gebäudes gelegen, vermittelt auch der neue Schwurgerichtssaal, der in der ehemaligen Mädchenturnhalle der Schule entstanden ist, einen hellen, fast heiteren Eindruck. Wo früher rhythmische Sportgymnastik betrieben oder Volleyball gespielt wurde, werden heute allerdings Kapitalverbrechen verhandelt. Schwurgerichtssäle nehmen in den Raumprogrammen für Gerichtsgebäude seit jeher eine herausragende Stellung ein, weil das Interesse der Öffentlichkeit an den dort verhandelten Fällen besonders groß ist. Auch der Saal mit der internen Raumbezeichnung 104 ist mit seinen rund 200 m² der größte der neuen Sitzungssäle der Regensburger Justiz; er stieß weit über den örtlichen Bereich hinaus auf Beachtung. Die Süddeutsche Zeitung schrieb am 15. März 2004, es müsse festgestellt werden, „dass der Sitzungssaal 104 wohl einer der schönsten in Bayern geworden ist".

Sein besonderes Gepräge erhält der Saal vor allem durch eine von der Regensburger Künstlerin Astrid Schröder gestaltete, geschwungene Wandscheibe, die den Sitzungssaal vom dahinter liegenden Beratungstrakt abtrennt; eine besondere Würdigung erfährt das Kunstwerk hier an anderer Stelle. Ausstattung und Gestaltung des Saales sind im Übrigen so angelegt, dass er auch für andere Zwecke genutzt werden kann, beispielsweise für Vortragsveranstaltungen oder als Prüfungsraum für juristische Staatsprüfungen. Viele Regensburger Bürgerinnen und Bürger haben bereits die Gelegenheit genutzt, den Saal als einen der Leseorte im Rahmen der „Prager Nacht" oder bei Führungen am Tag des offenen Denkmals kennen zu lernen. Wer sich im Innern des Gebäudes umsieht, wird immer wieder auf die Verbindung von historischer Bausubstanz und moderner Technik stoßen. Liebevoll restaurierte Details wie die Steinsäulen mit Jugendstilkapitellen, die Handläufe mit ihren schmiedeeisernen Stützen in den Treppenhäusern oder die in die Eingangstüre geschnitzten Lausbubenstreiche von Max und Moritz auf der einen Seite, moderne Kommunikations- und Informationstechnologie auf der anderen Seite. Die Möglichkeit, Zeugen zu ihrem Schutz außerhalb des Sitzungssaales zu vernehmen und die Vernehmung live in die Verhandlung zu übertragen, musste ebenso berücksichtigt werden wie die Installation von elektronisch gesteuerten Diskussionsanlagen in den großen Strafsitzungssälen, der vermehrte Einsatz von Personalcomputer und Beamer in Verhandlungen und verschiedene Steuerungs-, Überwachungs- und Notrufsysteme. Gewiss sind soweit wie möglich die vielen Kilometer Kabel und Leitungen, die Installationen, Sensoren und Melder wieder unter Decken und Wänden verborgen oder unauffällig integriert. Dem Bau wurde jedoch eine Reihe von sichtbaren Elementen angefügt, deren Funktionalität uneingeschränkt deutlich wird und bei denen auf jede Form von Historismus verzichtet wurde: Beispiele sind die Metall-Glas-Konstruktionen der Rauchabschlusstüren in den Fluren, das moderne Wegeleitsystem oder die an der Südseite des Gebäudes in der Form eines Stahlgerüsts angefügte zusätzliche Fluchttreppe.

Das Schwurgericht tagt jetzt im neuen Sitzungssaal in der ehemaligen Augustenschule

Die bisherigen Erfahrungen mit dem neuen Gebäude sind uneingeschränkt positiv, die 8,9 Mio. an Gesamtbaukosten gut angelegt. Von der Übernahme des Schulgebäudes durch die Justiz haben letztlich alle Seiten profitiert: Für die Bürger, die als Parteien, Zeugen oder Zuschauer an Gerichtsverhandlungen teilnehmen, ist die Orientierung in dem übersichtlich gegliederten und mit einem Leitsystem versehenen neuen Sitzungsbau gegenüber den Verhältnissen im Altbau einfacher geworden; für sie wurden bequemere Wartezonen geschaffen, in den großen Sitzungssälen sind mehr Zuschauerplätze vorgesehen und kurze Wege zu zentral gelegenen Funktionsbereichen wie der Zahlstelle oder der Zeugenbetreuung eingeplant. Für ehrenamtliche Richter, Rechtsanwälte, Sachverständige und Dolmetscher hat die leidige Suche nach Parkplätzen ein Ende, weil sie im Hof der ehemaligen Augustenschule parken können. Aus stadtplanerischer Sicht ist es gelungen, den zentrumsnahen Standort der Regensburger Justiz weiter zu stärken, zumal mit der Umsiedlung der Referendarausbildung aus dem alten Milchwerk auch die Weichen für eine umfassende Sanierung der Justizvollzugsanstalt in den nächsten Jahren gestellt werden konnten.

Schließlich die Mitarbeiterinnen und Mitarbeiter der Justiz selbst, denen mit der klaren räumlichen Trennung von Büro- und Sitzungsbetrieb ein ungestörtes Arbeiten ermöglicht wird und die mit dem Rückbau der alten Sitzungssäle zu Büroräumen nach vielen Jahren der Raumnot endlich angemessen untergebracht werden können.

Werfen wir zum Abschluss noch einen Blick nach draußen auf die äußere Erscheinung des neuen Sitzungsgebäudes und seine Einfügung in das Gesamtensemble der Justizbauten an der Augustenstraße. Mit einiger Wahrscheinlichkeit waren bereits die Planungen für die vom damaligen Stadtbaurat und bekannten Regensburger Baumeister Adolf Schmetzer entworfene Augustenschule einerseits und für den vom Regensburger Landbauamt betreuten Bau des Zentraljustizgebäudes andererseits aufeinander abgestimmt. Dementsprechend sollte das Justizgebäude zusammen mit dem daneben errichteten (und 1982 wegen des Amtsgerichtsneubaus abgerissenen) Wachtmeisterwohnhaus und der anschließenden Augustenschule bereits damals ein langgestrecktes Ensemble von hoher städtebaulicher Bedeutung bilden, das entlang einer von der Altstadt nach Westen weisenden Entwicklungsachse führte.

Auch die Architektur der im Ensemble stehenden Gebäude dürfte zu ihrer Planungs- und Entstehungszeit aufeinander bezogen gewesen sein. Entsprechende Hinweise liefern beispielsweise die mehrstufigen Volutengiebel der Gebäude oder die jeweils zurückversetzt angeordneten Turmbauten, wobei die Turmbekrönung des Seitenbaus der Schule zum Turm des Justizgebäudes deutlich abgestuft ist.

Gemeinsam ist den Bauten ferner die vorherrschend am Stil der Neorenaissance orientierte Fassadengestaltung. Gerade bei der Fassadengestaltung zeigen sich aber auch deutliche Unterschiede in der Formensprache der Architektur, die etwas mit den verschiedenartigen Nutzungen der Gebäude zu tun haben können: Die äußere Gestaltung vieler Gerichtsgebäude, die an der Wende vom 19. zum 20. Jahrhundert entstanden waren, hatte zumindest auch die Aufgabe, den Menschen gehörigen Respekt vor der Dritten Gewalt einzuflößen; auch wenn man das Regensburger Zentraljustizgebäude wohl nicht zu den besonders typischen Beispielen solcher „Bollwerke der Einschüchterung" zählen kann, ist das architektonische Signal einer gewissen Distanzierung zu den Rechtsuchenden nicht zu leugnen. Die strengen, eher abweisenden Formen und Linien der Neorenaissance waren dazu angetan, die kühle Logik juristischer Methoden aufzunehmen und widerzuspiegeln.

Ganz anders die Augustenschule, bei der sich Jugendstilelemente mit fließenden und rankenden Ornamenten spielerisch in den strengen Renaissancestil mischen. Ob sich das mit dem Auftrag und dem Erscheinungsbild der Justiz verträgt? Kein Zweifel! Justitia kann und sollte nicht immer nur messerscharf schließen und in kalter Logik deduzieren; sie muss auch immer wieder Interessen abwägen, das Individuelle berücksichtigen, sich auf die Nöte der Menschen einlassen. Vielleicht ist gerade die vom Jugendstil ausgehende Durchdringung einer strengen, unverrückbaren Ordnung mit weicheren Formen und Ideen der Bewegung und Bewegtheit ein Symbol für das, was unsere Justiz an Menschlichkeit und Einfühlungsvermögen aufbringen und bei ihrem Auftritt gegenüber dem rechtsuchenden Bürger auch sinnlich vermitteln muss. Auch in dieser Hinsicht ist die Augustenschule ein Glücksgriff für die Justiz.

Quellen und Literatur
Justizgebäude Regensburg Augustenstraße 3, Broschüre des Landbauamts Regensburg 1988
K. Klemmer, Von der Linde über den Palast zu einem Haus des Rechts, Deutsches Architektenblatt 1992, 361
ders., Gerichtshausarchitektur – ein Instrument der Rechtspolitik?, Neue Juristische Wochenschrift 1992, 1294
Reiner R. Schmid, Öffentliche Bauten in Regensburg 1870–1914, Magisterarbeit Regensburg 1980, ungedruckt, UB Regensburg Sign. 230/LK 63366 S 349

BENNO HURT

Das Bild im Rücken der Richter

Überlegungen zu Astrid Schröders künstlerischer Wandgestaltung im Schwurgerichtssaal des Landgerichts Regensburg

Von einer „Schrift in keinerlei Sprache" hatte der Oberbürgermeister der Stadt Regensburg gesprochen, als er ihr am 12. November 1999 im Reichssaal des Alten Rathauses die Auszeichnung überreichte. Wer versuche, sich mit Astrid Schröders Kunst auseinander zu setzen, tue sich nicht leicht. Über diese Worte dachte ich nach, als ich Astrid Schröder zwei Jahre später in der städtischen Galerie „Leerer Beutel" in Regensburg wieder begegnete.

Großformatige Bilder, Acryl auf Leinwand, leuchteten in monochromem Gelb und Blau von weißen Wänden. So schlicht, so wenig spektakulär in Linienblöcken gehalten, daß mein Blick sie sogleich mißtrauisch abtastete, um zu ergründen, warum angesichts eines solchen Minimums an Farbe und Form mich eine seltsame Faszination erfaßte. Darf denn überhaupt gefallen, was einem so schnell gefällt? fragte ich mich. Ist auf ein Gefühl, das man unbewußt und wortlos empfindet, denn wirklich Verlaß? Kann das, was auf den ersten Blick schon schön erscheint, vor dem zweiten Blick, vor unserem Über-Kunst-doch-Bescheid-Wissen bestehen? Eine Frage, die sich mir heute nicht mehr stellt.

Mit Entsetzen sah ich dann zwei Videomonitore, installiert inmitten des Raums. Mit Einwilligung oder gar auf Veranlassung der Künstlerin sollte diese Computer-Apparatur den experimentellen Arbeitsprozeß ihres Werkes erklären. „Kann ich das auch? Oder kann ich das nicht?"

Dieses, auf eine griffige Formel gebrachte, weit verbreitete Mißverständnis von Kunst fiel mir ein. Wo als „ein echter Künstler" bewundert wird, wer auf Händen vor einer Leinwand tanzt und mit einem Pinsel zwischen den Zehen naturgetreu abmalt, was er als ein auf den Kopf gestelltes Modell von unten nach oben sieht – eine Artistik, die viel mit Circus zu tun hat, aber wenig mit Kunst.

Das Wandgemälde, auf das wir in diesem Schwurgerichtssaal schauen, entstand unter Zuhilfenahme eines Lineals. Die Künstlerin stand nicht auf Händen, sondern auf einem Gerüst. Was schwer genug war bei einem Format dieser Größe. Im Stehen, im Auf-einem-Stuhl-Sitzen, im In-die-Knie-Gehen, im Kauern hat sie tausende Pinselstriche gezogen. Daß keiner exakt dem anderen gleicht, daß Zufälligkeit und Berechnung dabei eine Rolle spielen, folgt schon aus dem Arbeitsprozeß. Es wird aber auch unter anderen Bedingungen von der Künstlerin nicht nur hingenommen, sondern es ist erwünscht. Den Grenzbereich zwischen Zufall und Kalkül auszuloten, dies sei das Ziel ihrer Suche.

„Der alte Mann schlief und träumte von den Löwen." Damit endet Hemingways „Der alte Mann und das Meer". Jeder von uns verfügt über diese neun Wörter, keiner von uns aber über diesen einfachen Satz. Das scheinbar so Einfache, auf das wir hier schauen, es ist so verdammt schwer. Das scheinbar so Selbstverständliche, es gelingt so selten. Das scheinbar so leicht zu Erklärende, es ist so schwer zu erklären. Ein Rest von Unerklärlichem bleibt, wo Kunst nicht nur vorgetäuscht wird, sondern wo es sich um sie handelt. Stellen wir uns also nicht hin vor diese Richterbank mit dem törichten Anspruch zu definieren, was sie denn zu sein hat, die Kunst.

Geben wir uns zunächst mit dem zufrieden, womit wir uns als Richter nicht zufrieden geben, mit unbeantworteten Fragen. Konstatieren wir, was beim Betrachten dieses Bildes mit uns selbst geschieht. Wenn wir lange genug auf diese Zeilen blicken, nehmen wir ein unablässiges Schwanken wahr, ein Schwanken zwischen Ordnung und ihrer Infragestellung. Was zunächst noch eben, noch plan erschien, bekommt allmählich Vorder- und Hintergrund. Zeilenblöcke wölben sich, wenn wir den Kopf neigen. Die schmalen gelben Ränder der Blöcke verlaufen nicht, wie es zunächst scheint, kerzengerade, sie schlängeln sich. Die an dem Lineal gezogenen Pinselstriche wiederholen sich nicht wirklich. In Wirklichkeit unterscheiden sie sich. Bedingt durch die Farbmenge, die der Pinsel beim Eintauchen aufnimmt, bedingt durch die Unmöglichkeit, ein und dieselbe Handbewegung hunderte von Male zu wiederholen, bedingt durch die Mischung der Farben weicht Strich für Strich in Länge, in Farbe, in Farbsättigung und der Geradlinigkeit seines Verlaufs von dem anderen ab. Wir erkennen die Individualität des Pinselstrichs. Wenn wir nahe an das Bild herantreten, wird dieser handwerkliche Herstellungsprozeß offenbar. Eine Unordnung wird unübersehbar. Beim Zurücktreten stellt sich Ordnung allmählich dann Schritt für Schritt wieder ein. Zudem beginnt die Künstlerin, ist das Bild erst mit Zeilen gefüllt, mit einer neuen Lage von Zeilen, versetzt zu der unter ihr liegenden, im Ansatz nicht deckungsgleich. Durch dieses versetzte Übereinanderlagern von fünf Pinselstrichflächen gerät das Gefüge in Bewegung, in einen Rhythmus, der es bewegt. Eine Rhythmisierung, die nicht außer Kontrolle geraten darf, die es letztlich zugunsten von Ruhe und Meditation zu beherrschen gilt.

Astrid Schröders Wandgemälde, das uns so schlicht, so durchschaubar begegnet, ist ein Suchbild, das uns einlädt, uns fordert. Eine Suche, die spannend wird, wenn wir unseren Blick unvoreingenommen auf die Reise schicken: lassen wir unseren Kopf von einer Schulter zur anderen wandern, kippt eine bestehende Ordnung und springt in eine andere über. Schröders Linienbilder, die bei oberflächlichem Hinsehen Computerdrucken ähneln, weisen Materialcharakter auf. Das Painting, die Handarbeit, sie ist mit den Händen zu spüren, mit den Fingern kann man über sie streichen: die dick aufgetragenen Farben formen Reliefe, die mich an Wattestäbchen erinnern, in ihrer Summe an aufeinander gestellte Kämme; die Künstlerin spricht von Kornfeldern, die im Wind wogen. Die unterschiedlich gemischten Farben in Schröders Bildern sind, obwohl dickflüssig, gleichzeitig durchscheinend, von lasierender Transparenz, so daß der Eindruck von Leichtigkeit, ein Schweben entsteht. Bei zusammengekniffenen Augen flirren gelbe Zeilenreihen wie Sommerhitze über dem Asphalt.

Wer immer dafür verantwortlich ist, daß dieses Wandgemälde hinter den Richtern eines Schwurgerichts hängt, diese kunstsinnige Person, sie hat ein bemerkenswertes Signal, ein imponierendes Zeichen gesetzt. Ist es ein Jurist, der unsere Rechtsordnung und die Ordnung in diesem Bild nebeneinander stellt und

Von der Regensburger Künstlerin Astrid Schröder stammt die eindrucksvolle Wandgestaltung im neuen Sitzungssaal des Schwurgerichts

sie vergleicht? Gleicht die Künstlerin in der ihr selbst auferlegten Pflicht, sich zu wiederholen, nicht uns Juristen, wenn wir darauf bestehen, statt „klauen", „stibitzen", „mitgehen lassen" unablässig das Wort „Diebstahl" zu verwenden? Was darunter zu verstehen ist, ist bindend in Paragraph 242 des Strafgesetzbuchs festgelegt. Daß wir uns an diese Bestimmung halten, ist unsere Bestimmung. Richter als Vollstrecker des Rechts, sie streben die gerade Linie an, von der ungestraft nicht abgewichen werden darf. Nicht vom geraden Weg abkommen ... Und weiche keinen Finger breit ... Das Gericht ist davon überzeugt, ist sich sicher, zu seiner Überzeugung steht fest ... Der Zweifel ist des Richters Sache nicht. Und wenn sich ein solcher ausnahmsweise einmal nicht ausschließen läßt, dann bleibt dem Strafgericht sein In dubio pro reo.

Die maschinelle Ordnung, der sich die Künstlerin unterwirft, mag an die genormte der Judikatur erinnern. Doch nimmt Astrid Schröder bei dem Versuch, sich zu wiederholen, das Abkommen vom geraden Weg, das Abweichen von der geraden Linie nicht nur, um es in unserer Sprache zu sagen, billigend in Kauf. Dieses Nicht-ganz-auf-die-Reihe-Kriegen, dieses schmerzlich schöne, meist in monochromen Farben gehaltene Verfehlen, diese von Beginn an einkalkulierte Irritation ist kein bloßer Dolus eventualis, sondern schafft das Spannungsfeld zwischen Ordnung und Unordnung, zwischen Gewißheit und Zweifel, zwischen Zufall und Plan. In diesem Spannungsfeld entwickelt sich die Arbeit von Astrid Schröder, in diesem Spannungsfeld wird sie zur Kunst.

Am Anfang war eine Wand. Dann kam der Verputz. Dann kam der Auftrag. Dann eine Künstlerin. Die verputzte Wand wurde ihr vorgegeben. Daß Richter vor dieser verputzten Wand sitzen und über Menschen urteilen, die sich strafbar gemacht haben, war ihr klar. Die Vorstellung von Personen in schwarzen, weitärmeligen Stoffen, der matte Samt der Roben, die Sitzordnung ihrer Träger, das Ritual, wenn das Gericht vor dieses Wandgemälde tritt, wenn es abtritt, wiederkehrt, ein Urteil verkündet im Namen des Volkes, Schwarz vor flimmerndem Gelb, ist diese Vorstellung in Schröders Konzept mit eingegangen? Macht kommt ihrem Bild zu: kein Angeklagter kann auf das Gericht sehen ohne nicht auch auf das Gemälde zu sehen, kein Zeuge, kein Sachverständiger. Ob sie es wollen oder nicht, ob sie an Kunst interessiert sind oder nicht, werden Richter zu ihrem Gegenstand, zum Bildbestandteil, zum unfreiwilligen Sujet. Nur sie selbst sehen nicht auf das Gemälde, das sich in ihrem schwarzen Rücken aufbaut. Erst wenn sie sich von den Beteiligten abwenden, um sich in ihr Beratungszimmer zurückzuziehen, streift ihr Blick diesen hintergründigen Dekor, vor dem sie Recht sprechen. Ein nur scheinbar ruhiger Hintergrund der Rechtsprechung. Mit diesem Bild im Rücken der Richter verhält es sich nämlich wie mit der Wahrheit in den Lebensausschnitten, die vor ihnen ausgebreitet werden: man kommt ihr nur mühsam und manchmal nie ganz auf die Spur.

Die Arbeit an diesem Werk währte vom 25. August bis 28. November 2003. Manchmal an diesen erbarmungslos heißen Tagen des Spätsommers hätte sie das Gefühl gehabt, vor einer Klagemauer zu stehen, berichtete mir die Künstlerin. Zeit sehe ich in allen Dingen geschichtet, habe ich an anderer Stelle einmal geschrieben. Die Zeit, die vergeht, um eine Mauer in einer Länge von acht Meter sechzig und einer Höhe von zwei Meter achtundfünfzig in ungezählten dünnen Pinselstrichen von rechts nach links mit Farbe zu bedecken: Diese Zeit – Stunden, Tage, Wochen, Monate –, sie ist in fünf Lagen übereinander geschichtet.

Ihr sausender Vorübergang ist angehalten in diesem Bild. Zeit wird schließlich eine Hauptrolle spielen, wenn Richter vor diesem Farbtableau ihr Urteil verkünden: Mit Zeit, mit einem Jahr bis lebenslänglich, werden Verbrechen gesühnt.

Was gestern noch eine Schule war, ist der Justiz gewichen. Die Eingriffe, die unvermeidbar waren, beweisen Feingefühl, Geschmack, ja Respekt. Die verschiebbaren Vorhänge aus vertikal verlaufenden hölzernen Leisten korrespondieren mit den schraffierten Chiffren der Wandgestaltung. Mit Kunst, auch mit der von Astrid Schröder, wird ein Verlust gemindert, der mit jedem Umbau verbunden ist. Von Schadensminderung sprechen Juristen. Über Schaden und Nutzen, über Schule und Schüler, über Justiz und Rechtsbrecher, denke ich nach. Aber ist dieses Haus nicht immer noch auch eine Schule, eine Schule, in der soziales Verhalten und Gesetzestreue eingefordert wird? Augustenschule, „Augustenburg", „Licht im

Die Künstlerin und ihr Werk

August" fällt mir der hoffnungsvolle Titel eines Romans von William Faulkner ein.

Was ist das für eine Justiz, die die Tür eines Schwurgerichtssaales aufmacht für junge Kunst? Die sich mit Kunst nicht nur dekoriert, sondern die sie hereinholt, hautnah zu sich? Ich glaube, es ist eine Justiz, die Verständnis zeigt. Die verstehen will, bevor sie richtet.

HEINER RIEPL

Kultur über der Donau

Das neue Künstlerhaus Andreas-Stadel

Das Leben eines Regensburger Stadels wird in Jahrhunderten gerechnet. Lange Zeit ist nichts geschehen mit dem ehemaligen Salzstadel in Stadtamhof. Zu Beginn des neuen Jahrhunderts veränderten sich die Eigentumsverhältnisse, und geradezu plötzlich wurde mit der Planung und der Renovierung begonnen. Im Juli 2004 konnte die Osthälfte des Hauses seiner Bestimmung übergeben werden. Ein gewaltiger Besucherstrom wollte das neue Gebäude kennen lernen. Der Stadel hat es ausgehalten. Dieser Artikel soll sich nicht mit der Geschichte des Bauwerks befassen. Er soll auch nicht über die sorgfältige Renovierung und die Baukosten berichten. Er will über die Zukunft des Hauses sprechen – die Konzeption des Künstlerhauses Andreas-Stadel Stadtamhof.

Ein Wort zum Bauherrn Oswald Zitzelsberger. Es gibt ja verschiedene Möglichkeiten, mit den erworbenen Mitteln umzugehen: die einen kaufen sich eine Insel und lassen den Herrgott einen guten Mann sein, die anderen setzen sich vielleicht lieber in einen hiesigen Biergarten und winters als Dauergast in eine Gaststube. Man kann aber auch im kulturellen Bereich investieren und helfen, kann Strukturen schaffen, welche die Künstler und die Bürger der Stadt einen wichtigen Schritt voranbringen. Oswald Zitzelsberger hat mit seinen Projekten viel für die Regensburger Kulturszene geleistet, und mit der Renovierung dieses Salzstadels will er einen weiteren Akzent setzen. Die Kunst- und Kulturstiftung Oswald Zitzelsberger wird für den Andreas-Stadel den Betrieb sichern und übernehmen. Was soll man dazu schreiben, gibt es Vergleichbares? Nein. Die Kunstgeschichte ist auch eine Geschichte der Förderer. Ich wünsche ihm, dass gute Früchte wachsen.

Wie wird aus einem Haus ein Künstlerhaus? Warum brauchen die Künstler ein solches Haus? Ich erlaube mir zu behaupten, dass es immer dort, wo es Kunst gegeben hat, auch Förderer gegeben hat und Orte, an denen sie – die Künstler und die Interessenten – zusammen kamen, angefangen bei den Höhlen und Hütten, bis zu den Villen, Schlössern und Palästen. Im 19. Jahrhundert entstanden an vielen Orten kleinere und größere Künstlergemeinschaften, der Gedanke an Künstlerhäuser lag wirklich in der Luft. Vorläufer und Vorbilder gab es genug, so z. B. die Dombauhütten oder Kunstschulen und Malerwerkstätten. Befreit von den Zwängen der Auftraggeber, aber nunmehr arm genug um sozial zu empfinden, fanden die Künstler zusammen. Manche waren auf der Suche nach der neuen Malerei (z. B. die Maler von Barbizon), andere verband eine ähnliche malerische Haltung (diejenigen vom Dachauer Moos); van Goghs „Gelbes Haus" in Arles kann ebenso als Versuch eines Künstlerhauses gesehen werden wie später das Russenhaus in Murnau (Münter, Kandinsky und

Mit einer launigen Ansprache eröffnete der Regensburger Lektor und Übersetzer Dr. Gerd Burger den Ausstellungsraum im Künstlerhaus Andreas-Stadel

Freunde). Andere schätzten den Kontakt mit Künstlern aus den Bereichen Theater, Literatur, Architektur und Musik. Einer, der darüber viel geschrieben hat, war unser „Malerheiliger" Vincent van Gogh. Brief an seinen Bruder Theo, etwa 5./6. Juni 1888: „Ich habe mir die Sache mit Gauguin überlegt – hier das Ergebnis: wenn Gauguin hierher kommen will, so ist seine Reise zu bestreiten, und dann müssen wir unbedingt zwei Betten oder zwei Matratzen kaufen. (...) Und von demselben Geld, das ich für mich allein ausgebe, können wir zu zweit leben. Du weißt es ist mir immer idiotisch vorgekommen, daß Maler für sich alleine leben usw. Man verliert immer, wenn man nur auf sich selbst gestellt ist." Nach dem gescheiterten Versuch mit Gauguin, am 29. April 1889: „Aber der Gedanke an einen Zusammenschluß der Maler, an ein gemeinsames Wohnen – dieser Gedanke bleibt wahr und vernünftig wie so viele andere, wenn es uns auch nicht gelungen ist, ..." Und an anderer Stelle: „Siehst Du, aber man hat eine Stütze, wenn man mit seinen Gefühlen und Gedanken nicht immer allein herumzulaufen braucht, sondern mit einer Gruppe anderer Menschen zusammen arbeitet und denkt. Dann vermag man auch mehr, und ist unendlich viel glücklicher." Wenn man den letzten Halbsatz weglässt, dann ist mit diesen Zitaten viel gesagt.

Im Künstlerhaus Andreas-Stadel werden bildende Künstler, Schauspieler und Schriftsteller ein- und ausgehen. Über die Akademie Regensburg und den Berufsverband Bildender Künstler (Werkstatt Neue Medien) werden Jung und Alt Austausch pflegen, oder besser gesagt: diejenigen, welche im Metier schon Erfahrung gesammelt haben, können den Lernenden helfen.

Der Austausch der Künstler untereinander, interdisziplinär, kann für alle gewinnbringend sein. Hinzu kommt, dass mit dem Stadtkünstler ein Gast aus dem Bereich Fotografie, Film, Literatur oder bildende Kunst eingeladen werden kann. Die Ausschreibung hierfür könnte im Herbst 2004 oder im Frühjahr 2005 erfolgen. Die Kunst- und Kulturstiftung Oswald Zitzelsberger könnte zunächst für Bayern, später für Europa dieses Jahresstipendium in Zusammenarbeit mit der Stadt Regensburg vergeben. Für die Bewerbung um die Kulturhauptstadt 2010 ist dieses Projekt mit aufgenommen worden.

Eine Bereicherung wird der Austausch mit Regensburgs Partnerstädten werden. Künstler aus den Partnerstädten können – ebenfalls in Zusammenarbeit mit der Stadt Regensburg – einen längeren Arbeitsaufenthalt verbringen. Sie erhalten im Andreas-Stadel ein Atelier und sind mit einem Arbeitsstipendium ausgestattet. Im Gegenzug sollte die Partnerstadt ähnliche Bedingungen für Regensburger Künstler anbieten.

Schließlich können die Gastkünstler bei Ausstellungsprojekten mit einem Arbeitsaufenthalt intensiver an der hiesigen Kunstszene teilnehmen und natürlich auch umgekehrt: Der Gedankenaustausch gelingt bei einem Arbeitsaufenthalt weitaus besser als bei einem Smalltalk zur Ausstellungseröffnung. Von dieser Möglichkeit können auch die Kunstvereine der Stadt profitieren. Hier wird man Erfahrungen sammeln. Grundsätzlich sollte man Austauschebenen anstreben.

Im Jahre 1988 ist der Grundstein gelegt worden für einen internationalen Verbund von Künstlerhäusern (Res Artis). Es begann ganz klein und formlos mit einem Treffen einiger Häuserchefs. Aus diesen Anfängen ist eine Organisation mit etwa 200 Künstlerhäusern geworden, die neue Häuser dann aufnehmen, wenn gewisse Standards für einen Künstleraustausch erfüllt werden. Ohne große Vereinsmeierei bieten sie ihre Zusammenarbeit an. Die Aufnahme in Res Artis ist beantragt. Mit diesem Verbund von Künstlerhäusern kann in Zukunft kooperiert werden.

Lassen Sie mich stichpunktartig das Netzwerk des neuen Künstlerhauses skizzieren: Das Literaturcafé esprit als Herz und Versorgungskammer und ich sehe jetzt vom so genannten leiblichen Wohl einmal ganz ab: ein engagiertes Literaturprogramm, ein Ausstellungsforum für die Künstler in den Studios ein oder zwei Stockwerke darüber, für die Dauerbelegungen (mietfrei für zwei Jahre, für die Künstler aus der Region) und für die Gäste, wie oben aufgeführt.

Auch für das leibliche Wohl ist gesorgt: Restaurant im Künstlerhaus

Das Studiokino des AKF, das mit einem interessanten Angebot aufwarten wird, darüber hinaus für die Werkstatt Neue Medien (BBK Niederbayern/Oberpfalz) und für die Akademie Regensburg Partner und Promoter sein kann. Eine kleine Bühne steht zur Verfügung. Der Heimatverein Stadtamhof mit seinem Archiv für die Geschichte des Ortsteils, als feste Verankerung, die Schauspielschule, die als Ausbildungsstätte im Hause ist, aber natürlich auch Produktionen erarbeiten wird, die auf einer der drei Bühnen des Hauses gezeigt werden können, die Stadtmaus mit ihren vielfältigen Möglichkeiten, die St. Petersburger Malschule des Alexander Timofeev, der diese wiedererstandene Tradition lehren möchte und schließlich die Akademie Regensburg, die private Kunstschule unter der Leitung von Georg Fiederer und Stefan Göler – all diese Bereiche können miteinander agieren und für die Bedeutung des Hauses sorgen.

Im vierten Stock unter dem Balkenhimmel ist ein Ausstellungs- und Veranstaltungsraum, der Kunst und Kultur mit einem adäquaten Programm zusammenführen soll. Der Stadel steht und ist renoviert. Das Künstlerhaus muss erst werden.

Vielleicht können – später, wenn der Andreas-Stadel wieder einmal renoviert werden muss – durch den Verkauf einer einzigen Arbeit aus der Sammlung Oswald Zitzelsberger die Kosten beglichen werden. Das ist der fromme Wunsch des Autors und es wäre das späte Dankeschön der Künstler.

BERENIKE NÖLL

Obatzter, Bröselschmarrn und Reiberdatschi

Bairische Wörter auf Regensburger Speisenkarten

Wenn auf den Speisenkarten Wörter wie „Reiberknödl", „Wammerl", „Saure Zipfel" oder „Obatzter" stehen, dann läuft einem Regensburger das Wasser im Mund zusammen – Touristen bleibt jedoch mitunter die Spucke weg – sie haben Übersetzungsprobleme. Nur wenige Nicht-Bayern wissen, dass sich hinter „Rahmschwammerl" „Pilze in Sahnesoße" verbergen, dass ein „Guglhupf" gleichbedeutend ist mit einem „Napfkuchen" und ein „Rüscherl" aus einer Cola mit Asbach besteht. Dialektforscher kritisieren hingegen das künstliche und daher häufig falsche Bairisch auf den Speisenkarten, wie etwa die überflüssigen Apostrophe – „Schwarzgräuchert's" – oder unnötigen Verkleinerungsformen – „Was Kloans" oder „Leberwurst im Töpferl". Die Sprachwissenschaftlerin und eifrige Wirtshausbesucherin Berenike Nöll hat sich umgesehen und auf Regensburger Speisenkarten allerlei interessante Entdeckungen gemacht.

Als so genannte „Zuagroaste" aus Hessen hatte ich zu Beginn meiner Studienzeit in Regensburg große Probleme, den Gesprächen meiner bayerischen Kommilitonen zu folgen. Vor allem Begriffe, die mit Essen und Trinken zu tun hatten, haben mich nicht selten in Erstaunen und Ungläubigkeit versetzt. Wenn ich zum Beispiel nach einem üppigen Essen gefragt wurde, ob ich *a Stamperl Schnaps* haben wollte, war ich verblüfft, weil mir diese Sorte nicht bekannt war. Auch *Fleischpflanzerl, Kiachl* oder *Schwammerl* gaben mir Rätsel auf. Mir wurde klar, dass ich noch viel über bayerische Eigenheiten zu lernen hatte. Da ich aber eine gute regionale Küche zu schätzen weiß, versuchte ich der Sache mit den bayerischen Spezialitäten auf den Grund zu gehen.

In den Wirtshäusern in Regensburg und Umgebung wollte ich herausfinden, ob die köstlichen *Schmankerl* nicht nur im mündlichen Sprachgebrauch, sondern auch in Schriftform auf den Speisenkarten anzutreffen sind. Tatsächlich wurde ich fündig und habe dabei einige für mich spannende bairische Kuriositäten sowie typische Merkmale für bairische Wortformen entdeckt, auf die ich nun genauer eingehen möchte.

Obatzter, Reiberdatschi und Brotzeit – Bairische Wörter und ihre Bedeutung

Auf den ersten Blick fielen mir etliche Wörter auf, von denen ich nicht sofort auf die jeweilige Speise oder das jeweilige Getränk schließen konnte, z. B.: *Apfelkücherl, Bröselschmarrn, Brotzeit, Fleischpflanzerl, Goaßmass, Gremelmaultaschen, Guglhupf, Haferl, Kipferl, Kracherl, Kren, Obatzter, Radi, Radlerhalbe, Radlermaß, Rahmschwammerl, Reiberdatschi, Reiberknödel, Rüscherl, Russenhalbe, Schmankerl, Wammerl* und *Saure Zipfel*.

Die meisten dieser Begriffe haben im Hochdeutschen ihre Entsprechungen wie z. B. *Pilze in Sahnesoße* für *Rahmschwammerl*, *Napfkuchen* statt *Guglhupf*, *Limonade* statt *Kracherl*, *Spezialität* für *Schmankerl* etc. Aber dennoch stellen viele dieser bairischen Varianten spezifische Besonderheiten dar. So erhalten interessanterweise die verschiedenen Getränkemischungen eigene Namen: In Regensburg trinkt man *Radler* (Zitronenlimonade und Bier), *Russenhalbe* (Limonade und Weizenbier) sowie *Rüscherl* (Asbach und Cola), wobei ich in Hessen einfach eine Asbach-Cola bestellen würde. Auffallend sind auch die süddeutschen Maßeinheiten für die Getränke, nämlich die *Maß* und die *Halbe*, denn andernorts bestellt man meist kleinere Maßeinheiten: 0,2 Liter für ein kleines Bier, wobei 0,3 Liter bereits ein großes Bier sind.

Eine ganz neue Erfahrung waren für mich aber regionale Bezeichnungen wie *Obatzter* und *Reiberdatschi* sowie Begriffe wie *Brotzeit* und *Apfelküchel*, für die es keine passenden standardsprachlichen Entsprechungen gibt. Einen Brotaufstrich aus zerdrücktem Camembert, Butter, Topfen und gehackten Zwiebeln mit Salz und Paprika als *Obatzten* zu bezeichnen, leuchtete mir ein, zumal diese Benennung einen Sinn ergibt, wenn man die Herkunft des Wortes beachtet: der *Obatzte* lässt sich ableiten von *Ab-* bzw. *Angebatzter*, was so viel wie „zu einem *Batz* Vermengtes" bedeutet. *Batz* bzw. *Baz* ist die umgangssprachliche Bezeichnung für „Schlamm, Morast". Im Falle des Brotaufstrichs trifft die allgemeinere umgangssprachliche Bedeutung von „schmieriger, breiiger Masse" zu, was sich auf die Masse aus oben genannten Zutaten bezieht.

Passend oder nicht? – Ein Motiv aus einer Regensburger Speisekarte

Der *Reiberdatschi* ist ein Fladen aus geriebenen Kartoffeln, der in der Pfanne gebacken wird und dem hochdeutschen *Kartoffelpuffer* oder *Kartoffelpfannkuchen* entspricht. Er setzt sich aus *Reiber* und *Datschi* zusammen. Der *Reiber*, anderswo die *Reibe* genannt, ist ein Küchengerät, mit dem die Kartoffeln gerieben werden. *Datschi* lässt sich von den Verben *datschen*, *dätschen*, *detschen*, *dotschen* ableiten, was wiederum heißt „etwas Weiches niederdrücken". Folglich werden die geriebenen Kartoffeln in der Pfanne zu einem Fladen niedergedrückt und gebacken.

Freitag, 24.11.2000

— A B E N D —

Kartoffelsuppe	4,00
Würstlsuppe	8,00
Herzragout mit Semmelknödel	12,50
Geräuchertes Brüstl auf Kraut mit Salzkartoffeln	12,50
Zwiebelrostbraten mit Bratkartoffeln und Salat	18,00
Leber sauer oder geröstet mit Salzkartoffeln und Salat	11,50
Holzfällersteak mit Bratkartoffeln und Salat	15,50
Schweinsschnitzel gebacken mit Salat	14,00
Kalbssteak mit Champignon, Bratkartoffeln und Salat	19,50
Milzwurst gebacken mit Remoulade und Salat	12,50
Zwiebelfleisch mit Bratkartoffeln und Salat	12,50
Kotelett französische Art mit Bratkartoffeln und Salat	15,00
Portion Schweinshaxe (kalt) mit Meerrettich	10,50
Limburger im Biersud und zwei Brote	8,50
6 Bratwürste auf Kraut	9,80
4 Bratwürste auf Kraut	7,80
Curry-Wurst mit Kartoffelsalat	7,80
1 Paar Weiße mit Senf	7,80
1 Paar Pfälzer auf Kraut	7,80
1 Paar Wiener mit Meerrettich	7,00

Alle Brühwürste mit Phosphat.
Preise mit 15,5% Bedienung und 16% Mehrwertsteuer.

Hofbräuhaus Regensburg

Besitzer:
Hans und Gerti Schafbauer

KALTE SCHMANKERL
(ab 16.00 Uhr)

Bauerngeräuchertes mit Meerrettich und zwei Brot	13,50
Hofbräuhausbrotzeit mit Butter und zwei Brot	12,00
Kalter Braten mit Meerrettich	10,00
Käseteller mit Butter und zwei Brot	13,00
Tatar mit Butter und zwei Brot	14,00
Preßsack gemischt	7,50
Presssack gemischt – sauer -	8,00
Leberkäse garniert	7,50
Wurstsalat (Knackwurst) (4, 2, 5)	8,00
Zwei Knacker sauer (5)	7,00
Lumpensalat (4, 2, 5)	8,50
Lachsbrot (Lachsersatz)	7,00
Käsebrot	6,00
Wurstbrot	5,50
Salatschüssel mit Schinken und Ei	11,00
Liptauer mit zwei Brot	8,00
Portion Butter	1,50
1 Brot	0,85

Preise mit 15,5% Bedienung und 16% Mehrwertsteuer.

Alle Brühwürste mit Phosphat (5), Benzoesäure (2), Farbstoff (3) und Saccharin (4).

Die Speisekarte im Hofbräuhaus Regensburg war fehlerfrei

Hier gab es im Speisekarten-Bayrisch ein paar Korrekturen

Apfelkücherl oder auch *Kücherl* waren mir zuvor ebenfalls nicht bekannt. Dieses Gebäck existiert nördlich der Mainlinie nicht. Man muss den *Küchel* (mittelbairisch der *Kiachl*, nordbairisch *Keichl*) unterscheiden vom *Kuchen*. Schon Schmeller erklärt in seinem *Bayerischen Wörterbuch*, dass das Wort *Kuchen* einen „flachen, dichten" Kuchen bezeichnet, der im Ofen gebacken wird, während der *Küchel* eine in Schmalz gebackene, lockere Masse von feinem Teig bedeutet. Der *Küchel* ist ein krapfenartiges Gebäck, meist in Form von *Fensterkücheln*, in schwimmendem Schmalz herausgebacken und in der Mitte fensterscheibendünn ausgezogen. Die *Küchel* haben durch die verschiedenen Formen und Zutaten, mit denen sie gebacken werden, verschiedene Namen. So gibt es beispielsweise *Apfelküchel* oder *Hollerküchel*, letztere mit Holunderblüten hergestellt. Der *Apfelküchel* ist ein Gebäck aus in Teig getauchten Apfelschnitten, die in schwimmendem Schmalz herausgebacken werden. *Brotzeit* hat zwei Bedeutungen. Einerseits bedeutet das Wort *Arbeitspause*, also die Zeit zum Essen und Trinken während der Arbeit. Vor allem im Südwesten nennt man diese Pause auch *Vesper* (lateinisch *vespera* für „Abend", was eher eine Essenspause am Nachmittag umschreibt). Darüber hinaus steht *Brotzeit* auch für die Speisen, die man für diese Arbeitspause mitbringt, wie z. B. belegte Brote, Tee, Bier usw.

In der Gastronomie erhält man bei einer *Bayerischen Brotzeit* gewöhnlich Bauernbrot, Schinken, Wurst, Käse, Geselchtes, kalten Braten mit Meerrettich. Statt *Arbeitspause* sind in Norddeutschland Begriffe wie „Zwischenmahlzeit" und „Kaffeepause" geläufig, wobei diese eher nachmittags eingenommen werden, während die *Brotzeit* in Bayern auch das zweite Frühstück sein kann. Im Grunde aber ist eine *Brotzeit* hierzulande nicht an eine Zeit gebunden, sie kann praktisch immer stattfinden. Zehetner stellt in seinem Lexikon *Bairisches Deutsch* zur Herkunft des Wortes *Brotzeit* fest, dass es einer der ganz wenigen echten Bavarismen sei, d. h. der Begriff *Brotzeit* ist nur in Altbayern geläufig, jedoch nicht in Österreich. Dort sagt man dafür *Jause* oder *Marende*.

was Kloans

Leberwurst im Töpferl mit Schwarzbrot

Geräuchertes Forellenfilet mit Sahnemeerrettich [8]

Apfelkücherl und Butterspatzl – *die Verkleinerungen*

Sehr auffällig beim Studieren der Speisenkarten waren die häufig auftretenden Verkleinerungsformen auf *-l* oder *-erl*, die der hochdeutschen Endung *-chen* entsprechen. Sie treten in der Gastronomie zu Hauf auf: *Apfelkücherl, Butterspatzl, Fleischpflanzerl, Gockerl, Griesnockerl, Haxerl, Kalbszüngerl, Käsebrettl, Kipferl, Knöcherl, Knödlgröstl, Kracherl, Pfandl, Radieserl, Ripperl, Rüscherl, Schmankerl, Schweine-Schäuferl, Schweinsbrüstl, Töpferl, Wammerl.*

Die sprachlichen Verkleinerungsformen bedeuten nun in der Regel nicht, dass es sich um kleine Portionen handelt. In den meisten Fällen sind diese Verkleinerungen als solche zu feststehenden Begriffen geworden, also idiomatisiert, wie die Sprachwissenschaftler sagen. Sie ersetzen die Grundwörter, die meist ungebräuchlich sind.

Bairische Wortformen

Beim weiteren Durchsehen der Speisenkarten war festzustellen, dass es auch Wortformen gibt, die für das Bairische typisch sind. Bei ihnen fehlen Endungen oder der Umlaut bzw. das Geschlecht des Wortes weicht ab: *Jagerschnitzel* anstelle von *Jägerschnitzel*, *Leberkas* anstatt *Leberkäse*, *a Maß Weißes* statt *a Maß Weiße*. Anders als in der Standardsprache werden im Bairischen viele zusammengesetzte Hauptwörter mit einem eingefügten *s* verbunden. Auch dafür gibt es zahlreiche Beispiele auf den Speisenkarten: *Schweinshaxn* für *Schweinehaxe*, *Schweinsbraten* für *Schweinebraten*, *Schweinsbrüstl* statt *Schweinebrust*, *Schweinsbratwürstl* statt *Schweinebratwürstchen* und *Rindsbratwürste* statt *Rinderbratwürste*.

Viele Wirtsleute gestalten ihre Speisenkarten regionskonform, so zum Beispiel die Bezeichnungen *was Kloans* sowie die *Leberwurst im Töpferl*, die zwar aus dem Dialekt stammen, mitunter aber in diesem Zusammenhang etwas künstlich wirken. Auch treten hin und wieder einige Fehlgriffe bei der Gestaltung der Speisenkarten auf. So ist das Bemühen groß, die Speisen mit den regional üblichen Bezeichnungen aufzulisten, jedoch schleicht sich gelegentlich doch eine fremde Bezeichnung ein, selbst wenn noch einige Zeilen zuvor das bairische Äquivalent anzutreffen ist: *Pfannkuchensuppe* statt *Pfannenkuchensuppe*, *Pfannkuchensupp'n* neben *Pfannkuchensuppe*, *Liptauer* statt *Obatzter*, *Schweinebraten* statt *Schweinsbraten*, *Bratwürste* statt *Bratwürstl*, *Reibe-

knödel statt *Reiberknödel*, *Weißwürste* statt *Weißwürst* sowie die völlig unbairischen *Grillwürstchen*.

Das ewige Leid mit der Rechtschreibung

Teilweise gibt es auch Probleme mit der Rechtschreibung. Zum einen sind sich die Wirte nicht immer sicher, ob sie die Speisenkarten nach der alten oder neuen Rechtschreibung schreiben sollen und wählen u. a. eine Mischung von beidem, z. B. sowohl *Preßsack* als auch *Presssack*. Zum anderen herrscht Uneinigkeit darüber, wie in manchen Wörtern die Aussprache der regionalen Bezeichnungen zu Papier gebracht werden soll. Vorzufinden sind oft Schreibungen mit Apostroph sowie Mischformen aus der regionsneutralen Schriftsprache und dem Bairischen: *Erdäpfelsupp'n*, *Brez'n*, *Schwarzgräuchert's*, *O'bazda*, *Schweinshax'n*. Ein großes Problem scheint die Schreibweise von *Obatzter* darzustellen, denn hier gibt es die unterschiedlichsten Varianten: *Obazda*, *Obatzta*, *Obazder*, *O'bazda*. Dafür hat sich in der Gastronomie offenbar noch keine einheitliche Schreibweise durchgesetzt.

Auch wenn die Speisenkarten aus Regensburg und Umgebung einige Inkonsequenzen aufweisen, so ist den Wirten ein großes Lob auszusprechen, weil sie bemüht sind, die regionalen Eigenheiten in ihren Speisenkarten zu bewahren und die bayrischen *Schmankerl* an die Einheimischen wie an die *Zuagroasten* und die Touristen weiterzugeben. Sie tragen dadurch ihren Teil zur Wahrung regionaler Identität und zur Verbreitung der bairischen Varietät des Deutschen bei. Auch bereichern diese Belege den hochdeutschen Wortschatz und gestalten die Sprache abwechslungsreicher. Obwohl die regionale Gestaltung nicht immer leicht ist und das Bemühen der Wirte durchaus seine Grenzen hat, ist das Lesen der Speisenkarten für den Gast immer wieder eine große Freude. Ich persönlich fand die Untersuchung der verschiedenen Speisenkarten sehr spannend. Durch das Analysieren habe ich viel Neues und Erstaunliches über die altbayerische Küche gelernt. Außerdem kann ich jetzt endlich besser mitreden und lasse mich nicht mehr so leicht an der Nase herumführen. Wie freue ich mich auf die nächste Einkehr in einem bayrischen Wirtshaus, und jedem „Fremdling" kann ich nur empfehlen, auf eine bayrische kulinarische Abenteuerreise zu gehen. *An Guadn*!

Ein großes Dankeschön gebührt den Wirtsleuten, die mir die Speisenkarten zur Verfügung gestellt haben: Alte Linde, Bayrisches Bistro, Bischofshof am Dom, Brandl-Bräu, Brauhaus, Colosseum, Dampfnudel-Uli, Dicker Mann, Gaststätte Spitalgarten, Hofbräuhaus Kneitinger, Kolpinghaus, Restaurant „St. Erhard", Ratskeller, Regensburger Wurstküche, Schildbräu, Kuchlbauer Weissbier Stadel, Gasthof zur Post, Pfatter

Herrn Prof. Dr. Ludwig Zehetner danke ich herzlich für die Anregung zu diesem Thema, das mehr Genuss als Arbeit bedeutete.

Literatur

Duden. Etymologie. Herkunftswörterbuch der deutschen Sprache. Drosdowski, Günther (Hg.), Mannheim, 1997.

Österreichisches Wörterbuch. Bundesministerium für Unterricht und Kunst (Hg.), Wien, 35. Auflage 1979.

Schmeller, Johann Andreas: Bayerisches Wörterbuch, 1. Auflage, Stuttgart, 1827–1837; 2. Auflage 1872–1877.

Zehetner, Ludwig: Bairisches Deutsch. Lexikon der deutschen Sprache in Altbayern, München, 2. Auflage 1998 (3., erweiterte Auflage in Vorbereitung).

PETER MORSBACH

Gescheitert und verhindert

Regensburger Verkehrsplanungen für die Altstadt

Die Idee von der autogerechten Stadt hatte in den fünfziger und zum Teil noch in den sechziger Jahren mitunter verheerende Folgen. Auch in einer Stadt wie Regensburg bedeutete die Verkehrsplanung der Nachkriegszeit für die weitgehend intakt über den Zweiten Weltkrieg gekommene Altstadt eine existentielle Gefahr. 1966 gründeten engagierte Regensburger Bürger eine der ersten und ältesten noch bestehenden Bürgerinitiativen Deutschlands: die Vereinigung Freunde der Altstadt Regensburg e.V. Die Altstadtfreunde forderten, kein einziges Haus in der Altstadt mehr dem Autoverkehr zu opfern. Diese Erkenntnis kam spät – der Kahlschlag hatte schon das östliche Gebiet der Altstadt abgeräumt – aber nicht zu spät. Peter Morsbach berichtet über gescheiterte und verhinderte Regensburger Verkehrsplanungen.

Die für die Regensburger Verkehrsplanung bis ins letzte Viertel des 20. Jahrhunderts wichtigste Grundlage war der 1917 veröffentlichte Generalbaulinienplan des Münchner Architekten und Stadtplaners Otto Lasne. Er legte nahezu alle Hauptverkehrswege des Stadtgebietes in ihrer heutigen Form und Führung fest (Abb. 1): von Osten die Adolf-Schmetzer- und Straubinger Straße, im Südosten die Landshuter und die Weißenburgstraße mit der „Weißenburgerbrücke", die knapp zwanzig Jahre später als Nibelungenbrücke realisiert wurde, nach Norden die Nordgau- und Amberger Straße, von Süden die B 16 im Verlauf der heutigen Autobahn A 93 mit der Pfaffensteiner Brücke. Im Süden zweigt eine Südostumgehung ab, die etwa dem Verlauf der Franz-Josef-Strauß-Allee und der Bajuwarenstraße entspricht und schon die Abzweigung des Unterislinger Weges und der Hermann-Geib-Straße als Hauptverkehrsweg zur Landshuter Straße vorsieht.

Auch die heutige Altstadtsüdumgehung gibt es bereits, von der Landshuter Straße abzweigend die Furtmayrstraße, nördlich entlang des Bahnhofs im Verlauf der Bahnhofsstraße nach Westen in Richtung auf die große Achse, die sie zwischen Dechbettener und Prüfeninger Straße treffen sollte. Durch dieses Umgehungsstraßensystem wollte Lasne die Altstadt und besonders die damals vom Abbruch bedrohte Steinerne Brücke vom motorisierten Verkehr entlasten. Ein ehrenwertes Vorhaben, doch gründet es auf einer Anbindung der Innenstadt an das große Netz der Umgehungsstraßen durch einen Straßenzug vom Galgenberg über den Klareanger zur Eisernen Brücke. Dieser aber hat das östliche Altstadtgebiet durchgreifend geprägt und letztlich in wesentlichen Teilen zerstört.

Am Donaumarkt endet Lasnes Planung nicht. Vielmehr fordert er im Zusammenhang mit dem geplanten Bau der „Weißenburgerbrücke" eine Verbindung und Auffahrt zum Unteren Wöhrd. Die Wöhrdstraße

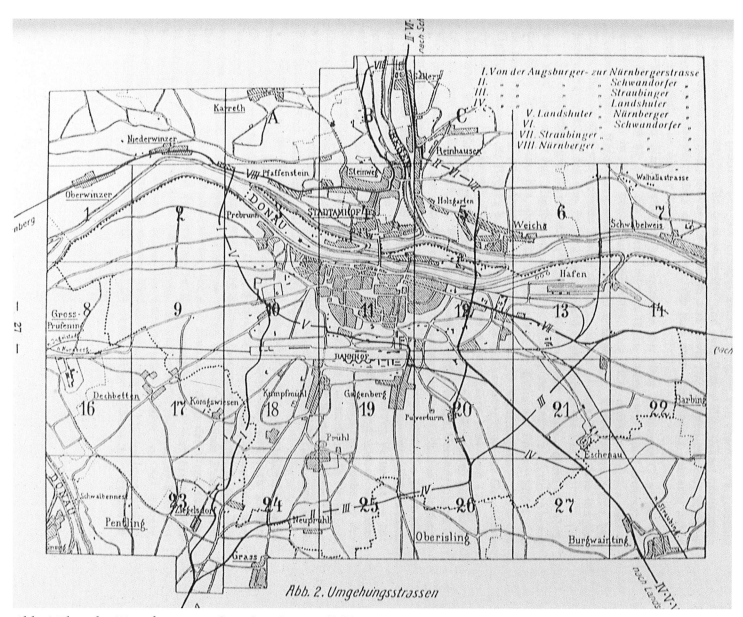

Abb. 1 Plan der Umgehungsstraßen. Otto Lasne, 1917

wird für ihn als Verbindung nach Weichs von herausragender Bedeutung. Östlich der Stadtamhofer Hauptstraße plant er eine Straße, die vom Hof der Stadtamhofer Schule über die Seifensiedergasse längs der Flutmulde (heute Europa-Kanal) zum Stadtamhofer Tor verlaufen soll, die er nach Steinweg verlängert. Damit ist bereits die Grundlage für die später geplante, aber glücklicherweise verhinderte Bayerwaldbrücke geschaffen.

Eine weitere Planung Lasnes ist eine Trasse entlang der Donau von der Westendstraße über die Kepler- und Thundorferstraße bis zur Eisernen Brücke, die als „Donauuferstraße" mehr als ein halbes Jahrhundert durch die städtische Verkehrsplanung geisterte.

Über sein Vorhaben, eine breite Schneise ausgehend vom Jakobstor quer durch die Altstadt am Dom vorbei über den Schwanenplatz zum Minoritenweg schlagen zu lassen, gewissermaßen als eine innerstädtische West-Ost-Achse, kann man heute nur verständnislos den Kopf schütteln. Wäre der Plan verwirklicht worden, wäre das Haus Heuport eines der ersten Abbruchopfer geworden, dann die Tändlergasse, die Wahlenstraße und die Untere Bachgasse. Es muss einmal gesagt

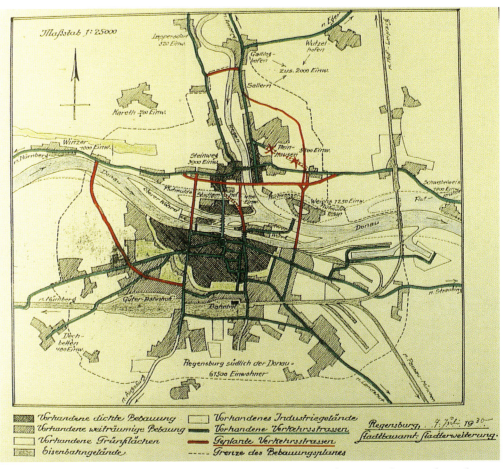

Abb. 2 Verkehrsplan vom 7. Juli 1930 mit Einzeichnung der vorhandenen und geplanten Trassen

werden, dass diese Planung *nicht* aus dem Dritten Reich stammt, wie man immer hört, sondern schon *vor* dem Ende des Ersten Weltkriegs öffentlich gefordert wurde. Man kann in diesem Fall nur von Glück reden, wenn die wirtschaftliche Not der damaligen Zeit die Ausführung verhindert hat.

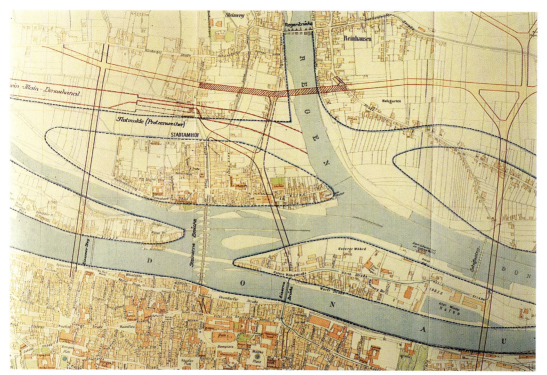

Abb. 3 Verkehrsplan vom 5. Juli 1930, Ausschnitt mit den Donaubrücken

Der Verkehrsplan von 1930

Auf einem Plan des Stadtbauamtes vom 7. Juli 1930 sind vier neue Donaubrücken und zwei Regenbrücken eingezeichnet (Abb. 2). Ganz im Westen ist es die Brücke, die der heutigen Pfaffensteiner Brücke entspricht, weiter östlich eine Brücke in der westlichen Altstadt in Verlängerung der Schönen Gelegenheit über den Oberen Wöhrd, der heute der Pfaffensteiner Steg und die Oberpfalzbrücke entsprechen. Östlich der Steinernen Brücke spannt sich an der Stelle der Eisernen Brücke eine große Brücke über den Unteren Wöhrd, durch den Gries über Stadtamhof nach Steinweg. Die vierte Brücke (Lasnes „Weißenburgerbrücke") wird 1936 als „Adolf-Hitler-Brücke" gebaut.

Sonderlich ausgereift können diese Vorstellungen nicht gewesen sein wie ein Plan von 5. Juli 1930 zeigt (Abb. 3). Hier läge die westliche Altstadtbrücke in der Verlängerung eines Durchbruchs vom Arnulfsplatz über die Schöne Gelegenheit und das Rehgässchen, ohne diesen genauer zu bezeichnen. Auf dem gleichen Plan ist ein Durchbruch vom Krauterermarkt zur Steinernen Brücke vorgesehen, bei dem es wohl um eine Entschärfung der gefährlichen und engen Straßenbahnkurve am Bischofshof-Eck ging.

In der Verlängerung der Eisernen Brücke zum Unteren Wöhrd wird der Durchbruch Bogelgasse – Schwanenplatz deutlich, aber die Brücke selbst stand trotz ihres schlechten Zustandes noch nicht zur Vergrößerung oder Erneuerung an. Hingegen beginnt eine breite Straße am Nordende der Proskestraße, die über eine Brücke durch den östlichen Bereich des kurbayerischen Salzstadels, das Westende des Grieses, durch den Stadtamhofer Schulgarten und dann – wie schon von Lasne vorgeschlagen – in einer Gabelung zum Regen und zur Stadtamhofer Hauptstraße nach Steinweg führt. Die Brücke zum Gries ist damals längst geplant. Aus den Jahren 1928 und 1930 stammen zwei Pläne für eine neue Brücke über den nördlichen Donauarm als Vorgängerin des Grieser Steges.

Der Eichhorn-Plan von 1948

Die Grundlagen der Stadtplanung hatten sich nach dem Ende des Zweiten Weltkrieges in vielen Bereichen völlig verändert. In Regensburg war die Situation anders; die Altstadt war nicht zerstört, sondern nur punktuell beschädigt worden. Wenige Gebäude hatten so schwere Schäden erlitten, dass man sie abbrach. Die Innenstadt geriet mit ihrer unveränderten mittelalterlichen Struktur mit dem sprunghaften Anstieg des motorisierten Individualverkehrs in Konflikt.

Abb. 4 Die Kalmünzergasse 2003

1948 versuchte man mit dem „General-Verkehrsplan für den Donauraum Regensburg unter besonderer Berücksichtigung von Alt-Regensburg" des Regierungsbaumeisters Rudolf Eichhorn, einerseits das reich historische Erbe der Stadt zu bewahren, gleichzeitig aber auch den „jungfräulichen" Raum Regensburgs zu erschließen. Eichhorn sah die Lösung des Verkehrsproblems darin, für die Altstadt „Aufschließungsstraßen entsprechend den Anforderungen und des zu erwartenden zukünftigen Verkehrs als eine dauerhafte Lösung des Verkehrs-Problems vorzuschlagen".

Von den Donauübergängen ist für Eichhorn die neue „Donaubrücke Unterer Wöhrd" von Bedeutung, die einer neuen „Brücke Oberer Wöhrd" als Ersatz für den Eisernen Steg entspricht. Der bei Kriegsende gesprengte Grieser Steg war 1947 als Notsteg für Fußgänger, Radfahrer und leichtes Fuhrwerk neu errichtet worden. Und als Ersatz für die gesprengte Eiserne Brücke griff Eichhorn die Idee einer einzigen großen Brücke vom Süd- bis ans Nordufer wieder auf. Dabei

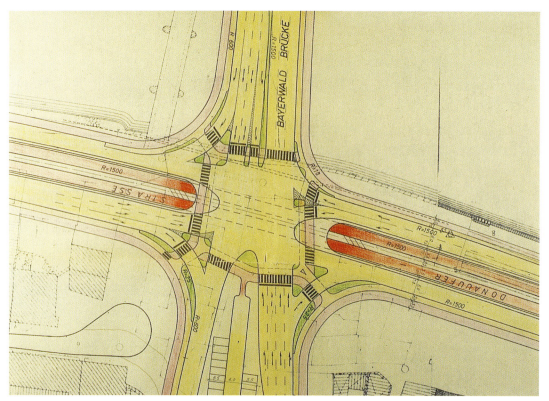

Abb. 5 Planung für den Kreuzungsbereich an der Auffahrt zur Bayerwaldbrücke, Ausschnitt aus dem Plan von Xaver Dorsch 1965

kamen ihm die Bombenschäden an der Donaulände und im Bereich Kalmünzergasse, Hunnen- und St.-Georgen-Platz Recht, um hier eine durchgreifende städtebauliche Bereinigung zu fordern.

Der Leibbrand-Plan 1960 und die Bayerwaldbrücke 1945–1965

In dem bei dem Verkehrsplaner Prof. Kurt Leibbrand von der ETH Zürich 1960 in Auftrag gegebenen „Verkehrsgesamtplan" werden die Eichhorn'schen Ideen ausgebaut und zum Teil vertieft. In noch stärkerem Maße drängt er auf die Öffnung der Stadt für den Autoverkehr; die direkten Folgen lassen sich heute zwischen Schwanenplatz und Unterem Wöhrd ablesen. Ist auch vieles längst geplant, so gibt Leibbrand den letzten Anstoß, die geforderten Maßnahmen nun in Angriff zu nehmen.

Das Brückenmonstrum, von dem im Folgenden die Rede ist, erhielt durch Stadtratsbeschluss vom 23. September 1965 den Namen „Bayerwaldbrücke". Die Planungen dazu hatten bis in die frühe Nachkriegszeit nur auf dem Papier existiert. Zu Beginn der Fünfziger Jahre jedoch konkretisierte sich das Projekt, unter anderem auch wegen des schlechten Bauzustandes der Eisernen Brücke und des nur notdürftig errichteten Grieser Stegs. 1952/53 machte man sich an die Vorbereitung, wozu auch der Erwerb aller Anwesen und Grundstücke gehörte, die dem Bau der Brücke und der Zufahrtsstraßen im Wege standen.

Auch die Planungen für die innerstädtischen Hauptverkehrsstraßen wurden jetzt konkretisiert. Ihr Ausgangspunkt war ein 1938 im Süden der Stadt geplantes Autobahnkleeblatt, das 1960 aufgeben und später weiter westlich realisiert wurde. Die nord-südlich verlaufende Hauptlinie sollte über die Galgenbergstraße, D.-Martin-Luther-Straße, Dachauplatz, die Donaubrücke zum Unteren Wöhrd und über den Rhein-Main-Donau-Kanal bis zum Anschluss an die Bayerwaldstraße führen. Von Anfang an war ein vierspuriger Ausbau vorgesehen; da man durch das Erdgeschoss des Erhardihauses nur zwei Fahrspuren und einen Radweg legen konnte, plante man bereits damals einen Straßendurchbruch durch die Kalmünzergasse (Abb. 4). Genau hier sollten sich die künftigen beiden Magistralen – die Nord-Süd-Achse und die ost-westlich verlaufende Donauuferstraße – treffen. Damit wäre zwischen Donaumarkt und Kolpinghaus der wichtigste, nach allen Seiten vierspurige Verkehrsknotenpunkt der Stadt entstanden (Abb. 5). Die barbarischen Abbruchpläne gingen aber noch viel weiter: Auch das Gebiet zwischen Lindnergasse und Trunzergasse wurde für die Auffahrten zur Brücke zum Totalabbruch freigegeben.

Abb. 6 Donauuferstraße als Durchschnitt der Königlichen Villa (Ausschnitt aus dem Plan von 1964)

In einer zweiten, aber nie ausführlicher diskutierten „kleinen" Lösung war – das sei am Rande vermerkt – eine Brückenachse in Verlängerung der Maximilianstraße über den Alten Kornmarkt zur Protzenweiherbrücke geplant. In dieser „kleinen" Planung wären „nur" dreißig Gebäude abgebrochen worden. Die „große" Lösung hingegen hätte eine kaum vorstellbare Schneise der Zerstörung hinterlassen: Zwischen Schwanenplatz und Salzgasse sollten insgesamt zwei-

Die Donauuferstraße 1953–1968

Die bereits von Otto Lasne vorgesehene Donauuferstraße ist zumindest in Ansätzen verwirklicht worden. Als Clermont-Ferrand-Allee und Adolf-Schmetzer-Straße endet sie allerdings vor den Toren der Stadt. Die Planungen gehen auf die Jahre 1953/54 zurück, als man – dem Beispiel vieler Städte folgend – um die Altstadt einen vierspurig geführten Verkehrsring legen wollte. Dieser sollte wie folgt verlaufen: D.-Martin-Luther-Straße, über den verbreiterten Petersweg und einen Durchbruch durch den Roten-Lilien-Winkel zur Schottenstraße, Arnulfsplatz, Weißgerbergraben, Keplerstraße, Thundorferstraße

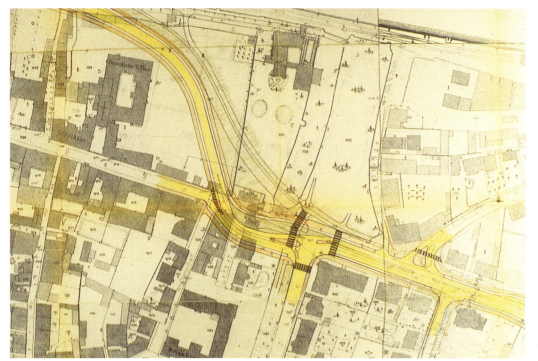

Abb. 7 Donauuferstraße im Bereich der Königlichen Villa mit der Südumgehung des Ostentores (Ausschnitt aus dem Plan von 1964)

und von dort wieder zur D.-Martin-Luther-Straße. Man glaubte so die Innenstadt vom Autoverkehr zu entlasten – doch zu welchem Preis! Vor der Steinernen Brücke sollte eine Unterführung entstehen, von der eine vierspurige Verkehrsschneise sowohl in die Kepler- als auch in die Thundorferstraße geführt hätte. Voraussetzung war der später tatsächlich erfolgte Abbruch der Hausvorbauten in der Keplerstraße, hingegen konnte der Abbruch des Hauses am Sauseneck erst 1975 nicht ohne Zutun der Altstadtfreunde verhindert werden. Gleichzeitig legte man schon damals eine Trasse zur Entlastung der

undachtzig Häuser fallen, sodass nicht nur die an dieser Achse gelegene Bebauung in der östlichen Altstadt, sondern auch die Proskestraße, die westliche Hälfte des Grieses, ein Teil der Andreas- und der Gerhardingerstraße und die gesamte Seifensiedergasse vom Regensburger Erdboden verschwunden wären. Es ist bezeichnend, dass in der ganzen Planungsphase von mehr als zehn Jahren die Menschen und ihre Wohnverhältnisse überhaupt nicht berücksichtigt wurden, sondern ausschließlich der Autoverkehr eine Rolle spielte. Umso wichtiger war es, dass zu jener Zeit die Altstadtfreunde erstmals ihre Stimme erhoben.

Ostengasse durch das St.-Klara-Kloster und den Park der Königlichen Villa fest.

Seit 1960 konzentrierten sich die Planungen auf den Ausbau der Verbindung zwischen der Nibelungen- und der geplanten Bayerwaldbrücke. Der Ausbau einer entlang „der Donau verlaufenden leistungsfähigen Verbindung der beiden wichtigsten städtischen Brücken" war ein wesentlicher Teil des am 21. Februar 1963 vom Stadtrat beschlossenen Straßenverkehrsplanes. Nachträglich sollte durch einen Beschluss des Bauausschusses vom 8. Dezember 1964 zumindest die städtebaulich eindrucksvolle Ostengasse verschont werden, dafür aber war man bereit, den Villapark und das Kloster St. Klara zu opfern.

Zur Trassenführung gab es im Prinzip zwei Varianten. Die erste wollte die Trasse direkt durch den Villapark führen, wobei das Ostentor mit je einer Straßenspur umgangen werden sollte und so gewissermaßen auf einer Verkehrsinsel gestanden hätte. Von der Bayerwaldbrücke sollte eine vierspurige Straße am Donauufer entlang durch den Garten des Klosters St. Klara und den Villapark führen (Abb. 6). Mit dem Kloster St. Klara hatte man bereits Gespräche über eine Grundstücksabtretung geführt. Der Flächenverlust im Villapark sollte durch einen Teil des Klaragartens ausgeglichen werden.

Die zweite Variante verkehrsplanerischen Wahnsinns sah eine südliche Umgehung des Ostentores vor (Abb. 7), bei der zwar der Villapark verschont geblieben worden wäre, jedoch hätte man stattdessen die Häuser am Nordende des Lehnerweges und Am Stärzenbach geopfert.

Doch so einfach, wie sich dies die Verantwortlichen der Stadtverwaltung vorstellten, ging es dann doch nicht. Die Bayerische Verwaltung der Staatlichen Schlösser, Gärten und Seen als Eigentümerin des Areals wandte sich vehement gegen die geheimen Ausbaupläne der Stadt, von denen man nur durch Zufall erfahren hatte. Die Fronten verhärteten sich, da auch das Bayerische Landesamt für Denkmalpflege vor allem gegen die Gepflogenheit der Verwaltung, ihre Planungen ohne Absprache mit den Fachbehörden vorzunehmen, Bedenken erhob. In einem ausführlichen Gutachten stellte das Landesamt 1967 die Planungen der Stadt für eine Donauuferstraße in ihrer gesamten Ost-West-Erstreckung in Frage. Entscheidend war, dass die Entwicklung durch die Ergebnisse des Städtebaulichen Seminars in eine ganz andere Richtung gelenkt worden war. Der Hauptverkehrsstrom sollte nördlich der Donau verlegt werden

Das Ende der städtischen Verkehrsplanungen

Das Ende der Donauuferstraße zeichnete sich bereits 1968 ab. Die Regierung der Oberpfalz hatte in einer denkwürdigen Besprechung am 10. Januar 1968 ihre Meinung dargelegt und einen Straßenbau durch das St.-Klara-Kloster abgelehnt, wobei sie auf die Notwendigkeit verwies, in diese Überlegungen auch die Königliche Villa, das Ostentor und die geschlossene Bebauung der Ostengasse einzubeziehen. Die Zustimmung zum von den Denkmalschützern bedingungslos abgelehnten Abbruch der Klostergebäude machte man von der Aufgabe der Straßenplanungen abhängig.

Die Stadt hatte begonnen umzudenken, und man entschloss sich zu einer Nutzung des Klosterareals als Schulgebäude. Am 1. April 1968 stimmte die Regierung der Oberpfalz zwar dem Abbruch der Anwesen Ostengasse 31, Kapuzinergasse 1–9 (ungerade) zu, allerdings mit der nachdrücklichen Empfehlung, die Gebäude im Interesse des Stadtbildes und der Altstadt zu erhalten. Der Abbruch erfolgte tatsächlich

nicht, das Schulhaus an der Ecke Osten-/Kapuzinergasse wurde restauriert und als Filiale des Albrecht-Altdorfer-Gymnasiums in Betrieb genommen.
Die Gefahr für die östliche Altstadt war jedoch noch nicht gebannt. Der Architekt Xaver Dorsch plante noch 1971, die Donauufertrasse durch den östlichen Salzstadel zu führen, westlich der Brückenauffahrt ein großes Parkhaus zu errichten und die Straßenführungen über die Bayerwaldbrücke im Kreuzungsbereich siebenspurig anzulegen.

Der Durchbruch durch den Roten-Lilien-Winkel

Auch der südwestlichen Altstadt drohte seitens der Verkehrsplaner große Gefahr, weil ein Straßendurchbruch von der südlichen Maximilianstraße zur Dechbettener Straße vorgesehen war. Der Durchbruch war wie folgt geplant: Am Ende der Obermünsterstraße sollte sich diese Straße teilen und durch den Ökonomiehof (heute Diözesanmuseum) über den Emmeramsplatz und unter Mitnahme der Stufen und des Vorplatzes vor dem äußeren Kirchenportal quer durch den Roten-Lilien-Winkel und den Ägidiengang zur Allee und von dort an der Einmündung der Wittelsbacher- in die Kumpfmühler Straße, durch den Dörnbergpark zur Liskircherstraße und dann weiter nach Westen führen. Natürlich war Eichhorn in seinem General-Verkehrsplan darüber hinaus gegangen und hatte eine „Auffangstraße" zwischen Luitpold- und Hoppestraße in einer Länge von 950 Metern und einer Breite von 26 Metern vorgesehen. Wie ernst es der Stadtverwaltung mit diesem Plan war, zeigte sich darin, dass die Stadt im Bereich Eck zum Vaulschink, Waffnergasse und Roter-Lilien-Winkel nach und nach die Häuser aufkaufte, um sie dann problemlos abbrechen zu können.

Mit wachsendem denkmalpflegerischen Bewusstsein aber wuchs der Widerstand gegen diese radikalen Pläne. Im Europäischen Jahr des Denkmalschutzes 1975 war zwar die Ost-West-Trasse nicht mehr aktuell, aber man diskutierte immer noch die so genannte „Aufweitung", also die autogerechte Verbreiterung des Roten-Lilien-Winkels und des Ecks zum Vaulschink, die allerdings wenig später endgültig aufgegeben wurde.
Nicht immer war es die Einsicht und die Erkenntnis des Richtigen, welche die verantwortlichen Planer in Regensburg zur Aufgabe ihrer Pläne veranlasst hätte, sondern ganz wesentlich ein wachsamer Bürgersinn, der, auf einem immer breiteren Konsens aufbauend, eingriff. Die Altstadtfreunde hatten im Forum Regensburg und anderen engagierten Bürgerinnen und Bürgern längst Mitkämpfer gefunden. Wenn August Heinrich Hoffmann von Fallerslebens berühmtes Zitat irgendwo treffender abgewandelt werden kann, dann in Regensburg: „O glücklich ist fürwahr die Stadt, die solche Bürger hat!"

Quellen und Literatur

EICHHORN Rudolf, General-Verkehrsplan für den Donauraum Regensburg, unter besonderer Berücksichtigung von Alt-Regensburg, Regensburg 1948

LASNE Otto, Erläuterungsbericht zum Generalbaulinienplan für Regensburg und seine Umgebung …, Regensburg 1917

MORSBACH Peter, Der Rote-Lilien-Winkel – Wohnviertel zwischen den Zentren der Macht, in: Der Rote-Lilien-Winkel in Regensburg. Vom Straßendurchbruch zur Wohnidylle (Städtebau in der Oberpfalz, Regensburg 2001, 39ff.)

REGENSBURG. Zur Erneuerung einer alten Stadt. Hg. vom Städtebaulichen Seminar der Stiftung Regensburg des Kulturkreises im Bundesverband der Deutschen Industrie e. V. Düsseldorf – Wien 1967

STADT REGENSBURG, Amt für Archiv und Denkmalpflege, Untere Denkmalschutzbehörde, Zentrale Denkmalregistratur (ZDR)

VEREINIGUNG DER FREUNDE DER ALTSTADT REGENSBURG E. V. Rückblick 1998, Regensburg 1998

MICHAEL SAHR

Roswitha Schlegl – eine Kinderbuchautorin mit Leib und Seele

„Geschichten vom Rand der Erde"

Unter den maßgeblichen ostbayerischen Kinder- und Jugendbuchautoren der Gegenwart – allen voran Marlene Reidel, die exzellente Bilderbuchkünstlerin, Eugen Oker, Erfinder der köstlichen „Babba"-Geschichten, und Harald Grill, der in seinen kinderliterarischen Erzählungen Mundart und Schriftsprache aufs innigste verknüpft – gibt es einen Namen, der unverdientermaßen in Vergessenheit geraten ist: Roswitha Schlegl. Von ihr, der 1934 in Regensburg geborenen und 1994 im Alter von sechzig Jahren in Barcelona verstorbenen Autorin und ihren vier Büchern mit den phantasiereichen „Geschichten vom Rand der Erde" soll hier die Rede sein.

Über die Phantasie zur Wirklichkeit – zum Kinderbuchzyklus

Roswitha Schlegl gehört zu jenen Menschen, die eine Menge von kindlicher Phantasie und von kindlichen Lesevorlieben verstehen. Besonders gut weiß sie über den „Rand der Erde" Bescheid, also über eine Gegend, wo – nach Homer – das Glück wohnen soll. Von ihr erzählt sie in einer bemerkenswerten Tetralogie, die 1988 begonnen wurde und 1992 abgeschlossen werden konnte: „Drei traurige Drachen", „Die Vogelmutter", „Die geträumte Oper" und „Das dicke Einhorn". Der Buchzyklus erschien in einer sehr ansprechenden Aufmachung und mit vielen Bildern der Autorin im „Verlag an der Este", der inzwischen nicht mehr existiert. Das ist auch der Grund, weshalb ihre Bücher heute vergriffen und allenfalls noch antiquarisch erwerbbar sind. Es wäre an der Zeit, zehn Jahre nach ihrem allzu frühen Tod ihre vier Bände neu herauszubringen.

Roswitha Schlegl

Daß es auch andere Kinderbuch-Autoren gibt, die nichts vom „Rand der Erde" wissen und erzählen (wollen) und die statt dessen versuchen, den Kindern beizubringen, fest mit beiden Füßen auf dem Boden und mitten im Leben zu stehen, war Roswitha Schlegl nicht unbekannt. Im Nachwort des letzten Bandes läßt sie durchblicken, daß sie beide Arten von Erzählungen, realitätsorientierte wie phantasiegelenkte, für gleich wichtig hält, weil ein Kind in allen Teilen seiner sich entfaltenden Persönlichkeit angesprochen und gefördert werden muß. Die Stärke der Regensburger Autorin lag jedoch auf seiten der Phantasie, denn „der Mensch wäre nur ein armseliger Roboter ohne sie"; ohne Geheimnis, ohne Magie, ohne Unbestimmtes, ohne Schatten und Nebel wäre ihr keine Erzählung vorstellbar. Auch kennt sie die engen Verbindungen zwischen Phantasie und Wirklichkeit und weiß, daß „Phantasie nicht nur ‚träumen', sondern immer auch kritisch denken können, mit anderen mitfühlen, andere Schöpfungen nachfühlen etc." bedeutet. „Phantasie ist ein Teil, ist das Leben der Wirklichkeit – und es wäre verkehrt und sehr gefährlich – zu sehr nur die Phantasie zu leben, weil man vor der nackten Wirklichkeit Angst hat und sich lieber eine andere Welt herträumt ..."

In dem Buch „Drei traurige Drachen" spielen Nora und ihr Freund Beppo die Hauptrollen. Sie entdecken im Keller eines Schlosses Tristan, den traurigen, vielhundert Jahre alten Schillerdrachen, der mit ihrer Hilfe seine beiden Brüder wiederzufinden hofft. Auf ihrem abenteuerlichen Weg zum „Rand der Erde" freunden sie sich mit Jörg Jörgenson, einem Klabautermann, an, geraten ins Haus der schönen Hexe Ilsebill, durchqueren die Sümpfe der Mandragorei, treffen auf Zigeuner, die ihnen wichtige Hinweise für die Weiterreise geben. Schließlich erreichen sie ihr Ziel und finden die verschollenen Zwillingsdrachen Trommi und Trompeter, die zusammen mit dem Unkenonkel Klonk auf einer Insel leben.

Auch im zweiten Band „Die Vogelmutter" spielt das Reisemotiv eine große Rolle. Hier ist es ein Wirbelsturm, in den Nora und Beppo, die beiden Freunde, geraten. Auf dessen Rücken fliegen sie um die ganze Erde, vom „Dach der Welt" bis zur entlegensten Südseeinsel, und erleben dabei wiederum zahlreiche Abenteuer. Weggefährten sind dieses Mal das „Yetikind", das von seinen Eltern verstoßen wurde, die Schneemaus „Nebensache" und die Krähe „Gegenteil". Außerdem gibt es ein Wiedersehen mit dem Klabautermann Jörg Jörgenson, der sich am Ende der Geschichte als Retter in höchster Not erweist.

Der dritte Band „Die geträumte Oper" erzählt von den Abenteuern der beiden Kinder Nora und Beppo in einer Großstadt. Er hat – weil es um ein verbittertes, unglücklich verliebtes Operngespenst geht, das die Träume der Menschen einfängt und sie nicht mehr frei gibt – einiges mit dem „Phantom der Oper" gemeinsam. Neben altbekannten Mitspielern, wie etwa den Macklowskys, lernt man auch ganz neue kennen, beispielsweise eine Papierkönigin oder eine Bilderfee, einen Träumer in der U-Bahn, den Fisch mit den goldenen Augen und den hochmütigen schwarzen Schwan. Als Leser merkt man sehr bald, daß es auch mitten in einer großen Stadt Stücke vom Rand der Erde gibt, Orte nämlich, „an denen alles passieren kann, was man sich nur vorstellt".

Der abschließende Band „Das dicke Einhorn" – vielleicht der gelungenste von allen – bringt insgesamt dreizehn Kurzgeschichten, in denen all die Phantasiewesen, die in den ersten drei Bänden vorkommen, noch einmal auftreten. Formal unterscheidet sich dieses Buch von seinen Vorgängern: Es enthält keine lange, durchgängige Erzählung, sondern kurze Einzeltexte, die in sich abgeschlossen sind und beim Leser weder die Kenntnis der übrigen Geschichten noch die der drei Vorläuferbände voraussetzen. Allerdings dürfte ihre Wirkung für den „eingeweihten" Leser, also denjenigen, der alles Bisherige über den „Rand der Erde" weiß, ungleich höher sein, kennt er doch die Zusammenhänge und weiß er doch die vielen Verweise und Anspielungen richtig zu deuten.

Die vier Bücher vom „Rand der Erde" sind Roswitha Schlegls Erstlingswerke. Sie hat auch die herrlich „altmodischen" Aquarelle zu ihren Geschichten selbst gemalt und die hübschen Vignetten zu Beginn eines jedes Kapitels gestaltet. Schriftstellerisch gesehen ist die gebürtige Regensburgerin eine Spätberufene, was nach ihren eigenen Worten „am absoluten Mangel an jedwelchem Ehrgeiz liegt". Dieser erwachte erst, nachdem sie ihren Erstling, dessen Titel auf den spanischen Zungenbrecher „tres tristes tigres" zurückgeht, gedruckt in den Händen hielt und sich vorstellte, daß irgendwelche Kinder ihn lesen würden. Denn geschrieben hat sie schon immer („seit ich lesen kann"), nur nichts veröffentlicht („abgesehen von ein paar Kurzgeschichten in längst verblichenen Jugendzeitschriften"). Die Zeit von 1974 bis zu ihrem Tod verbrachte sie in Spanien in ihrer Familie mit ihrem Mann Antonio Llobet und ihren beiden Söhnen Pablo und Daniel, wohnte dort, stets pendelnd, entweder in Barcelona oder in einem alten Bauernhaus halbwegs zwischen den Pyrenäen und dem Mittelmeer, dolmetschte, restaurierte alte Bilder oder malte, wobei sie sich auch mit Textildesign und Übersetzungen beschäftigte.

Auf die Frage, warum sie gerade für Kinder schreibe, hatte sie einmal geantwortet: „Weil die Erwachsenen immer schon alles wissen und sich der Dinge so beneidenswert sicher sind." Vor allem aber, „weil die Kinder die einzigen sind, die man wirklich ernst nehmen muß". Ihr Anliegen war es, „schöne Geschichten" zu erzählen und mit ihrer Stimmung, ihrer Atmosphäre, ihrer Magie die lesenden Kinder einzufangen.

Schreibvorbild war u. a. Tove Jansson, die Erfinderin jener märchenhaft-utopischen Muminfamilie, der sie mit einer Mischung aus Bewunderung, Erstaunen und großem Respekt gegenübersteht. Was Roswitha Schlegl nebenher noch bewirken wollte? „Vielleicht auch etwas den Widerspruchsgeist, das selbständige Denken erwecken, mit kleinen Seitenhieben auf Konventionen." Was sie auf keinen Fall beim Schreiben beabsichtigte, war, „zu psychologisieren". Auf eine Kritik in der FAZ, die ihr vorwarf, ihre Bücher seien allzu sehr auf die Neutralisierung alles Bösen und Aggressiven bedacht und taugten deswegen wohl kaum, die Ängste der Kinder abzubauen, antwortete sie: „Ich würde nie ein solches Unterfangen wagen, wie Angst abzubauen – schon weil ich leider keine Ahnung habe, wie das geht!"

Die vier Schlegl-Bücher gehören zur phantastischen Kinderliteratur, einer Gattung, die spätestens seit dem „Harry-Potter-Fieber" Hochkonjunktur hat. In ihnen wimmelt es nur so von Phantasiegestalten – meist sind es liebenswerte und harmlose Geschöpfe. Die Anklänge an Märchenmotive sind ebenso wenig zu übersehen wie die Anleihen bei Erich Kästner (ähnlich wie dieser ist sie eine Meisterin der originellen, witzigen Vor-, Zwischen- und Nachworte) oder bei Tove Jansson (ähnlich wie diese ist sie eine wahrhaft phantasievolle Erzählerin, die sich nicht scheut, auch als „Lehrerin" aufzutreten und ungeniert „Lebensweisheiten" weiterzugeben). Ausgangspunkt ihrer Erzählungen sind jedoch Figuren und Handlungsstrukturen, die es auch in der Realität geben könnte: Nora und Beppo beispielsweise, die beide Schwierigkeiten mit ihren Eltern haben, ungern in die Schule gehen, die sich nach mütterlicher Zuwendung sehnen, Heimweh nach Zuhause haben … und die in ihren Träumen übergangslos aus der Realität in die Phantasie gleiten, in ihren Gedankenreisen als Prinzessin und Ritter die außergewöhnlichsten Dinge erleben. Dabei werden ihnen dann ihre kindlichen Visionen viel wichtiger als ihre Probleme in der Alltagsrealität. Wenngleich die Höhepunkte der Bücher eindeutig im Phantastischen liegen, so sind doch die imaginären Ebenen immer sehr geschickt mit den realistischen verbunden.

Roswitha Schlegl steht nicht, wie die Verfasser realistischer Kindergeschichten, ständig vor der Schwierigkeit, die eigene Zeit und die aktuellen Probleme so authentisch wie möglich darzustellen, um dann festzustellen, wie die Fakten des Lebens das Schreiben schwerfällig und unbeweglich machen. Sie hat vielmehr das ganze Repertoire der Möglichkeiten phantastischer Literatur zu Verfügung: Sie kann mit einfachen Charakteren und eindeutig festgelegten Gestalten operieren, kann ihre ganze Kombinier- und Fabulierlust einbringen und weitgesteckte, über das Alltägliche und Normale hinausweisende Ziele verfolgen. Das macht die Lektüre so reizvoll: Ein Einfall folgt dem anderen, ein Spannungsteil jagt den nächsten, ein witziger oder phantasievoller Gedanke schließt sich dem folgenden an, so als ob die Autorin befürchte, der junge Leser könne abspringen – doch diese Sorge ist unbegründet, längst hat ihn die Geschichte in Bann gezogen. Manchmal glaubt man als (erwachsener) Leser, die Handlungsfäden drohen ihr zu entgleiten, doch plötzlich merkt man: Alles hängt miteinander zusammen – sämtliche vier Bände hindurch.

Ihre Bücher – so erklärte sie einmal – spielten alle in der Oberpfalz, „nicht in der, die es wirklich gibt, sondern in jenem unwirklich-echten Land meiner Kindheit". Es scheint, als schreibe sie ihre Geschichten aus Sehnsucht nach der Jugendzeit, um sich ihre Kindheit zu erhalten und um nicht ganz und gar „erwachsen" zu werden. Darin fühlt sie sich wiederum Erich Kästner verwandt, der von den Erwachsenen immer wieder forderte, sich ihrer Kindheit zu erinnern.

Von Roswitha Schlegl existiert eine hübsche, sehr humorige Märchenvariante zum „Froschkönig", die wegen der Auflösung des „Verlags an der Este" leider nicht mehr veröffentlicht werden konnte. Sie ist mit teils bunten, teils schwarz-weißen Bildern, die die Autorin wiederum selbst angefertigt hat, reich ausgestattet und handelt von einem Frosch, der mit sich, sei-

Zeichnung Roswitha Schlegl

nem Aussehen und seinem Leben am Rande eines Teichs rundum zufrieden ist. Als er jedoch eines Tages einen jähzornigen Kobold, der just am selben Teich sein Schläfchen hält, durch lautes Geplantsche weckt, verhext dieser Zornbinkel den Frosch in das erstbeste Wesen, das ihm in den Sinn kommt – in einen Prinz!

Prinz Frosch
Von Roswitha Schlegl
Ein bisher unveröffentlichtes Manuskript

Es war einmal ein Frosch. Ein dicker, grüner Frosch mit goldenen Augen. Er war außerdem ein sehr vergnügter Frosch. Rings um ihn schwirrten die Libellen und viele leckere Mücken. Diese flogen dem Frosch oft direkt ins große Maul hinein, so fahrig und zerstreut waren sie. Und so gut hatte es der Frosch. Mücken mochte er sowieso am liebsten.
Der Frosch saß an einem kleinen, dunklen Teich, mitten im Wald. Auf dem Teich blühten ein paar Seerosen. Manchmal setzte sich der Frosch mitten auf eines der großen Seerosenblätter. Rings um den Teich stand Schilf und Farnkraut. Dahinter waren Büsche und dahinter Bäume und dahinter nochmal Bäume. Wald eben.
Der Frosch sah sein Spiegelbild im Wasser. Er gefiel sich sehr. Er hatte eigentlich nie einen schöneren, grüneren, zufriedeneren Frosch gesehen als sich selbst.
Gleich neben dem Frosch lag ein Kobold unter dem Farnkraut und schlief. Es handelte sich um einen sehr jähzornigen Kobold, der sich über alles schrecklich aufregen mußte. Der Arme. Denn eigentlich konnte er ja nichts dafür. Er hatte nie jemandem Zeit gelassen, es ihm zu erklären. So dachte er, alle Kobolde

Zeichnung Roswitha Schlegl

seien so: zornig und brummig. Das Schlimmste war, daß der Kobold obendrein zaubern konnte.
In diesem Augenblick war er jedoch nicht zornig, denn wie gesagt: Er schlief. Deshalb wußte auch der Frosch nichts von dem Kobold. Ganz und gar nichts. Der Frosch spiegelte sich also im Wasser. Das machte ihn so vergnügt, eben, weil er sich so gut gefiel, so vergnügt, daß er – platsch! – hineinsprang. Das Wasser war warm, und die Spritzer waren hell und lustig, und unten auf dem Grund war es moorig und braun. Der Frosch fing an, vor lauter Vergnügen wie verrückt her-

umzuplanschen. Dabei spritzte er wild um sich. Alles wurde naß, die Seerosen, das Schilf und der Kobold, der unter dem Farnkraut schlief.
Der Kobold wurde entsetzlich zornig. Zugleich wachte er auf. Das Zornigwerden ging fast schneller als das Aufwachen. „Hach, ein Frosch!" schrie er wütend. „Frosch! Du hast mich aufgeweckt! Ich verzaubere dich! Ri – Ra – Rumpelstilz! Mückendreck und Fliegenpilz! Sei ein ... ein ..." Der Kobold wurde ganz rot vor Zorn. Es fiel ihm kein Reim auf Fliegenpilz ein. Da schrie er einfach: „Prinz!"
Da war der Frosch augenblicklich in einen Prinzen verwandelt. Er hörte sofort auf, im Wasser herumzuplanschen und stand ganz still. Als sich die Wellen ringsum beruhigt hatten, sah er sein Spiegelbild. Er wußte noch nicht, ob er immer noch vergnügt war. Er wußte auch nicht, ob er sich noch gefiel. Er war plötzlich sehr groß, und der Teich sehr klein. Der Kobold war verschwunden. Der Frosch, das heißt, der Prinz, wußte gar nicht, wie oder was ihm geschehen war.
Der Prinz brauchte ein ganze Weile, bis er sich zu Ende gewundert hatte. Eigentlich hörte er überhaupt nie damit auf, sich zu wundern. Doch inzwischen geschah, was in solchen Fällen eben geschieht: Die königlichen Jäger kamen vorbei und entdeckten den Prinzen. Königliche Jäger erkennen einen Prinzen, wenn, wo und wie auch immer sie ihn sehen. Der Oberjäger wußte sofort, was los war und was er zu tun hatte.
„Aha!" sagte er. „Ein Prinz, der im Wald gebadet hat. Wobei ihm die Kleider gestohlen wurden. Man bringe ihm neue!" So bekam der Prinz also neue Kleider. Sehr schöne. Gleich hier mitten im Wald zog er sie an. Natürlich konnte keiner erraten, daß er sich zum ersten Mal in seinem Leben anzog, denn er machte alles richtig. Ein echter Prinz macht alles richtig, immer. Und wenn er etwas falsch macht, wird es sofort als richtig erklärt.
Am Schluß setzte er seinen Hut auf. Dann sah er sein Spiegelbild im Wasser und fand sich komisch. Die feinen Kleider aus Samt und Seide fand er schrecklich unbequem. Der Prinz war also schick und modern angezogen – für damals jedenfalls. Nun brachten ihn die Jäger auf das königliche Schloß. Als Prinz konnte er natürlich ganz von selbst reiten. Aber als er sich auf das Pferd setzte, war er nicht besonders glücklich dabei. Es war das erste Pferd seines Lebens. Als er eine Weile geritten war, tat ihm sein Hinterteil ganz gewaltig weh.
Ein Jäger war voraus geritten, um ihn anzukündigen. So stand der alte König schon bereit, ihn zu empfangen. Der König begrüßte ihn sehr freundlich, es kamen so selten richtige Prinzen vorbei. Außerdem hatte er eine Tochter, die er verheiraten wollte.
Die Prinzessin, umringt von ihren Hofdamen, empfing ihn im Garten. Die Hofdamen schrien alle durcheinander: „Oh, ein Prinz! Ein richtiger Prinz!"
Der Prinz dachte an seinen stillen Teich im Wald und war traurig. „Wie heißt du, lieber Prinz?" fragte die Prinzessin. Der Prinz hatte noch gar keine Zeit gehabt, sich dies zu überlegen. Er wurde rot und stotterte eine Weile herum. Dann sagte er: „Frosch. Ich bin Prinz Frosch."
„Oh, wie originell!" rief die Prinzessin. „Wie originell!" schnatterten die Hofdamen. „Prinzen heißen für gewöhnlich Romuald oder Sigismund. Frosch ist viel origineller", sagte die Prinzessin. Nun war der Frosch nicht nur ein Prinz, sondern obendrein auch noch originell. „Und wie heißt du?" fragte er die Prinzessin. „Viktoria! Sie heißt Viktoria!" kicherten die Hofdamen.

Nun wurde ein großes Festmahl zu seinen Ehren angerichtet. „Jetzt gibt es wenigstens was zu essen! Hoffentlich viele zarte Mücken und saftige, dicke Fliegen", dachte Prinz Frosch. Aber es gab Schweinebraten und Sauerkraut. Es schmeckte ihm gar nicht. Als Nachspeise bekam er Himbeereis. Das fand er scheußlich. Zu trinken bekam er kein klares, frisches Wasser, sondern ein widerliches, hellgelbes Gepantsche, das ihn in der Nase kitzelte. Alle stießen mit den Gläsern an und schrien: „Es lebe unser Gast! Es lebe Prinz Frosch!" Prinz Frosch lebte, aber er hatte immer weniger Vergnügen daran. Nach dem Festmahl wurde getanzt. Der Kapellmeister hatte in aller Eile einen neuen Walzer komponiert, zu dem Text: „Gloria, Viktoria – Prinz Frosch ist da – hurra, hurra!"

Zeichnung Roswitha Schlegl

„Ich kann aber keinen Walzer tanzen", sagte der Prinz. „Oh, das macht nichts, zeige uns, wie man bei dir zu Hause tanzt!" rief die Prinzessin und klatschte in die Hände. Da begann der Prinz, herumzuhopsen, wie er es an seinem Teich zu tun pflegte. Er wurde fast wieder froh dabei. Seine Sprünge wurden immer gewagter und weiter. „Oooo", staunten alle, „wie originell!" Und schon war der „Froschtrott" zum neuen Modetanz geworden.

Vom Tanzen war der Prinz müde geworden. Er setzte sich unter einen Leuchter mit vielen Kerzen, und während der Hof tanzte, fing er sich ab und zu ein paar Mücken, die um die Lichter schwirrten. Sie schmeckten aber gar nicht besonders gut. Er war eben jetzt ein Prinz.

In dieser Nacht schlief er in einem weichen, trockenen Himmelbett. Er träumte von glatten, feuchten Seerosenblättern und gemütlich raschelndem Schilf. Prinz Frosch seufzte tief im Schlaf.

Am nächsten Morgen erwachte er sehr früh, wie das seine Gewohnheit war. Noch im Nachthemd lief er in den Schloßpark. Während der Nacht hatte es geregnet. Nun gab es herrliche, große Pfützen auf den breiten Wegen. Der Prinz sprang von einer Pfütze zur nächsten und setzte sich in jede mitten hinein. Das war ein herrliches Gefühl. Doch dann sahen ihn die Diener. „Oh, wie schrecklich! Eure Hoheit ist in eine Pfütze gefallen!" riefen sie und führten ihn in den Palast zurück. Dort wurde ein Bad für ihn vorbereitet. „Neiiiin, ich will nicht!" schrie er und zappelte. Aber die Diener steckten ihn ins warme Wasser und rieben ihn mit Veilchenseife ein. „Wie das stinkt", dachte er. Er liebte den Geruch nach Schlamm und feuchtem Gras. Kaum konnte er das Bad verlassen, rannte er auch schon an der Prinzessin und den Hofdamen vorbei, zur nächsten Pfütze im Schloßpark. Er setzte sich hinein und platschte vergnügt mit den Händen im Wasser. „Wie originell! Wie süß!" riefen die Hofdamen und klatschten. Aber dann wurde er wieder mit Veilchenseife gebadet, und so ging das den ganzen Tag.

Am Abend stand der Prinz an einem großen Fenster. Der Mond stand am Himmel, und da versuchte er, zu quaken. Es ging aber nicht. „Nicht einmal quaken kann ich mehr", dachte der Prinz und seufzte tief. Er hatte nicht gemerkt, daß die Prinzessin neben ihn getreten war. Sie hatte den Seufzer gehört. Und sie hatte natürlich gedacht, der Prinz seufzte, weil er in sie verliebt war. Schließlich war sie wunderschön. Jeder, der sie auch nur einmal gesehen hatte, verliebte sich in sie. Jeder, außer Prinz Frosch. „Wenn du willst, darfst du mich heiraten", sagte die liebliche Prinzessin sanft. Prinz Frosch war sehr erschrocken. Er wollte nicht heiraten. Er wollte nicht auf diesem Schloß wohnen. Er wollte nicht mehr originell sein. Er wollte nicht nach Veilchenseife riechen. Doch vor allem wollte er nicht heiraten.

In dieser Nacht konnte er nicht schlafen. Und beim ersten Sonnenstrahl am nächsten Morgen, als auf dem Schloß noch alles still war, lief er auf und davon. Er rannte durch den Schloßpark. Dann kam er zum Wald. Er rannte und rannte, bis er auf einmal vor seinem kleinen Teich stand. Der Prinz sah sein Spiegelbild im Wasser. Nun merkte er erst so richtig, daß er ja kein Frosch mehr war. Was tat ein Prinz im Nachthemd schon an einem Froschteich? Nun wußte er überhaupt nicht mehr, wo er hingehörte. Er setzte sich ins Farnkraut und weinte bitterlich. Doch er hatte nicht gemerkt, daß er sich neben den Kobold gesetzt hatte, der unter dem Farn lag und schlief. Seine warmen Tränen fielen dem Kobold auf die Nase. Da erwachte der Kobold und war sofort wieder wütend. Er sprang auf und schaute wild um sich. „Was ... wer ist das? Wer hat mich aufgeweckt?" Dann sah er den Prinzen. „Hach, so ein blöder Prinz! Wo kommt der bloß her? Ich werde ihn verhexen! Plisch – plasch – plosch, sei ein ... Frosch!"

Da saß nun der Frosch wieder in seinem Teich. Er platschte im Wasser herum und quakte glücklich. Er war überhaupt der glücklichste Frosch, den es je gegeben hat. Der glücklichste Frosch im ganzen Wald ... im ganzen Land ... auf der ganzen Welt.

Später heiratete er eine Froschfrau. Der Zwerg heiratete nicht, und das war gut so. Brummige Leute sollen nicht heiraten. Die Prinzessin Viktoria heiratete einen Postboten, der sehr gern Himbeereis aß und sehr gut Walzer tanzte. Und wenn Du das alles nicht glauben willst, mußt Du nur in den Wald zum Froschteich gehen: Du wirst keinen Prinzen mehr dort finden. Nur eine Froschfamilie. Aber sei vorsichtig, damit Du den Kobold nicht störst!

HANS DIETER SCHÄFER

Augustabend im Spitalgarten

Der Fluß in die Strahlen der Sonne getaucht, als ob er Blut mit sich
führte, eintönig waren die letzten Wochen dahin gegangen, ohne
Spuren zu hinterlassen, aber
                                    per Saldo hatte ich bei allem Wahnsinn
Augenblicke im Leben, die wunderbar waren und brachte ab und
zu ein paar Worte zu Papier, durch die
                                      nach meinem Tod noch eine
Weile Strom zuckt, sollte sich jemand damit beschäftigen, was
zweifelhaft ist – am Ufer ein Bagger, den leeren Greifer nach unten
gegen die Erde
                     gehalten., Federwolken baden im Feuer und ein
Kaninchen reißt sich aus seinem Schlummer los, schnuppert hinauf –
wie schreckhaft seine Augen; nun spielen Kinder mit Kieselsteinen
auf dem Boden –
                 wie dunkel das Horn des Unfallwagen ihre Körper
umströmt; heimlich bin ich ins Alter hinübergeschlafen – vor vierzig
Jahren knietest du auf dem Badetuch, während das
                                         Kofferradio
O DIANA spielte, dein Haar roch nach Wasserpflanzen und Schlamm;
komm mit mir zum Franziskanerplatz die Treppe hoch,
                                           setz dich
auf mein kühl bezogenes Bett, zieh Schuhe aus und beide Strümpfe –
wer weiß, wie bald ein Schlag für immer mein Gedächtnis löscht.

Hans Dieter Schäfer unterrichtete von 1974 bis 2004 am Institut für Germanistik der Universität Regensburg. Der Regensburger Almanach gratuliert zu seinem 65. Geburtstag mit dem Abdruck dieses Gedichts aus: „Spät am Leben" (2001).

CHRISTIAN FELDMANN

Ein großer Bischof, ein kleiner Priester und die „Volksverdummung"

Sanfter Kämpfer: Zum Tod von Studiendirektor Josef Hanauer

Die Tragik in Josef Hanauers Leben begann am 18. März 1962: Da ernannte Johannes XXIII., il papa buono, den Eichstätter Hochschulprofessor Dr. Rudolf Graber zum Bischof von Regensburg. Graber war damals 58 Jahre alt, Hanauer neun Jahre jünger. Der Priester – Religionslehrer am Regensburger Alten Gymnasium – und sein Bischof hätten gute Freunde werden können. Beide waren Kirchenhistoriker aus Passion: Hanauer hatte in Würzburg in Kirchengeschichte promoviert, mit einer Arbeit über einen Wunderheiler und Exorzisten des 18. Jahrhunderts; Graber lehrte Kirchengeschichte in Eichstätt (neben Fundamentaltheologie, Patrologie, Aszetik und Mystik) und hatte zeitlebens einen siebten Sinn für historische Zusammenhänge und geistige Entwicklungsprozesse.

Beide interessierten sich brennend für mystische Phänomene, kannten sich in den Randzonen christlicher Spiritualität und in den Abgründen frommer Ekstase aus. Doch während Hanauer sich lauteren Herzens dem Kampf gegen Wundersucht und unreife Religiosität verschrieb und einen Glauben predigte, der keine Absicherung durch weinende Madonnen, unverweste Heiligenleiber und fromme Zauberkunststücke nötig hatte, warb Graber aus ebenso idealen Motiven heraus für den Mut, sich zum Übernatürlichen, zum Geheimnis zu bekennen: ein von Gebet, innerer Umkehr und mystischer Glut geprägtes Christentum als Garantie gegen eine Verharmlosung des Glaubens zu blasser Vernunftreligion und bürgerlicher Wohlanständigkeit.

Es kam, wie es kommen musste: Statt im Engagement für eine glaubensstarke, aber nicht leichtgläubige Rede von Gott an einem Strang zu ziehen, entzweiten sich der Oberhirte und sein Priester – beide knorrige Gestalten mit Rückgrat und einem hartnäckigen Naturell, beide produktive Literaten mit der Manie des unermüdlichen Forschers. Hanauer zog in seinen vielen Büchern („Wunder oder Wundersucht?", „Fatima – ‚Erscheinungen' und ‚Botschaften'", „Der Schwindel von Konnersreuth") mit kaum verhohlener Häme gegen den Regensburger Oberhirten zu Felde, der die nötige kritische Distanz gegenüber unerleuchteten Fundis vermissen lasse. Der Bischof wiederum äußerte sich in Interviews pikiert über den Studiendirektor und ließ sogar die Erfolgsaussichten einer Klage prüfen: Hanauer ziehe das Andenken der stigmatisierten „Resl von Konnersreuth" in den Schmutz.

Denn ganz im Gegensatz zu seinem Vorgänger Michael Buchberger – er hatte sich in seinem Bemühen, die Auflagen der römischen Kurie durchzusetzen, ruppige Briefe von Resls Vater eingehandelt und mied das Grenzdorf von da an wie die Pest – war Graber ein glühender Anhänger der Visionärin. Resl hatte ihm seine kirchliche Karriere vorausgesagt und war bei der Bischofsweihe wenige Monate vor ihrem Tod dabei. Entsprechend rührig betrieb Graber die Vorbereitungen zur Seligsprechung – zum Entsetzen von Hanauer, der mit Bienenfleiß alles sammelte, was gegen Resls Glaubwürdigkeit zu sprechen schien, gegen das „Miracle Girl", wie amerikanische Fans die Oberpfälzer Seherin nannten.

„Skandal ohne Ende"?

Hanauer präsentierte ärztliche Untersuchungsergebnisse, skeptische Zeugen, Vergleichsbeispiele aus der Kirchengeschichte – und biss bei den kirchlichen Behörden auf Granit. Mag sein, dass er dabei selbst immer unduldsamer, härter, unzugänglicher für fremde Sichtweisen wurde. In seinen letzten Büchern nannte er Konnersreuth „Lug und Trug", einen „Skandal ohne Ende", einen „Fall von Volksverdummung". Durch den „verrannten und verblendeten Glauben an eine Pseudomystikerin" werde dem Glauben „schwerster Schaden zugefügt" – das hatte er allerdings schon 1972 in seinem 548-Seiten-Wälzer „Konnersreuth als Testfall" festgestellt, jenem Buch,

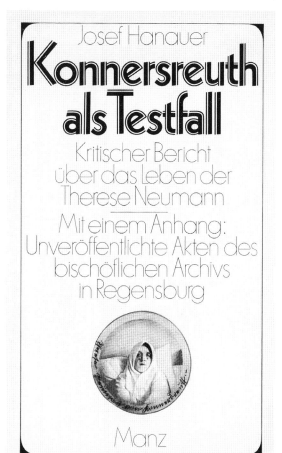

gegen das Bischof Graber seinerzeit juristisch vorgehen wollte.

Der Oberpfälzer Bauernschädel Josef Hanauer als neuer Savonarola, fanatisch und militant Aufklärung und radikale jesuanische Schlichtheit predigend? Die ihn kannten, erinnern sich an einen freundlichen, bescheidenen Menschen, dezent, ein wenig spröde auftretend, aber mit feinem Humor und großer Sensibilität ausgestattet. Er kam aus kleinen Verhältnissen wie viele Kleriker jener Zeit und vergaß es nicht: In einer Landwirtsfamilie in Putzhof bei Eslarn wurde er am 15. März 1913 geboren, acht Kinder waren durchzubringen und die Zeiten hart. Nach der Volksschule durfte er das Alte Pennal in Regensburg besuchen, wohnte aber schon im bischöflichen Knabenseminar Obermünster. 1933, im Jahr der braunen Machtübernahme, trat er in das Priesterseminar ein, studierte in Regensburg Philosophie und Theologie, wurde 1938 zum Priester geweiht.

Zwei Jahre konnte er als Kaplan in Eilsbrunn und Hirschau seelsorgliche Erfahrung sammeln, dann zog man ihn im April 1940 zum Kriegsdienst ein. Nach dem Völkermorden und kurzer Gefangenschaft wieder eine Seelsorgsstelle in Bubach am Forst und daneben das Promotionsstudium in Würzburg. 1955 begann er an seiner einstigen Regensburger Schule, dem Alten Gymnasium (heute Albertus-Magnus-Gymnasium) zu unterrichten, wo er zwanzig Jahre tätig war, zuletzt als Studiendirektor. Er wohnte in der Laaberstraße in Weichs, half tatkräftig bei der Seelsorge in Reinhausen und hielt noch ein Jahr vor seinem Tod regelmäßig Gottesdienst im kleinen Weichser Kirchlein, einem skurrilen Mehrzweckbau im Schatten des Donau-Einkaufszentrums: vorn der Altar, hinten das Kasperltheater für den Kindergarten.

Zorniger Menschenfreund

„Ja der Sepp!" erinnern sich die wenigen Freunde aus den frühen Weihejahrgängen, die noch leben. Seine Schüler und Lehrerkollegen hätten ihn wegen seiner fast schon unvernünftigen Hilfsbereitschaft („alles hat er hergeschenkt") und seiner Aufmerksamkeit für große und kleine Nöte geschätzt, wenn nicht geliebt. Den Schüchternen, Unsicheren, den während des Schuljahrs neu in die Klasse Gekommenen habe er sich besonders zugewandt. Es gibt die unschöne Geschichte von dem fürchterlich korrekten Schulleiter, der einen jungen Lehrer nicht zu seiner Frau ins Krankenhaus ließ, als die einen Magendurchbruch erlitten hatte und notoperiert wurde. Es ging auf Leben und Tod, aber der Stundenplan war wichtiger. Da regte sich der sonst so sanfte Hanauer Sepp schrecklich auf und machte dem Direktor erregte Vorhaltungen.

Und bescheiden ist er immer gewesen, der Kämpfer, den man in ganz Deutschland kannte, mit einem Schuss Selbstironie und einem kantigen Glauben: Die Eslarner hatten ihn zum Ehrenbürger gemacht, weil er ihnen ein wunderschönes Heimatbuch geschrieben hatte. Aber Dr. Hanauer ließ sich nur höchst ungern einladen und ging allen Feiern aus dem Wege. Sonst werde ihn der himmlische Richter am Ende mit der Bemerkung abweisen: „Er hat seinen Lohn schon empfangen", begründete er seine Distanz, lächelnd die Bibel zitierend.

In seinen letzten Lebensjahren bedeutete ihm sein altersschwacher VW-Golf alles: Noch als 89-Jähriger fuhr er kreuz und quer durch das weitläufige Grenzlandbistum, von Pfarrhaus zu Pfarrhaus, um sein letztes Büchlein „Konnersreuth – eine ewige Lüge" an den Mann zu bringen. Die Unkosten trug er gern, er sprach nicht darüber. Ein Fanatiker? „Er wollte warnen, vor Wundersucht und Irrwegen", widerspricht sein Kurskollege Franz Schmalzl (76), ehemaliger Direktor der katholischen Liga-Bank. „Er hatte dauernd die Erfahrungen mit seinen Schülern vor Augen, deren Skepsis: Was hatte die Kirche schon alles verzapft!" Wunderphänomene wie Marienerscheinungen, geheime Offenbarungen, teuflische Plagen und erstaunliche Heilungen seien keinesfalls Beweise von Frömmigkeit, behauptete Hanauer bis zum Ende. „Sie nützen nicht dem christlichen Glauben, sondern liefern jenen Material, die im Christentum Reste und Nachwirkungen heidnischen Aberglaubens zu finden glauben." Die Wundersüchtigen seien ja gar nicht glaubensstark, sondern im Gegenteil furchtbar schwach und ängstlich. Wie Schiffbrüchige, die um die letzte rettende Planke kämpfen, klammerten sie sich an den „Glaubensersatz" in Form abseitiger Phänomene.

Als der neunzigste Geburtstag nahte, begann er schwach und müde zu werden. Mit dem Autofahren war es vorbei. Krebs soll er gehabt haben. Den Ehrentag feierte er im Josefskrankenhaus, der neue Bischof Gerhard Ludwig Müller kam vorbei und sprach freundlich mit dem alten Kritiker. Die letzten Monate verbrachte Hanauer umsorgt im behaglichen Altenheim des Katharinenspitals an der Steinernen Brücke. Am 3. Dezember 2003 ist er dort gestorben.

OSWALD HEIMBUCHER

Statt Braunhemd und Geländedienst – Volkslied und Kammermusik

Wie die Regensburger HJ-Spielschar die Ideen der Jugendmusik-Bewegung bewahrte

„Es war ein reizender Abend, den die Spielschar der HJ im neuen Rathaussaal gestaltete." So konnte man es am 12. April 1945 in einer Rezension im „Regensburger Kurier" lesen, verfaßt von Hans Huber: „Doch ihr frohes Singen erreichte nur einen kleinen Kreis von Hörern. Franz Kießling hatte eine Liedfolge zusammengestellt, die stimmungsvoll in das Erleben frohen Wanderns und der Natur eindrang, die von der Freude klang, die in der Weite der Landschaft und im Grün des Waldes lebendig wird und alle Kobolde des Humors weckte. – Dazwischen hinein klangen dann Blockflöten, Geigen und Cello, den Strom der Lieder geschickt unterbrechend. – Man ging beglückt aus dem hellen Saale in die Nacht und nahm die Gewißheit mit, daß von der Spielschar ein schönes und wertvolles Stück Kulturarbeit geleistet wird."

Mich erreichte noch am 25. April 1945 ein kurzer Gruß aus Regensburg, datiert vom 31. März 1945: „Die Spielschar wird wieder. Auf ein Wiedersehen! Dein Franz Kießling." Mitten im Zusammenbruch des Dritten Reiches verbrachte ich damals noch verhältnismäßig ruhige Wochen als Funker in Friaul zwischen Görz und Udine, bevor sich die aus Südwesten und Nordosten vorrückenden Engländer und die jugoslawische Tito-Armee des Gebietes bemächtigten.

So also sah der Abgesang einer Chor- und Spielgruppe aus, die inmitten der Dämonie der Hitlerjahre die Tradition der Wandervogel- und Singbewegung hatte weiterführen wollen. Wie es eine Spurensuche in der örtlichen Presse bestätigt, hatte die Regensburger HJ-Spielschar im Musikleben der Stadt vor allem während der Kriegsjahre wichtige Akzente gesetzt.

Ihre Anfänge gehen auf das Jahr 1934 zurück. Der erste Leiter war Joseph Markl. Dann führten der verdienstvolle Volkstums- und Brauchtumspfleger Heinz Gaßner sowie Leo Höcht die musische Gruppe in den Jahren 1936 und 1937 zu fruchtbarer Arbeit. Willi Rothammer, auch Kultur- und Theaterreferent des HJ-Bannes Regensburg, leitete die Spielschar in den ersten Kriegsmonaten 1939. Unter dem Motto „Froh zu sein, bedarf es wenig, doch wer froh ist, der ist König" stand am 3. Dezember 1939 ein Abend, an dem die „Spielschar tanzt und singt". Darüber berichtete die „Bayerische Ostmark": „Mit treffenden Worten umriß der Leiter der Gruppe Sinn und Zweck der Spielschararbeit. – Über allem lag eine lockere Fröhlichkeit, die ansteckend auf die vielen Besucher wirkte."

In den ersten Monaten des Jahres 1940 übernahm Hans Raith die Leitung der Schar, die aus 60 Jungen und Mädchen und aus einem Chor von 30 Pimpfen bestand. Seine Ziele faßte er in knappen Grundsätzen zusammen: „In den Spielscharen erhält die Jugend die beste Gelegenheit, im Privatunterricht erworbene Kenntnisse innerhalb einer singenden und spielenden Einheit anzuwenden." – Ich erinnere mich genau noch an ein Gespräch mit Hans Raith im Mai 1944 während einer Vorspielpause im Hof des Parkhotels Maximilian. Es gehe ihm darum, die Tradition der Jugend- und Wandervogelarbeit weiterzuführen mit möglichst geringen Zugeständnissen an die damals aktuelle politische Tendenz. Statt Braunhemd und Geländedienst wolle man die Ideen der Jugendmusikbewegung über die Nazizeit hinweg bewahren. Dieses Bemühen bestätigt sich auch im Gebrauch der beiden 1938 im Bärenreiter Verlag erschienenen Chorsammlungen „Gesellige Zeit" und „Geselliges Chorbuch". Während die „Gesellige Zeit" ausschließlich Sätze aus dem 16. und 17. Jahrhundert enthält, sind im „Geselligen Chorbuch" zeitgenössische Komponisten vertreten wie Cesar Bresgen, Werner Gneist, Walter Hensel, Christian Lahusen, aber auch Hugo Distler, der 1942 unter dem Druck des Nazi-Regimes seinem Leben ein Ende setzte. Ein Zugeständnis an die damals herrschende politische Ideologie war eigentlich nur Hans Baumann, der mit dem makabren Song vom „Zittern der morschen Knochen" nach Kriegsende ins Zwielicht geraten war. Aus seiner Feder stehen im „Geselligen Chorbuch" die von Gerhard Schwarz vertonten Verse „Nur der Freiheit gehört unser Leben", von der Spielschar gerne parodiert: „Nur der Freizeit gehört unser Leben!"

1941 wird Hans Raith zum Kriegsdienst einberufen, Franz Zöllner als „würdiger Nachfolger" zum Spielscharleiter ernannt. Wilhelm Schmitt, Landgerichtsdirektor und profunder Rezensent der Regensburger Tageszeitung, bescheinigt ihm „eine bei aller Jugend gereifte und gefestigte Persönlichkeit mit gediegener theoretischer und praktischer Vorbildung". Franz Zöllner war Mitglied der Regensburger Domspatzen und einer der Auserwählten, die in Engelbert Humperdincks Märchenoper „Hänsel und Gretel" eine der beiden Titelfiguren und später in Mozarts „Zauberflöte" einen der drei Knaben im Regensburger Stadttheater darstellen durften. Daneben war er Assistent Ludwig Ackermanns, der als Solobratschist des Münchner Staatsorchesters mit Wohnsitz in Regensburg als einer der besten Violinpädagogen Deutschlands galt. Als Zöllner im Herbst 1941 ebenfalls zum Wehrdienst einberufen wurde, übernahm Rudolf Schindler die Spielschar-Leitung.

Im zweiten Kriegsjahr wurde die Spielschar auch im Auslandseinsatz in Anspruch genommen. Man fuhr in die einst polnischen Ostgebiete, etwa im Herbst 1941 nach Bromberg, Graudenz, Posen und Marienburg, dort sogar mit einer Rundfunkaufnahme. Renate Dümling, geb. Weber, erinnert sich: „Wir waren unterwegs in Pferdefuhrwerken, viel Sand auf den Wegen, angetan mit braunen Umhängen, die wir für die Reise in Regensburg geliehen bekamen. Mit diesen langen Mänteln gingen wir bei Zoppot barfuß in die Ostsee. Abends sangen wir Chorlieder und machten Volkstänze. Danzig gefiel mir sehr gut. Diese riesige Kirche! Unser Gesang klang darin besonders eindrucksvoll. – Vieles habe ich vergessen. Das gute Gemeinschaftsgefühl nicht." Und Rudolf Schindler: „Das unvergessenste Erlebnis war für uns das Singen im großen Remter der Marienburg. Eine Rundfunkaufnahme hat dann im Funkhaus in Danzig stattgefunden, worauf wir sehr stolz waren."

Bei der Pfingstfahrt 1941, die in das Protektorat Böhmen und Mähren führte, war ich als Geiger mit von der Partie. An das Klaviertrio in G-Dur von Wolfgang Amadeus Mozart mit dem tänzerisch beschwingten Rondo-

Pfingstfahrt 1941 in das Protektorat Böhmen und Mähren: Straßensingen unter Leitung von Matthias Lippert.

Finalsatz erinnere ich mich noch genau. Den Klavierpart spielte Werner Scharfenberger, der sich nach Kriegsende vorübergehend als Schlagerkomponist profilierte. Das Violoncello strich Willi Pellet. Chorleiter war Matthias Lippert, der ebenfalls aus der Elite der Regensburger Domspatzen stammte. Die Vortragsfolge war durch Lyrik aufgelockert, wobei ich das Gedicht „Die Amsel" von Hermann Claudius rezitierte.

Am 5. Juli 1942 sang und spielte die Regensburger Schar im Herzogsaal. Es war mein Abschiedskonzert. Danach fuhr ich durch die Nacht noch nach Thüringen, wo ich zwei Tage später zum Reichsarbeitsdienst eingezogen wurde. Die Triosonate in e-Moll von Georg Philipp Telemann, die ich damals mit Matthias Lippert und Willi Pellet spielte, hat mich gedanklich noch lange begleitet. Der Abend stand unter dem Leitwort „O Musica, du edle Kunst". Nach diesem Konzert begab sich die Spielschar auf die zweite Fahrt in den Warthegau mit einem abschließenden Auftritt im Stadttheater Kalisch. Anna Weber, geb. Geiger: „Einmal kam ein Parteimensch und fragte nach der Parteizugehörigkeit (sonst keine Beförderung!). Es geschah nichts. Wir wurden erstaunlicherweise von oben bestimmt genau beobachtet, aber man ließ uns in Ruhe. – Ich schrieb viele Noten am Stehpult im Laden, manche Kunden sprachen mich an. – Viele handgeschriebene Noten, Programme, Gedichte – ich mußte ja eine Zeitlang dirigieren."

Zum Tag der Hausmusik im November 1942 umrahmte die Spielschar in Regensburg die Veranstaltung der Reichsmusikkammer „durch ausgezeichnet gesungene Chöre". Wilhelm Schmitt schrieb am 23. November 1942 in der Bayerischen Ostwacht: „Als Anerkennung verdienstvollen häuslichen Musizierens wurde dem Heimbucher-Quartett (bestehend aus den Herren Hauptlehrer Liedl, Ernst und Oswald Heimbucher, Hauptlehrer Walter und Heinrich Kirchner) ein Preis verliehen in Form von drei Faksimile-Ausgaben der Inventionen und Sinfonien Johann Sebastian Bachs."

Selbst nach der Katastrophe von Stalingrad arbeitet die Spielschar weiter. Otto Vielberth, später erfolgreicher Musikpädagoge am Albrecht-Altdorfer-Gymnasium, hatte inzwischen die Leitung übernommen. Am

Franz Zöllner war der Nachfolger Hans Raiths als Leiter der Spielschar.

21. April 1943 stand ein Konzert im Reichssaal unter dem Motto „Ein tapferes Herze suchet Licht und findet es im Leben" (Paul Fleming). Dazu wieder Wilhelm Schmitt in der Bayerischen Ostwacht: „Ein erfrischendes Geistesbad, das in seiner schlichten Darstellung und künstlerischen Fülle manches große Konzert an Eindruckskraft überragte. Die geschulten jugendlichen Stimmen, die hervorragende musikalische Bildung, die gründliche Beherrschung der Gesetze der Vielstimmigkeit und nicht zuletzt der fähige Dirigent ermöglichten es der jugendlichen Schar, tief in die reichen Schätze der deutschen Vergangenheit hineinzugreifen, mit gleichem Erfolg aber auch sich dem zeitgenössischen Schaffen zuzuwenden."

Aktiv in der Spielschar betätigte sich auch die Klavierpädagogin Sieglinde Lehnert, deren virtuose Wiedergabe des eingängigen Klavierkonzerts in A-Dur von Karl Ditters von Dittersdorf mir in nachhaltiger Erinnerung geblieben ist.

Die Zeitungsnotizen im Jahr 1944 weisen in zunehmendem Maße auf „Einsätze" der Spielschar in Lazaretten hin. Auch bei Trauerfeiern für die Opfer der Luftangriffe musste sie mitwirken. Die Leitung des Ensembles war nunmehr auf Siegfried Höhn von den Domspatzen und schließlich auf Franz Kießling übergegangen. Bis in die ersten drei Aprilwochen des Jahres 1945 wurde allwöchentlich im „Regensburger Kurier" zu Proben, Diensten und Einsätzen eingeladen, ein letztes Mal nach dem eingangs beschriebenen letzten Konzert vom 12. April 1945. Bezeichnenderweise wurde jetzt ausdrücklich auf die Uniform verzichtet: „Mädel im Dirndl, Jungen Skihose, weißes Hemd."

In diesem Zusammenhang ist auch das damals entstandene Streichquartett der Spielschar zu erwähnen, mit Rudolf Schindler (1. Violine), Matthias Lippert (2. Violine), Otto Vielberth (Viola) und Karl Sterr (Violoncello). Mit geringen Besetzungsänderungen wirkte diese Kammermusikgruppe unmittelbar nach Kriegsende weiter, zunächst als Streichquartett der Jungen Musikgemeinschaft, später als Schindler-Quartett, das im hiesigen Musikleben eine wichtige Rolle spielte. Rudolf Schindlers „Regensburger Chorkreis" war bis zu seinem Schwanengesang 2002 eines der profiliertesten Vokalensembles der Stadt.

Sehr ausgeprägt war das Gemeinschaftsgefühl innerhalb der Spielschar. Regelmäßig wurden die im Kriegsdienst stehenden Mitglieder mit freundschaftlicher Feldpost bedacht. Auch mir liegen immer noch Briefe von Margot Hopf, Franziska Riederer, Eva Schattenfroh und Lotte Sterr vor. Erwin Eisinger fasste in einem Feldpostbrief vom 24. Januar 1943 seine Gedanken darüber zusammen: „Ich kann die Bande nicht vergessen, die mir so viel reine Freude geschenkt hat, ja die mich in kurzer Zeit vollkommen umwandelte. Eine seltsame Kraft ist in so einer Verbindung junger Menschen, die sich das Leben zum Ziel gesetzt haben, bewußt oder unbewußt." Der im Krieg gefallene Erwin Eisinger war auch ein begabter Lyriker. Im „Regensburger Kurier" vom 19. Juni 1943 waren folgende Strophen abgedruckt:

REGENSBURG

In meiner Stadt schlägt jetzt die Abendstunde,
Die Mutter ruft die Kinder heim ins Haus
Und alle Bilder wandeln sich zur Stunde,
Die Mauern sehn geheimnisvoller aus.

Von Dach und Giebel raunt ein seltsam Ahnen
Aus Ritterzeiten ungesagt,
und spielt um schmiedeeiserne Altanen.
Am Herzogshof die alte Römermauer ragt.

Sie sinnt hinab auf Strom und Brücke,
Wie wuchtend Pfeiler sich an Pfeiler lehnt
Und wie aus steinbeengter Lücke
Der freie Strom nach stolzem Lauf sich sehnt.

Und steiler reckt der Dom die schmalen Hände
Wie fragend an der Sterne Rand.
Der stumme Beter sieht kein Ende
Und weiß sich sehnend doch im Heimatland.

Der Gemeinschaftsgeist wirkte noch Jahrzehnte nach Kriegsende weiter. 1972 traf man sich in fröhlicher Runde in Adlersberg und setzte damit auch die Tradition der Jugendbewegung fort, zumal Adlersberg in den ersten Jahrzehnten des 20. Jahrhunderts ein beliebter Treffpunkt der Wandervogelfreunde war.

In der Spielschar Regensburg wirkten u. a. mit, neben den bereits im Text erwähnten Personen: Dominikus Frankl, Schauspieler; Dr. Florian Raith, Arzt; Hermann und Karin von Saalfeld (der Vater, Ralf von Saalfeld, war Kantor an der evangelischen Dreieinigkeitskirche); Alfons Schießl, nach dem Krieg Leiter eines Regensburger Pressevertriebs; Karl-Friedrich Wehrmann, Jurist, 1947 Solist in der Jungen Musikgemeinschaft; Helmut Wernhard, Architekt, u. a. die Kirche „Herz Marien" in der Nähe der Krankenhäuser der Barmherzigen Brüder; Heinz Schwarzer; später Studiendirektor an der Fachhochschule Regensburg.

2. Reihe ganz links: Pepp Häusler. In der Mitte: Eva Schattenfroh. Vor ihr sitzend: Hans Raith und Siegfried Wirthensohn (mit Brille). 7. v. links: Liselotte Sterr. Ganz rechts: Oswald Heimbucher. 3. von rechts: Franz Kießling.

GÜNTHER HANDEL

Die Regensburger Wurstkuchl

Der Streit um die „älteste Wurstküche der Welt" für Regensburg entschieden

Um die Entstehung der Regensburger Historischen Wurstküche – in Regensburg „Wurstkuchl" genannt – ranken sich Mythen und Geschichten. Angeblich soll sie beim Bau der Steinernen Brücke als Kantine für die Bauarbeiter entstanden sein, nach einer alten Sage soll bei ihrer Entstehung sogar der Teufel seine Hände im Spiel gehabt haben. Anlässlich des „Wurstküchenstreits" zwischen Nürnberg und Regensburg hat der Archivar und Historiker Günther Handel die Geschichte der Wustkuchl erforscht.

Vor einigen Jahren führte ein Betriebsausflug Bürgermeister Gerhard Weber zusammen mit Angestellten des Hauptamtes der Stadt Regensburg nach Nürnberg. Nach der obligatorischen Besichtigungstour durch die an Sehenswürdigkeiten reiche ehemalige Reichsstadt kehrte man zum Mittagessen in die Nürnberger Wirtschaft „Zum Gulden Stern" ein. Das Lokal in der Zirkelschmiedsgasse serviert die berühmten Nürnberger Bratwürste und schmückt sich mit dem Titel „Älteste Bratwurstküche der Welt".
Da aber jeder Regensburger weiß, dass sich die älteste Wurstküche der Welt in jenem unauffälligen trapezförmigen Bau gleich neben dem Salzstadel an der Steinernen Brücke in Regensburg befindet, kam man schnell mit dem Wirt, Martin Hilleprandt, ins Gespräch. Hilleprandt führte aus, dass das Gebäude, in dem seine Regensburger Gäste gerade zu Mittag aßen, wahrscheinlich schon um 1375 erbaut und 1419 erstmals urkundlich erwähnt worden sei. Eine Schuldurkunde von 1520 deute auf eine mögliche Nutzung als Wirtshaus schon zu dieser Zeit hin. Und die Garküchengerechtigkeit, also sozusagen die Gewerbeerlaubnis für seine Wurstküche, sei im Jahr 1648 von der Nürnberger Obrigkeit erteilt worden.

Der Nürnberger Wirt wurde daraufhin nach Regensburg eingeladen. Man wollte dort gemeinsam anhand der von beiden Seiten vorzulegenden alten Urkunden und Schriftstücke die Sachlage prüfen und ein Urteil fällen, wer sich künftig mit dem Titel „Älteste Wurstküche der Welt" schmücken dürfe.

Das Regensburger Stadtarchiv wurde beauftragt, alle bekannten Fakten über die Entstehung und Geschichte der Wurstkuchl zusammen zu tragen und nachzuforschen, ob sich bislang noch unbekannte Quellen mit neuen Erkenntnissen entdecken ließen. Zunächst musste eine Bestandsaufnahme harte Fakten von mündlichen Überlieferungen trennen. Was war bis dato über die Historische Wurstküche bekannt und was davon durch historische Quellen belegbar? Zunächst gibt es zu ihrer Entstehung eine heute beinahe vergessene Sage, in welcher der Teufel höchstpersönlich eine wichtige Rolle spielte und in der die Wurstküche beim Bau der Steinernen Brücke (1135–

1146) entstanden sein soll. Der Zusammenhang zwischen Steinerner Brücke und Wurstküche ist auch in den „Gründungsmythos" eingegangen, demnach die Wurstkuchl ursprünglich eine Art Kantine für die Bauarbeiter der Steinernen Brücke gewesen sein soll. Mit dieser Erklärung würde sie auf eine über 850-jährige Geschichte zurückblicken. Während der elfjährigen Bauzeit – so nahm man weiter an – könnte sich diese Kantine der Bauarbeiter zu einer eigenständigen Garküche entwickelt haben.

Für die Existenz einer solchen Garküche sprach auch die Tatsache, dass sich bei der Steinernen Brücke auch der mittelalterliche Donauhafen Regensburgs befand. Hafenarbeiter aber haben Hunger – ebenso wie die zahlreichen Reisenden, die jetzt über die neue Brücke nach Regensburg kamen.

So weit so gut – auch wenn diese Version der Gründung der Wurstkuchl glaubhafter klingt als die oben erwähnte Sage mit dem Teufel, bleibt sie letztlich doch ein Mythos, denn urkundliche Beweise dafür fanden sich in den Archiven bislang nicht.

Der erste Nachweis einer Garküche bei der Steinernen Brücke war bislang ein Eintrag in der von dem reichsstädtischen Beamten Stefan Fugger Mitte des 16. Jahrhunderts begonnenen und durch andere Schreiber fortgesetzten Bauamtschronik. Diese meldet für das Jahr 1616 den Abriss einiger Gebäude, um Platz für den Bau des heutigen Regensburger Salzstadels zu schaffen. Der Eintrag lautet: *„Haben ein ehrbarer rath dem Hansen Fuchsen, pader, sein pad nechst neben dem ersten krenchenthor sambt zugehöriger hoffstatt abkaufft, dasselbe sambt der gartkuchen, daran oberhalb der Stainern Pruckhen fuss stossent ... alles in den grund abgebrochen."*

Unter den aufgezählten Gebäuden findet sich also auch eine am Fuß der Steinernen Brücke gelegene „gartkuchen", nach modernem Sprachgebrauch „Garküche". Eine reine Wurstbraterei im heutigen Sinn gab es damals nicht, in einer Garküche bereitete man meist verschiedene kleinere Wurst- und Fleischgerichte zu.

Aus der Zeit dieses Eintrags in der Bauamtschronik soll auch die erste Abbildung der damaligen Garküche alias Wurstküche stammen. Es handelt sich dabei um von Hans Georg Bahre im Auftrag des Rats der Reichsstadt angefertigte Stadtansichten. Auf einer ersten Zeichnung, welche die Reichsstadt des Jahres 1614 zeigt, glauben einige Heimatforscher, die zwei Jahre später abgerissene Garküche zu erkennen. Eine zweite Ansicht aus dem Jahr 1626 zeigt ebenfalls ein der Regensburger Wurstkuchl verblüffend ähnelndes Gebäude, bei dem es sich um den kurz nach dem Abriss von 1616 erfolgten Neubau handeln soll.

Fraglich ist jedoch, ob es sich bei dem auf der Stadtansicht abgebildeten Gebäude tatsächlich um eine Garküche handelt. Man sieht zwar auf der Zeichnung am Standort der heutigen Wurstkuchl ein dieser täuschend ähnliches Gebäude, bei dem jedoch ein wichtiges Detail fehlt: Den heute und auch schon auf historischen Abbildungen deutlich sichtbaren großen Kamin. Vergessen hat ihn Bahre sicher nicht, das zeigen die anderen Zeichnungen auf seinen Plänen. Er stellte die Häuser nicht nur durchgehend mit Schlot dar, sondern lässt auch aus vielen Rauch aufsteigen. Sollte der Künstler dieses wichtige Detail bei der Garküche wirklich übersehen haben? Vielleicht handelte es sich bei dem von ihm gezeichneten Gebäude auch nur um einen Lagerschuppen des Regensburger Hafens.

Diese Zweifel gibt es bei dem 1651 im Auftrag des städtischen Ungeldamtes in Form eines kleinen erdgeschossigen Pultdach-Anbaus errichteten Gebäudes nördlich der donauseitigen Stadtmauer nicht. Die

Ausschnitt aus einem von Hans Georg Bahre gefertigten Stadtplan von Regensburg. Am rechten Rand die vermeintliche Wurstküche.

Kernsche Bauamtschronik übertitelt den entsprechenden Eintrag mit „Garküche am Kräncher erbaut". Das städtische Ungeldamt, welches in Regensburg den Brückenzoll und die Mühlenpacht einhob, zahlte für diesen Neubau immerhin 196 Gulden und 30 Kreuzer. Nicht nur den Bau der späteren Wurstkuchl, sondern auch deren dauerhafte Nutzung als Garküche dokumentiert die mehrbändige Bauamtschronik des Matthias Kern. Insgesamt finden sich dort nämlich für die Folgezeit noch weitere 13 Einträge über Renovierungen und Reparaturen an der Garküche. Einmal mussten sogar Einbruchsschäden behoben werden. Die „Garküche am Kräncher", also am mittelalterlichen Kran des Regensburger Hafens, wurde nicht von der Stadt selber betrieben, sondern bis ins 19. Jahrhundert hinein an verschiedene Garköche verpachtet.

Erst dann entschloss sich die städtische Verwaltung zum Verkauf. Regensburg hatte 1802/03 seinen Status als Reichsstadt verloren und war im Dalbergschen Fürstentum aufgegangen. Vielleicht wollte man durch den Verkauf städtischen Eigentums die klamme Stadtkasse aufbessern, jedenfalls trat man 1805/06 mit dem Garkoch Johann Nießler und seiner Frau Christina in Verhandlungen. Bei Nießler handelte es sich um den aktuellen Pächter, die Quellen sprechen davon, dass seine Familie die Wurstküche schon seit über 70 Jahren betrieben hatte. Bald wurde man sich handelseinig, und die städtischen Siegelprotokolle verzeichnen den Verkauf der Garküche am Kränchertor am 26. September 1806. Durch das Geschäft flossen immerhin 300 Gulden in die Stadtkasse.

Johann Nießler konnte sich allerdings nicht lange an seinem neuen Eigentum erfreuen. Schon 1809 verstarb er. In den folgenden Jahren kam es durch weitere Todesfälle zu einem raschen Eigentümerwechsel: Johann Nießlers Witwe Christina heiratete den aus Großgründlach bei Nürnberg stammenden Garkoch Konrad Miezam. Nach deren Tod heiratete der Witwer Miezam die aus Ortenburg stammende Sabina Christiana Koller, die wiederum nach dem Ableben ihres Mannes im Jahr 1831 den Garkoch Wolfgang Schricker ehelichte. Dessen Nachkommen führen sein Gewerbe bis heute fort. Die Wurstkuchl befindet sich jetzt im Eigentum der Familie Meier-Schricker. Wann die Umstellung von der Garküche zur Wurstküche erfolgte, ist nicht mehr genau feststellbar. Helmut-Eberhard Paulus vermutet, wie auch der aus Franken stammende Autor dieses Textes, dass Conrad Miezam die Bratwurstrezepturen aus seiner fränkischen Heimat mitgebracht und die Tradition der eigentlichen Wurstkuchl begründet hatte. Die 1896 erfolgte Erwähnung von Hugo von Walderdorff, die Wurstküche biete auch „Selchfleisch mit Kraut" an, widerspricht dem nicht, denn auch heute steht beispielsweise das „Wammerl vom Rost mit Sauerkraut" auf der Speisekarte.

Die aufgrund des „Wurstküchenwettstreits" durchgeführten Forschungen im Stadtarchiv Regensburg erbrachten jedoch noch weitere Erkenntnisse. So lässt sich der Beginn der Tradition von Garküchen an der Donau weiter zurück datieren als bisher angenommen. Sie beginnt vermutlich am 12. Juli 1378 mit einem Mann namens Konrad. Dieses Datum trägt eine Urkunde, durch die ein Grundstücksgeschäft zwischen einem „Maiser Hainreich von Straspurkch" und „Chunrat dem choch vor prukk" beglaubigt wurde.

Ins Neuhochdeutsche übertragen handelt es sich dabei um „Konrad den Koch an der Brücke", also um eine Person mit der Berufsbezeichnung „Koch". Dass es sich dabei nur um den Nachnamen handeln könnte, ist mit hoher Wahrscheinlichkeit ausgeschlossen. Konrad der Koch lebte und wirkte am südlichen Kopf der Steinernen Brück, darauf weist die geographische Bezeichnung „vor prukk" deutlich hin. Sie findet sich in dieser Form in einer ganzen Reihe weiterer Quellen und bezeichnet immer nur das wenige Gebäude umfassende Gebiet am südlichen Kopf der Steinernen Brücke, wo auch heute noch die Wurstkuchl zu finden ist. Und weil Konrad ein Grundstücksgeschäft abschloss, lässt sich schließen, dass es

Die Wurstküche auf einer Postkarte des frühen 20. Jahrhunderts.

sich bei ihm nicht etwa nur um einen abhängig beschäftigten Koch handelte, sondern dass er wahrscheinlich selber ein Gewerbe, in seinem Fall das eines Garkochs, ausübte. Denn zum Abschluss eines Grundstücksgeschäftes gehörten damals nicht nur entsprechende Geldmittel, sondern auch ein gewisser sozialer Status, den man eher einem „Unternehmer" als einem abhängig Beschäftigten zuschreiben dürfte. So könnte es sich bei „Chunrat" um den ersten nachweisbaren Garkoch an der Steinernen Brücke und damit möglicherweise um den „Stammvater" der Wurstküchentradition handeln.

Eine kleine Unsicherheit bleibt natürlich trotzdem, denn es wird ja nur ein Koch erwähnt und nicht die dazugehörige Küche. Gleiches gilt auch für zwei Personen, die in einer reichsstädtischen Steuerliste des Jahres 1436 auftauchen. Der Steuereintreiber kam damals noch zu den Steuerpflichtigen nach Hause und trug deren Zahlung nach der von ihm dabei gegangenen Route in ein Verzeichnis ein, so dass die entstan-

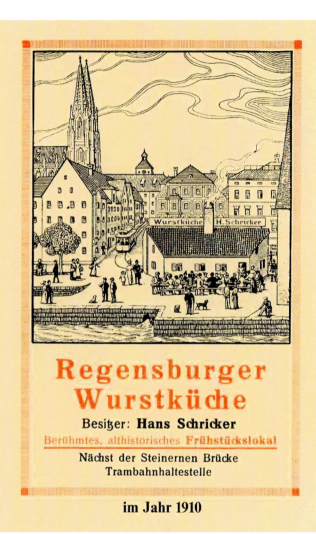

Die Speisekarte der Regensburger Wurstküche aus dem Jahr 1910: sechs Bratwürstl für 50 Pfennig

denen Listen nach Stadtvierteln und Straßen gegliedert sind. In dem Kapitel „vor prukk" finden sich insgesamt zehn steuerpflichtige Haushalte, darunter auch die von „Walther Koch" und „Seytz Koch". Mag sein, dass „Koch" lediglich der Nachname der beiden war, allerdings wurde damals recht häufig der Nachname von der Berufstätigkeit abgeleitet, so dass man mit einer gewissen Wahrscheinlichkeit vermuten

Die Titelseite der Speisekarte ist fast gleich geblieben, aber die Preise haben sich verändert

kann, dass es sich bei den beiden ebenfalls um (Gar)köche gehandelt haben könnte.

Der erste Nachweis einer Garküche lässt sich nun für das gleiche Jahrhundert führen, aus dem die Steuerliste stammt. Er findet sich in einem so genannten „Zinsregister" der reichsstädtischen Verwaltung. In solche Zinsregister trugen die Beamten die Verpachtung städtischen Eigentums an Privatleute ein. Im Kapitel „Zins vor prukk" findet sich für das Jahr 1492 folgender Eintrag: *„Wir haben verlassen die kuchn vor prugk am saltzstadl ... Jörgen Ruedolf, kuchlpacher."* Bei dem im weiteren Text beschriebenen Gebäude handelt es sich um ein mindestens zweistöckiges Haus mit mehreren Zimmern und Kellerräumen, von dem Jörg Ruedolf aber nur einen Teil gepachtet hatte. Denn gleich der nächste Eintrag im „Zinsregister" belegt die Verpachtung eines anderen Teils des Hauses an einen Bürger namens Hans Tetzkenawer. Das „Zinsregister" belegt auch die länger andauernde Nutzung des entsprechenden Teils dieses Hauses als Garküche, denn für die folgenden Jahre finden sich weitere Einträge über die Verpachtung der „kuchn vor prugk" an verschiedene andere Pächter. Der „Straßenname" „vor prugk" weist auch diesem Gebäude wieder einen Standort im Bereich in dem schon zuvor beschriebenen Gebiet zu. Möglicherweise handelte es sich bei diesem Gebäude sogar um die 1616 abgerissene „garttkuchen". Belegen lässt sich dies leider nicht. Immerhin lässt sich die Tradition von Garküchen bei der Steinernen Brücke also jetzt bis 1378, bzw. 1492 zurückdatieren.

Mit diesen Fakten bewaffnet kam es dann unter reger Beteiligung der Medien zu einem ersten „Schlagabtausch" der Nürnberger und der Regensburger Seite im Regensburger Salzstadel. Wie schon erwähnt, belegten die Nürnberger Quellen, dass die dortige Wurstküche in einem aus dem Spätmittelalter stammenden Gebäude betrieben wird. Als Garküche wurde es aber wahrscheinlich erst seit Mitte des 17. Jahrhunderts genutzt, auch wenn die Vermutung dahin geht, dass in dem Haus schon früher eine Art Gaststätte untergebracht war – hieb- und stichfest ist der zugrunde liegende Beleg allerdings nicht.

Nachdem der Nürnberger Wirt von den von Regensburger Seite vorgelegten neuen Quellen einigermaßen überrascht war, und diese erst genauer prüfen wollte, einigte man sich auf einen Ortstermin in Nürnberg. Dort kamen die Eigentümer der beiden „ältesten Wurstküchen der Welt" ein weiteres Mal zusammen und ein eigens gebildetes „Schiedsgericht" verkündete nach nochmaliger Beweisaufnahme ein wahrhaft salomonisches Urteil: Das Gebäude, in dem die Nürnberger Wurstküche betrieben wird, ist zwar älter als das der Regensburger Wustkuchl, Regensburg aber verfügt über die längere Tradition von Garküchen. Folglich steht der Titel „Älteste Wurstküche der Welt" der Regensburger Wurstkuchl zu.

Chronik der Regensburger Wurstkuchl

1378 Konrad der Koch an der Steinernen Brücke

1492 Jörgen Ruedolf als Pächter der „kuchn vor prugk"

1616 Abriss der alten Garküche beim Bau des Salzstadels

1651 Bau der heutigen Wurstkuchl als „Garküche am Kräncher"

1806 Die Stadt verkauft diese Garküche an Johann Nießler

1809 Conrad Miezam heiratet die Witwe von Johann Nießler

1820 Conrad Miezam heiratet in zweiter Ehe Sabina Christiana Koller

1831 Nach dem Tod von Conrad Miezam heiratet die Witwe den Garkoch Wolfgang Schricker

JUTTA VIELBERTH

Die Regensburger Bleistiftfabrik Rehbach

Viele Jahrzehnte lang trugen die Regensburger Bleistifte das Schlüsselwappen in alle Welt

Eduard Mörike schrieb damit sein berühmtes Märchen vom „Hutzelmännlein", Franz von Lenbach schätzte ihn sehr, und auch der Maler Franz von Defregger war über ihn des Lobes voll – den Bleistift aus der Regensburger Bleistiftfabrik Rehbach. Aus kleinen Anfängen war der Familienbetrieb im 19. Jahrhundert zu einem bedeutenden Unternehmen herangewachsen. Regensburger Bleistifte waren ein begehrtes Qualitätsprodukt. Jahrzehnte lang trugen sie als Firmenzeichen das Regensburger Schlüsselwappen in alle Welt hinaus. Seit dem 19. September 2003 erinnert eine Steintafel am Gebäude Marschallstraße 5 – heute Regierung der Oberpfalz – an die Bleistiftfabrik J. J. Rehbach, die von 1834 bis 1934 hier ihren Sitz hatte. Jutta Vielberth, eine Nachfahrin des Firmengründers, erzählt die Geschichte des Regensburger Bleistifts.

Der uns heute bekannte Bleistift, dessen Mine aus einer Mischung von Graphit und Ton besteht, wurde 1795 von dem Franzosen N. J. Conté (1755–1805) erfunden. Die Einführung der allgemeinen Schulpflicht – in Bayern 1803 – hatte dazu geführt, dass mehr Menschen lesen und schreiben konnten als früher. Der Bleistift war ein praktisches, leicht zu handhabendes und dabei preiswertes Schreib- und Zeichenmittel. Er fand Verwendung in Schulen, Kanzleien, Post- und Telegraphenämtern sowie in den Redaktionsbüros. Architekten, Handwerker, Techniker, Topographen und Generalstäbler benutzten ihn ebenso wie die Dichter und Kunstmaler. Der Bleistift war oft das einzige und damit unentbehrliche Schreibwerkzeug.

Der Regensburger Großkaufmann Johann Jakob Rehbach (1774–1849) – seine protestantischen Vorfahren hatten sich 1738 in der religiös toleranten freien Reichsstadt Regensburg niedergelassen – ersteigerte am 21. März 1821 eine von der bayerischen Regierung in Obernzell bei Passau gegründete Bleistiftfabrik. Per Schiff wurde das gesamte Inventar flussaufwärts nach Regensburg transportiert und in der Unteren Bachgasse, dem damaligen Wohn- und Geschäftshaus der Familie, eingerichtet.

Johann Jakob Rehbach hatte sich bis dahin noch nie mit der Herstellung von Bleistiften beschäftigt. Er hätte es sich damals bestimmt nicht träumen lassen, dass die kleine Fabrik, die er für 10350 Gulden, zahlbar in jährlichen Raten von 1000 Gulden, erworben hatte, einmal das größte private Industrieunternehmen in Regensburg im 19. Jahrhundert werden würde. In erster Linie verdankte er dies seinen beiden Söhnen Johann Christoph und Johann Michael, die das Familienunternehmen auf- und ausgebaut und damit zu Weltruhm gebracht haben.

Mit der Bleistiftfabrik waren auch der bisherige „Fabrikdirektor" Schmid aus Obernzell und einige Vorarbeiter mit nach Regensburg gekommen, um die neuen Besitzer der Fabrik in die Bleistiftherstellung einzuarbeiten. In Obernzell war die kleine Fabrik mit Wasserkraft betrieben worden. Wie konnte dieses Problem in der Unteren Bachgasse gelöst werden? Schmid verfiel auf die Idee, im Hof ein Wasserrad aufzustellen und darüber ein großes Wasserbassin anzubringen, das mit Wasser aus dem Hausbrunnen gefüllt werden sollte. So – glaubte er – würde das heraus fließende Wasser das Rad in Bewegung setzen, und gleichzeitig sollte eine mit diesem Rad verbundene Pumpe das abgeflossene Wasser wieder in das obere Bassin zurückpumpen. Aber als der erste Versuch gestartet wurde, dauerte die Freude nur 15 Minuten. Das Wasserrad wurde allmählich langsamer, bis es schließlich ganz stehen blieb – einer der vielen vergeblichen Versuche, ein Perpetuum mobile zu erfinden.

Der ältere Sohn des Firmengründers, Johann Christoph Rehbach (1805–1884), das Erfindergenie in der Familie, sollte die Firma zu Weltruhm führen. Er hatte lediglich eine gewöhnliche Schulbildung genossen, bevor er als Lehrling in das Großhandelsgeschäft seines Vaters eintrat. Dort lernte er von den Facharbeitern die grundlegenden handwerklichen Fertigkeiten der Bleistiftherstellung Er erkannte aber sehr schnell, dass die im väterlichen Betrieb hergestellten Stifte relativ minderwertig und damit nicht konkurrenzfähig waren.

Johann Jakob Rehbach

Die Qualität der französischen Conté- und der Wiener Hardtmuth'schen Bleistifte mit ihren Graphit-Ton-Mischungen war damals sehr viel besser als die der deutschen Hersteller, die den Graphitstaub mit Schwefel, Wachs oder Leim vermengten. Aber der junge Johann Christoph besaß keinerlei Kenntnisse in Chemie, und so konnte er die französischen und die Wiener Bleistifte nicht auf ihre Bestandteile hin analysieren. So entschloss er sich, durch Experimente hinter die Geheimformel zu kommen wie man aus Graphitstaub eine ideale Mine herstellt. Er suchte nicht nur nach der idealen Mischung, sondern testete auch, welche Temperatur am besten zum Brennen der Minen geeignet war. Für diese Versuche benutzte er den Küchenherd.

Nach drei Jahren war der Unermüdliche mit dem Ergebnis zufrieden. Die gewünschte äußere Form fertigte er nach dem Muster der Hardtmuth'schen Bleistifte, und deshalb brachte er sein Produkt zunächst unter der Bezeichnung „Wiener Stifte" in den Handel. Der Polytechnische Verein für Bayern stellte den Rehbach-Stiften ein sehr gutes Zeugnis aus: „Daß sie die sonst so beliebten Wiener Stifte

übertreffen und den sehr kostbaren, echten englischen Bleistiften ziemlich nahe kommen."
Johann Christoph arbeitete fast Tag und Nacht. Am Tag in der Fabrikation, in der Nacht erledigte er die schriftlichen Arbeiten. Aber um das Geschäft zu erweitern fehlte das Geld. Mit einem von dem Augsburger Christian von Fröhlich zur Verfügung gestellten Kredit über 4000 Gulden musste er die Schulden, die sich während der Experimentierzeit angesammelt hatten, zurückzahlen.
Der jüngere Bruder Johann Michael Carl (1808–1859) hatte in der Zwischenzeit eine kaufmännische Ausbildung absolviert und arbeitete als Kommis bei dem Kurzwarenhändler J. J. Landmann in Nürnberg. Weil sein Arbeitgeber vor allem mit italienischer Ware handelte, musste er italienisch und dann auch französisch lernen. Seine Sprachkenntnisse kamen ihm später bei der Erweiterung des Geschäfts ins Ausland zugute. 1828 kehrte er ins Elternhaus zurück und übernahm die Kontorgeschäfte im väterlichen Betrieb. Die beiden Brüder lernten sich gegenseitig in der Fabrikation und in der Finanzbuchhaltung an, um sich vertreten zu können.
Um neue Absatzmärkte zu erschließen, unternahm Johann Christoph im Mai 1833 eine abenteuerliche Reise durch fast ganz Deutschland – und das mit einem alten Gaul und einem alten Lohnkutschenkasten. Er kam bis hinauf nach Königsberg und Danzig, ab Berlin ging es mit der Postkutsche weiter in den Westen von Deutschland, den Rhein aufwärts über Köln nach Frankfurt am Main. Über Ulm, Augsburg und München kehrte er wieder zurück nach Regensburg. Er hatte insgesamt etwa 44 Städte besucht, um dort für seine Bleistifte die Werbetrommel zu rühren. Fünf Monate war er unterwegs, aber er war zufrieden: er hatte seine kleine Fabrik bekannt gemacht und viele neue Kunden gewonnen. Bruder Michael unternahm nun alle zwei Jahre eine Geschäftsreise, um bestehende Geschäftsverbindungen zu pflegen und den Kundenstamm zu erweitern. Durch Fleiß und Umsicht der Unternehmer nahm das Geschäft eine derartig gute Entwicklung, dass eine Vergrößerung der Arbeitsräume notwendig wurde. 1834 kauften sie das so genannte „Neue Deutsche Haus" – ehemaliger Sitz des Deutschen Ordens – am Ägidienplatz und verlegten die Fabrik hierher. Im Hauptgebäude wurden die Büroräume und die Wohnräume der Familie eingerichtet, im Hof errichtete man eine zweistöckige Schreinerwerkstatt. Lange vor der Einführung der Bismarck'schen Sozial-

Johann Christoph Rehbach

gesetzgebung hatte sich die Unternehmerfamilie Rehbach für die soziale Absicherung ihrer Belegschaft verantwortlich gefühlt. Schon 1829 wurde für die Fabrikangehörigen eine Krankenkasse eingerichtet und 1850 kam eine Pensionskasse dazu.

Wie schon der Vater waren beide Brüder politisch engagiert. Beide waren Gemeindebevollmächtigte und bürgerliche Magistratsräte der Stadt Regensburg. Johann Christoph war Vorsitzender der Kreis-, Gewerbe- und Handelskammer. Zwölf Jahre lang war er erster Vorstand des Diakonissenvereins, an dessen Gründung er maßgeblich beteiligt war. Er gehörte auch dem Vorstand der Evangelischen Wohltätigkeitsstiftungen an.

1835 gab Johann Jakob Rehbach dem Drängen seiner beiden Söhne nach, sie als Teilhaber in die Firma aufzunehmen. Sie investierten nun in neue Maschinen. 1840 wurde eine Dampfmaschine aufgestellt – die erste in Regensburg. Die Dampfanlage lieferte die Kraft für Maschinen zum Schneiden, Schlitzen und Formen des Holzes für die Bleistiftgehäuse, für die Graphit- und Farbmühlen, für die Minenpressen, für die Polier- und Stempelmaschinen und später für eine elektrische Lichtanlage zur Beleuchtung der Fabrikräume. Die Produktion konnte damit erheblich gesteigert werden. In eigenen Werkstätten wurden Arbeitsmaschinen gebaut und Spezialwerkzeuge hergestellt. Zahlreiche Um- und Anbauten auf dem Firmengelände wurden nötig, um den steigenden Produktionsanforderungen gerecht zu werden. 1860 erwarben die Rehbachs vier Nachbarhäuser, um für weitere Dampfkessel zum Beheizen der Bleistifthölzer Platz zu schaffen. Es ist heute nur noch schwer vorstellbar, dass sich die Fabrikanlage mitten in der Altstadt von der Marschallstraße über die Waffnergasse in den Ägidiengang hinzog.

Überrest eines Regensburger Bleistifts, mit welchem Ed.(uard) an dem Märchen vom Hutzelmann schrieb. Andenken für mein liebes Gretchen. Decbr. 1852

Außer Bleistiften wurden auch Farb-, Kopier-, Tinten-, Pastell- und Griffelstifte sowie Kreiden aller Art angefertigt. Für die besseren Sorten nahm man für den Holzkörper Zedernholz aus Kalifornien, für die einfacheren Sorten einheimisches Fichten-, Linden- und Espenholz. Regensburger Bleistifte waren berühmt geworden. Als Eduard Mörike im Herbst 1850 drei Monate bei seinem Bruder auf Schloss Pürkelgut verbrachte, schenkte ihm seine Frau Margarethe zu seinem 46. Geburtstag einen Bleistift, den sie in der „Rehbachischen Bleistiftfabrik" erworben hatte. Mit diesem Stift schrieb Mörike sein berühmtes Märchen: „Das Stutt-

Auch er schätzte den Regensburger Bleistift: Eduard Mörike.

Die Bleistiftfabrik J.J. Rehbach

Mitten in der Altstadt – zwischen Ägidienplatz, Marschallstraße und Waffnergasse – rauchten einst die Fabrikschlote

garter Hutzelmännlein". Auch König Maximilian II. besuchte während eines Aufenthalts in Regensburg 1853 die Bleistiftfabrik und überreichte hierbei persönlich Johann Christoph den „Verdienstorden vom Hl. Michael". Diese Auszeichnung wurde für Vaterlandsliebe und nützliches Wirken vergeben.

Bereits 1859 verstarb Johann Michael Carl, der jüngere der beiden Brüder, der die Verwaltung geleitet hatte. Er vermachte 20000 Gulden für wohltätige Zwecke, und zwar jeweils die Hälfte dem evangelischen Krankenhaus und dem evangelischen Schulfond zur Unterstützung von Lehrern.

Nach dem Tod seines Bruders nahm Christoph Rehbach seinen Schwiegersohn Friedrich Hendschel (1833–1887), den späteren Kommerzienrat und Handelskammerpräsidenten, in die Firmenleitung mit auf. 1864 zog er sich nach über 40-jähriger Tätigkeit aus dem Geschäftsleben zurück und übergab seine Position seinem Sohn Friedrich (1839–1917). Dass zu diesem Zeitpunkt zweihundert Mitarbeiter und zwei Dampfmaschinen jährlich 12 Millionen Bleistifte herstellten, die in alle Welt versandt wurden, war in erster Linie sein Verdienst.

Friedrich Rehbach, dem für seine Verdienste um die Fürsorge seiner Mitarbeiter der Titel Kgl. Kommerzienrat verliehen wurde, führte zusammen mit Friedrich Hendschel die Geschäfte erfolgreich weiter. Fünf Jahre später war die Zahl der Angestellten auf dreihundert angewachsen. Die Produktion der Bleistifte lag bei 21 Millionen im Jahr. Die Regensburger Bleistifte wurden mehrfach mit nationalen und internationalen Preisen ausgezeichnet: mit einer Goldmedaille in Leipzig, mit einer „ehrenvollen Erwähnung" auf der Industrieausstellung in London und mit einer Bronzemedaille bei der internationalen Ausstellung in Paris. Künstler wie Deffregger, Lenbach und Allers legten Zeugnis von der hervorragenden Qualität der Bleistifte ab und gaben ihre Genehmigung zur Verwendung ihrer Namen für Serien.

Als die Firma am Höhepunkt ihres Erfolges stand, machte sich die Konkurrenz zahlreicher im Ausland entstandener Betriebe bemerkbar. Zölle, Fracht und Seeversicherung wurden in die Höhe getrieben, Holz und Kohlepreise stiegen, das für die Bleistiftproduktion benötigte Zedernholz war knapp geworden. Die USA erhoben auf ausländische Bleistifte hohe Schutzzölle, um die eigene Industrie zu fördern. Im ausgehenden 19. Jahrhundert betrug der Einfuhrzoll in

die USA 25% des Produktwertes. Zudem musste die amerikanische Bleistiftindustrie das Holz für Bleistifte nicht importieren und konnte somit günstiger produzieren. Die Folge war, dass amerikanische Stifte zu Schleuderpreisen auf den europäischen Markt kamen. In Regensburg sank daraufhin Zahl der Angestellten von 196 Personen im Jahr 1882 auf 163 im Jahr 1895. Trotzdem hatten die Rehbach Bleistifte weiterhin Weltruf, und die Fabrik blieb das größte industrielle Privatunternehmen der Stadt.

Nachdem fünf von sieben Kindern der Familie Friedrich Rehbach früh verstorben waren und auch der Schwager Friedrich Hendschel 1887 überraschend verstarb, trat der Schwiegersohn Bankier Wilhelm Ammon 1902 in die Firma ein. Nach dem Tod von Friedrich Rehbach im Jahr 1917 führte er die Firma erfolgreich durch die schwierigen Zeiten des Ersten Weltkrieges und der frühen Weimarer Republik. Jedoch der weltweite Konkurrenzkampf hatte sich erheblich verschärft, und der Umsatz der Regensburger Bleistifte ging weiter zurück. Nach dem Tod von Wilhelm Ammon im Jahr 1932 übernahm dessen Sohn Hugo Fritz Ammon die Firma. Unter ihm geriet die über 100-jährige Bleistiftfabrik in Zahlungsschwierigkeiten, die Produktion kam zum Erliegen. 1934 wurde der Betrieb eingestellt, die Gebäude wurden verkauft. Ammon gründete zusammen mit der Schiefertafelfabrik Pensel in Nordhalben (Oberfranken) eine neue Firma, die bis 1972 unter dem alt eingeführten Namen J. J. Rehbach Bleistifte produzierte. In Regensburg wurden seither keine Bleistifte mehr hergestellt. Der Wunsch von Johann Christoph Rehbach, dass „der Himmel den Segen und das Glück, womit er sichtbar begünstigt war, auch auf seine Erben übertragen möge", hatte sich nicht erfüllt.

Für viele wertvolle Anregungen und die Gestaltung der Abbildungen danke ich Herrn Peter Styra von der Agentur Cultheca.

Literatur
Autobiographie des Johann Christoph Rehbach 1864 (Familienbesitz)
Jahresberichte der Handels- und Gewerbekammer von Oberpfalz und Regensburg von 1864 und 1871 bis 1872
H. Huber, Bilder aus der Regensburger Industrie, Borna, Leipzig 1906
Hans Weindl, Beiträge zur Geschichte der Bleistiftfabrik J. J. Rehbach-Nordhalben, Landshut, 1952
Walter Putzer, Mörikes Regensburger Bleistift, in: Regensburger Almanach 2001, S. 41–45
Katalog der Firma J. J. Rehbach von 1899 (Eigentum von Friedrich Rehbach)

CHRISTOF SCHÜTZ

Regensburger Kinderkrankenhäuser

Vom Mathilden-Kinder-Spital zum modernen Perinatalzentrum

Ende des 18. Jahrhunderts vollzog sich in den europäischen Städten ein Wandel vom Spital als Pflegestätte Armer und Hilfsbedürftiger zum Krankenhaus als einem Ort der medizinischen Betreuung akut Kranker aller Bevölkerungsschichten. Daneben entwickelte sich im Lauf des 19. Jahrhunderts die Kinderheilkunde innerhalb der Medizin zu einer selbständigen Disziplin, die sich um eine gezielte und sachgerechte Behandlung kranker Kinder auch in den nun auch meist mit Hilfe von Stiftungen entstehenden Kinderkrankenhäusern bemüht – ein Gedanke, der auch in Regensburg Fuß fand. Dr. med. Christof Schütz, zuletzt Leiter der internen Abteilung der städtischen Kinderklinik und dann der pädiatrischen Abteilung der St. Hedwigsklinik, schildert die Geschichte der Regensburger Kinderkrankenhäuser.

Fürstin Mathilde von Thurn und Taxis hatte mittels einer großzügigen Stiftung im Jahr 1860 die erste „Kinderklinik" Regensburgs gegründet – das nach ihr benannte Mathilden-Kinder-Spital. Es war in einem Haus am Herrenplatz/Ecke Gerbergasse untergebracht und verfügte über 12 Betten. Die Fürstin traf eine Übereinkunft mit dem Orden der Armen Franziskanerinnen in Pirmasens, den späteren Mallersdorfer Schwestern, wonach drei Schwestern die „Pflege und Bedienung" der Kinder übernahmen. Die Statuten sahen vor, dass „kranke Kinder jeglicher christlichen Confeßion" vom „zurückgelegten ersten bis zum zurückgelegten elften Lebensjahre" aufgenommen werden, wenn „solche notorisch arm sind oder ein Armutszeugnis beibringen". „Kinder, die an ansteckenden Krankheiten oder an Epilepsie leiden" konnten nicht aufgenommen werden. Im angeschlossenen „Policlinicum" konnten nachmittags „arme kranke Kinder ... unentgeltlich ärztlichen Rath und freye Arznei erhalten".

Am 25. Juli 1869 wurde für das Spital ein dem Jesuitenorden, später dem Marienverein gehörendes, 1930 abgebrochenes Anwesen An der Hülling gemietet. In den nächsten Jahren traten finanzielle Probleme auf: Am 30. Juli 1873 richtete der Dirigierende Arzt Dr. Karl Popp ein Gesuch an die königliche Regierung der Oberpfalz und von Regensburg, eine Sammlung zu Gunsten des Spitals durchführen zu dürfen. Gleichzeitig ersuchte die Fürstin den Magistrat der königlichen Kreishauptstadt Regensburg, die Verwaltung des Spitals mit Beginn des Jahres 1874 an zu übernehmen. Sie sagte zu, weiterhin einen jährlichen Beitrag von 2300 Gulden zu leisten, erbat sich aber, dass der Name Mathilden-Kinder-Spital beibehalten werde. Ihr Antrag wurde genehmigt, und damit gelangte die Regensburger Kinderklinik erstmals unter eine städtische Trägerschaft.

Eigenbedarf veranlasste den Marienverein, den Mietvertrag an der Hülling zu kündigen, so dass die Stadt

Die alte Regensburger Kinderklinik war nach dem Krieg schrittweise wieder hergestellt worden

zum 2. Februar 1876 vom St.-Vinzentius-Verein das „vormals Thaler'sche Haus auf dem Klarenanger" (jetzige D.-Martin-Luther-Straße) für das Kinderspital mietete. 1878 wurde das Gebäude an die neue städtische Wasserleitung angeschlossen. Doch auch hier war der Einrichtung keine lange Bleibe beschieden. Der Vinzentiusverein, der das Haus verkaufen wollte, kündigte Ende 1881 den Mietvertrag, so dass die seit

1875 von Dr. August Popp geleitete Einrichtung am 25. Juli 1882 in das Katholische Bruderhaus in der Weitoldstraße 16 übersiedeln musste.

Durch den Tod der Fürstin im Jahr 1886 schien der weitere Bestand des Spitals zunächst gefährdet. Der städtische Armenpflegschaftsrat bemühte sich daher um einen Zuschuss seitens der Regierung der Oberpfalz. Auch die verwitwete Erbprinzessin Helene von Thurn und Taxis unterstützte das Spital bis zu ihrem Tod im Jahr 1890.

1889 übernahm der aus einer alten Stadtamhofer Familie stammende Hofrat Dr. Eser die Leitung des Spitals. In seinem Bericht für 1891 heißt es, die 15 vorhandenen Betten seien fast immer belegt gewesen. Großzügige Zuwendungen insbesondere des ehemaligen Besitzers der Jesuitenbrauerei, J. L. Niedermayer, erlaubten schließlich 1893 einen An- und Ausbau des Bruderhauses, wodurch das Kinderspital günstigere Räume im 2. Stock erhalten und sich dadurch erweitern konnte. Bereits 1901 drängte jedoch der Katholische Stiftungsrat wegen des zunehmenden Eigenbedarfs auf eine Beendigung des Mietverhältnisses. Wünsche des seit 1900 das Spital leitenden Hofrates Dr. Lammert nach weiterem Um- und Anbau wurden zurückgewiesen.

Da die seinerzeit seitens der Fürstin Mathilde festgelegten Statuten des Spitals auch die Aufnahme von Säuglingen nicht gestatteten, andererseits die Stadt mit bis zu 34% eine erschreckend hohe Säuglingssterblichkeit aufwies und die Gesundheitsaufsicht auf eine Verbesserung drängte, wurden auf Initiative des aus Wörth stammenden Arztes Dr. Otto Pittinger und seines Kollegen Dr. Alfred Roscher am Schulbergl 5 zunächst 1906 eine Städtische Mütterberatungsstelle, am 1. Dezember 1909 ein Säuglingsheim mit Milchküche als bayernweit erste derartige städtische Einrichtung gegründet, für die „Bayerische Schwestern vom Blauen Kreuz", die späteren Blauen Schwestern von der Heiligen Elisabeth, eingestellt wurden.

Im gleichen Zeitraum beschäftigte sich die Stadt bereits unter Bürgermeister Geib, nach dessen Rücktritt 1910 unter den Bürgermeistern Auer und von Geßler mit dem Projekt eines Neubaues einer Kinderklinik unter Einbeziehung des Säuglingsheims. Hierzu schilderte der leitende Arzt, Hofrat Dr. Lammert, in einem ausführlichen Schreiben an den Stadtmagistrat vom 20. November 1911 die absolut unzulänglichen räumlichen Verhältnisse des jetzt über 28 Betten verfügenden Spitals. Trotzdem kam ein Neubau wegen fehlender Mittel zunächst nicht zustande, obwohl eine Visitation durch die Gesundheitsverwaltung die dort herrschenden Verhältnisse als völlig unzureichend beschrieben hatte.

1926 erfolgte eine neuerliche Umsiedlung des Mathilden-Margarethen-Kinderspitals in einen wiederum ursprünglich nicht als Krankenhaus errichteten Bau. Der 1920 verstorbene Hofrat Dr. Eser hatte seine gründerzeitliche Villa am Klarenanger 19, der jetzigen D.-Martin-Luther-Straße, „für die Zwecke des Mathilden-Margareten-Kinderspitals der Stadt im Erbwege überlassen", worauf die Stadt „das Gebäude im Jahre 1925 zum Zwecke eines Kinderkrankenhauses umbauen" ließ – so der Text einer Inschrifttafel in der Eingangshalle der jetzt auf 60 Betten erweiterten Städtischen Kinderklinik.

Das fürstliche Haus zeigte sich auch nach diesem Umzug großzügig. Es schenkte der Klinik Geräte, wie z. B. einen Operationstisch und weitere Einrichtungsgegenstände, stattete die Klinikkapelle mit einem Altar, Leuchtern und liturgischen Geräten aus und gewährte weiterhin finanzielle Zuschüsse. Hofrat Dr. Lammert führte Fürst Albert am 20. Februar 1926

Im August 1988 war die Regensburger Kinderklinik geschlossen worden

durch das Haus. Fürstin Margarete betätigte sich später sogar als Operationsschwester.
Dr. Lammert, der gleichzeitig die Chirurgische Abteilung des Domkapitelschen Krankenhauses geleitet hatte, wie auch sein ab 1929 amtierender Nachfolger, Dr. Hans Schaudig, befassten sich überwiegend mit orthopädischen und chirurgischen Krankheitsbildern, obgleich inzwischen auch Kinder mit Infektionskrankheiten betreut wurden. Letzteres führte jedoch teilweise zu Hygiene- und Ansteckungsproblemen, die zunehmend Anlass zu Kritik seitens des Staatlichen Gesundheitsamtes gaben.
Kranke Säuglinge wurden vorwiegend im Städtischen Säuglingsheim betreut, das seit 1921 von Dr. Ernst

Köck geleitete und, inzwischen auf 100 Betten angewachsene, 1929 in das einige Jahre zuvor frei gewordene ehemalige Garnisonslazarett in der Greflingerstraße verlegt werden konnte. Nach der Machtübernahme durch die NSDAP wurde in diesem Haus die so genannte Hilfspolizei, die sich aus SA, SS und Stahlhelm rekrutierte, einquartiert. Den Blauen Schwestern gelang es jedoch, ein Gebäude in der jetzigen Dr.-Johann-Maier-Straße zu erwerben. Nachdem die Stadt an einer Fortführung nicht interessiert war, betrieben sie dort ab Januar 1934 in nunmehr eigener Regie ein Säuglingsheim, dem eine Entbindungsstation angegliedert wurde. Ärztlicher Leiter wurde nunmehr Dr. von Velasco, während Dr. Köck, dessen Vertrag mit der Stadt aufgelöst worden war, eine Säuglingsabteilung im 1929 eröffneten Krankenhaus der Barmherzigen Brüder übernahm.

1938 wurden von einem in einem Kinderheim der NSV (Nationalsozialistische Volkswohlfahrt) in Parsberg tätigen Arzt Vorwürfe wegen ungenügender Betreuung und der hohen Sterblichkeit von Säuglingen sowohl im Säuglingsheim, wie in der Städtischen Kinderklinik erhoben. Die Stadt wurde auch vom Staatlichen Gesundheitsamt auf die unhaltbaren räumlichen und sanitären Verhältnisse in der Städtischen Kinderklinik hingewiesen und gedrängt, eine Besserung herbeizuführen. Die Stadt hatte daher bereits 1937 das Eckhaus D.-Martin-Luther-Straße/Hemauerstraße gekauft, in dem jedoch zu diesem Zeitpunkt noch das Arbeitsamt untergebracht war. Dieses Gebäude sollte durch einen Verbindungstrakt mit der ehemals Eserschen Villa verbunden werden. Die bereits bestehenden Pläne der Architekten Dorner und Wenz kamen jedoch vorerst nicht zur Verwirklichung. Der für das Arbeitsamt vorgesehene Neubau war noch nicht fertig, 1940 wurde aufgrund der Kriegslage die Fortführung des Bauvorhabens ganz untersagt.

Nachdem Regensburg 1943 erstmals Ziel eines Bombenangriffs geworden war, liefen ab März 1944 Planungen für eine Auslagerung der Klinik, die jetzt anstelle des zum Militärdienst eingezogenen Dr. Schaudig von Dr. Walter Reinemer betreut wurde. Im August 1944 wurde ein Großteil der Kinder in das Krankenhaus Regenstauf verlegt. Als daher am 20. 10. 1944 die Städtische Kinderklinik durch Bomben schwer beschädigt wurde, kam es glücklicherweise zu keinen Personenschäden.

Nach ersten behelfsmäßigen Instandsetzungsarbeiten konnte ab 1946 eine schrittweise Wiederherstellung des Hauses begonnen werden, die allerdings 1950 noch immer nicht abgeschlossen war und immer wieder Kritiker auf den Plan rief, die meinten, es wäre sinnvoller gewesen, einen Neubau in günstigerer Lage zu errichten.

Zu diesem Zeitpunkt veranlasste die Gesundheitsabteilung des Bayerischen Innenministeriums eine Besichtigung der Klinik durch eine fachärztliche Kommission, bestehend aus den damaligen Münchener Kinderärzten Prof. Dr. Weber, Univ. Poliklinik, Prof. Dr. Husler, Kinderkrankenhaus Schwabing, und Oberarzt Dr. Hilber als Vertreter von Prof. Dr. Wiskott, Univ.-Kinderklinik. Ursache hierfür war ein Bericht eines in der Nachkriegszeit an der Klinik angestellten Assistenzarztes über die dort herrschenden Verhältnisse an den Marburger Bund, den dieser an das Innenministerium weitergeleitet hatte. Das Urteil der Kommission war verheerend: Man billigte zwar der Stadt zu, sich im Rahmen des Möglichen um gute räumliche Verhältnisse zu bemühen, stellte aber fest, dass der „weit überwiegende Teil der Patienten chirurgische, orthopädische oder dahin einschlägige

Fälle" betraf, dass die nötige kinderärztliche Betreuung, auch nach Rückfrage bei repräsentativen Vertretern der Regensburger Ärzte, nicht ausreichend war und Säuglinge keine ausreichende pflegerische und keinerlei fachärztliche Betreuung hatten. Das Haus sei in personeller und organisatorischer Hinsicht höchst reformbedürftig und müsse unbedingt in die Hand eines erfahrenen Pädiaters gegeben werden. Solange dies nicht der Fall sei, müsse die Säuglingsabteilung geschlossen werden. Auch wurde die Einstellung von mehr nachgeordneten Ärzten und voll ausgebildeten Schwestern gefordert. Zur Ausbildung von Kinderärzten sei das Haus nicht geeignet.

Die Stadt betraute daher zum 15. August 1950 Dr. Anton Tschuschner mit der Leitung der neu geschaffenen Internen Abteilung der Klinik. Schon kurz danach, im November 1950, sah sich dieser mit einer neuerlichen, gravierenden Hausinfektion konfrontiert – bei mehreren an Scharlach erkrankten Kindern trat Diphtherie auf. Das ärztliche und vor allem pflegerische Personal wurde nun aufgestockt, der Ausbau des Hauses fortgeführt und 1954 abgeschlossen, die Bettenzahl auf 140 angehoben und die diagnostische und therapeutische Ausstattung – 1953 Eiserne Lunge! – verbessert.

Der sichtbare Erfolg zeigte sich unter anderem an einem deutlichen Absinken der bis dahin in Regensburg und der Oberpfalz noch immer besonders hohen Säuglingssterblichkeit. Sie war 1950 mit 10,1% noch doppelt so hoch wie in den anderen bayerischen Großstädten, war aber bereits 1955 auf 4,2% gesunken.

Durch seinen Einsatz, sein fachliches Wissen und die von ihm eingeleiteten Verbesserungsmaßnahmen erreichte Dr. Tschuschner im Laufe der Jahre, dass die Klinik ihren ehemals schlechten Ruf bei der Bevölkerung verlor. Zahlreiche Fortbildungsveranstaltungen, teilweise unter Beteiligung renommierter auswärtiger Referenten, verbesserten auch den Kontakt und die Zusammenarbeit mit den niedergelassenen Ärzten.

Die Blauen Schwestern, seit 1949 „von der Heiligen Elisabeth", konnten Ende 1953 einen Neubau in der jetzigen Steinmetzstraße, die Klinik St. Hedwig, beziehen, die nun Platz für 200 Kinder und 60 Wöchnerinnen bot, wo dann auch die bereits 1934 erneut genehmigte Pflegeschule mit nunmehr 100 Schülerinnen fortgeführt wurde. Mit der Berufung von Prof. Dr. Hugo Hanssler 1958 als hauptamtlichem Chefarzt der Kinderabteilung vollzog sich nun auch hier der Wandel vom Säuglingsheim zur modernen Kinderklinik, der für Hanssler genauso mühsam war, wie die Reformmaßnahmen, die Tschuschner in der Städtischen Kinderklinik zu bewältigen hatte.

So musste er damals eine im Haus herrschende, für Früh- und Neugeborene lebensbedrohliche und ansteckende Lungenentzündung, die sog. „Interstitiellen plasmazellulären Pneumonie", bekämpfen. Auch hier waren neuerliche Erweiterungen des Hauses und strukturelle Veränderungen unerlässlich. Hansslers Leistung wurde insbesondere dadurch gewürdigt, dass er mit der Ausrichtung der Tagung der Süddeutschen Kinderärzte 1965 in Regensburg beauftragt wurde, die den Teilnehmern nicht zuletzt wegen der Qualität der Vorträge in Erinnerung blieb.

Der unermüdlichen Aktivität von Dr. Tschuschner, aber auch einer gegenüber früheren Jahren wesentlich aufgeschlosseneren Stadtspitze, insbesondere Oberbürgermeister Schlichtinger, war es zu verdanken, dass trotz finanzieller Probleme und einer zu diesem Zeitpunkt schon diskutierten, späteren Universitätsklinik die Städtische Kinderklinik 1968 durch einen großzü-

Chefarzt Dr. Tschuschner am Rednerpult bei der Eröffnung des Erweiterungsbaus der Kinderklinik. In der ersten Reihe der damalige OB Rudolf Schlichtinger.

gigen Neubau erweitert wurde, der nun der Internen Abteilung zur Verfügung stand. Er bot unter anderem hervorragende Bedingungen für eine zeitgerechte Betreuung von Früh- und kranken Neugeborenen, für Mutter-Kind-Pflegeeinheiten und den notwendigen Raum für Labor sowie die seit 1964 bestehende Kinderkrankenpflegeschule. Nun konnte auch eine Sanierung der im jetzt wesentlich mehr Platz bietenden Altbau verbleibenden Chirurgischen Abteilung erfolgen,

die, seit 1962 unter der Leitung von Dr. Josef Regenbrecht, eine erhebliche Ausweitung ihres Behandlungsspektrums erfahren hatte. Dem gesteigerten Bedarf und neuzeitlichen Ansprüchen entsprechend, wurde der Operationsbereich neu gestaltet und eine weitere Intensivpflegestation eingerichtet. Auch die Röntgenanlage wurde ergänzt und erneuert. „Städtische Kinderklinik auf neuestem Standard" – so schrieb die „Mittelbayerische Zeitung" am 21. Januar 1977.

In den folgenden Jahren bemühten sich beide Regensburger Kliniken um ständige und zeitgerechte Verbesserung der Betreuung ihrer kleinen Patienten, wobei 1972 der Verfasser Dr. Tschuschner in der Leitung der Internen Abteilung der Städtischen Kinderklinik nachfolgen durfte. Beide Kliniken führten gemeinsam zahlreiche Fortbildungsveranstaltungen durch. Ebenfalls in gemeinsamer Anstrengung gelang es ihnen, Ende 1978 einen der ersten Neugeborenen-Notarztdienste Bayerns in Regensburg zu installieren, was angesichts des weiten Einzugsgebietes und der langen Fahrwege zwischen den geburtshilflichen Abteilungen und Regensburg auch notwendig war, um die Chancen für Früh- und kranke Neugeborene zu verbessern.

1978 erfolgte die Grundsteinlegung für das Klinikum der Universität. Die Diskussionen um das Klinikum – bereits seit 1977 liefen Gespräche über einen Bettenabbau in den Regensburger Kliniken –, aber auch der in beiden Kinderkliniken registrierte Belegungsrückgang führten 1981 zu ersten Gesprächen über eine Zusammenführung der beiden Einrichtungen. Entsprechend einem Beschluss der Städtischen Gremien vom März 1982, der zu heftigen Protesten bei der Bevölkerung geführt hatte, wurde nach der Unterzeichnung des Vertrages über die Vereinigung der beiden Kliniken im Mai 1983 zunächst die Interne Abteilung der Städtischen Kinderklinik in die Klinik St. Hedwig verlegt, deren Pädiatrische Abteilung der Verfasser ab August 1983 leitete. Hier wurde zunächst ein Erweiterungsbau erstellt, der 1988 endlich die Integration der ab 1989 von Prof. Dr. F.-J. Helmig geleiteten Kinderchirurgischen Abteilung und die Inbetriebnahme einer modernen pädiatrisch-kinderchirurgischen und neonatologischen Intensivpflegeeinheit gestattete. 1990 konnte daher die Klinik als Perinatalzentrum anerkannt werden.

Der Bau der alten Städtischen Kinderklinik in der Dr.-Martin-Luther-Straße wurde noch einige Jahre von der Deutschen Post als Bürogebäude benützt, 1992 erfolgte der Abriss. Auch der Altbau der Klinik St. Hedwig wurde abgerissen und durch einen Neubau ersetzt, der Ende 1993 in Betrieb genommen werden konnte. Am 1. Dezember 1995 übernahm Prof. Dr. Hugo Segerer die Leitung der Kinderabteilung, die nun auch gemeinsam mit der gynäkologisch-geburtshilflichen Abteilung einen Stellenwert innerhalb des Klinikums der Universität erhielt und sich seit 1998 am Lehrbetrieb beteiligt. Nachdem schon 1988 die „Mallersdorfer Schwestern" mit der Auflösung der Städtischen Kinderklinik ihr Betätigungsfeld verloren hatten, haben sich 2001 auch die Blauen Schwestern aus der Trägerschaft der Klinik St. Hedwig zurückgezogen und diese dem Orden der Barmherzigen Brüder übertragen – damit begann ein neues Kapitel in der Geschichte der Regensburger Kinderkrankenhäuser.

Quellen und Literatur
Stadtarchiv Regensburg, ZR I, II, III
Fürst Thurn & Taxis, Zentralarchiv Regensburg, DK 88/1280
Chronik Barmherzige Brüder 1934
Hiller, M., Kommunale Gesundheitspolitik in Regensburg unter Bürgermeister Hermann Geib (1903–1910), in: VHVO Bd. 139 (1999), S. 165–266.
Tschuschner, A.: Wissensch. Ausstellung 58. Tg. Dtsch. Ges. Kinderheilkunde, München 1959
Klinik St. Hedwig. Broschüre zur Eröffnung des Erweiterungsbaues. Regensburg 1988
Ruhrmann, G.: Prof. Dr. Hugo Hanssler zum 65. Geburtstag. Der Kinderarzt 13. Nr. 8, S. 1–261 (1983)
Städtische Kinderklinik Regensburg. Broschüre zur Fertigstellung des Neubaus der Internen Abteilung, Regensburg 1968
Weichmann, B., Ein Regensburger Orden, in: Regensburger Almanach 2002, S. 172–179

GÜNTER SCHIESSL

„Schuck wie hais"

150 Jahre Regensburger Bruckmandl

Bürgermeisterin Petra Betz gratuliert dem Regensburger Bruckmandl zum 150. Geburtstag

Egal ob man „Bruckmandl" oder „Bruckenmandl" sagt – nur bitte nicht „Brückenmännchen" – die volkstümliche Figur, die seit dem 23. April 1854 auf der Steinernen Brücke thront wurde heuer 150 Jahre alt. Wesentlich älter ist sein aus dem 16. Jahrhundert stammendes Vorbild, das heute nur noch als Torso im Historischen Museum zu besichtigen ist. Und auch dieses hatte einen Vorfahren, dessen Herkunft sich im Dunkel der Geschichte verliert. Über die Bedeutung und Funktion des Bruckmandls wurde immer wieder gerätselt und diskutiert. Günter Schießl geht der Geschichte des Bruckmandls nach.

Als das Bruckmandl seinen 150. Geburtstag feierte, da hatte es einen neuen Höhepunkt seiner Popularität erreicht. Es kam auf dem Titelbild des Monatsmagazins „Donaustrudl" groß heraus, es warb ganzseitig für eine Online-Zeitung und zugleich für die Internetseite der beiden Stadtheimatpfleger Werner Chrobak und Josef D. Rüth. Die Werbung hatte es schon vor Jahren entdeckt. Das Bruckmandl prangt auf Briefköpfen – unter anderem auf dem des MZ-Buchverlags – dient als Firmenlogo und als Poster-Vorlage. 1998 avancierte es auch zur Titelfigur einer beliebten Kolumne der Mittelbayerischen Zeitung.
Die wachsende Popularität des Bruckmandls lässt sich bis zu einem gewissen Grad durch die Aufmerksamkeit der Medien erklären. Am Interesse der Wis-

senschaft hatte es jedoch noch nie gemangelt. Seit Jahrhunderten versucht man, der wahren Bedeutung der Figur auf die Spur zu kommen. Doch bis heute ist das nicht mit letzter Sicherheit gelungen.

Die auf der Steinernen Brücke aufgestellte Figur von 1854 ist mit ihren 150 Jahren noch relativ jung im Vergleich zu seinem unmittelbaren Vorgänger. Dieser steht heute im Historischen Museum der Stadt am Dachauplatz. Es ist ein beklagenswerter Torso, dem beide Arme, das rechte Bein und das linke vom Knie ab fehlen. Es saß einmal an anderer Stelle als sein Nachfahre, und zwar auf dem Giebel einer Türe, die an der Ostseite des vierten Brückenpfeilers (alter Zählung) zu einer Schleifmühle hinabführte. 1791 wurde die Figur dann auf das Dach eines auf der Westseite der Brücke über dem zehnten Pfeiler erbauten kleinen Zollhauses versetzt. Bei einem Unglück verlor sie Arme und Beine, später auch den Kopf, nachdem sie ein Sturm auf das Pflaster geschleudert hatte. Notdürftig zusammen geflickt kam das Bruckmandl zunächst wieder auf das Zollhaus zurück und – nachdem dieses 1826 abgebrochen wurde – in das so genannte Antiquarium im Kreuzgang des Domes. Der Historische Verein von Oberpfalz und Regensburg nahm sich seiner an, bewahrte es zunächst in der als Museum eingerichteten Ulrichskirche auf, von dort kam es schließlich ins Museum am Dachauplatz. Die älteste Abbildung des „alten" Brucknmandls befindet sich auf einer Federzeichnung von Jakob Hufnagel aus dem Jahre 1594.

Während das „alte" Bruckmandl im Museum und das nach seinem Modell geschaffene „neue" Bruckmandl auf der Steinernen Brücke sichtbare Gestalt besitzen, verliert sich der Urahn im Dunkel der Regensburger Vergangenheit. Wie die städtische Bauamtschronik vermerkt, hatte man es nach einem Brand der oben

Der Püsterich – ein mögliches Vorbild für das Bruckmandl

erwähnten Schleifmühle von 1579 eilig, die schadhafte Figur neu anzufertigen. Wann aber deren Vorfahre, das eigentliche „Ur-Bruckmandl", errichtet worden ist, darüber gibt es keine Anhaltspunkte. Aus ei-

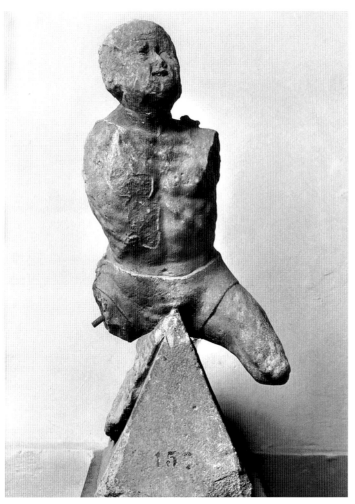

Das „alte" Regensburger Bruckmandl aus dem 15. Jahrhundert steht heute im Museum

ner Handschrift geht lediglich hervor, dass es bereits im 15. Jahrhundert existiert haben muss, doch seine Funktion sowie die Inschrift „Schuck wie hais" sind bis heute geheimnisvoll und rätselhaft geblieben.

Die Erklärung des einstigen Leiters der Unteren Denkmalschutzbehörde, inzwischen Direktor der Thüringer Schlösser und Seen, Helmut-Eberhard Paulus, im Bruckmandl ein Rechtsdenkmal zu sehen, klingt schlüssig. Auf der Vorzeichnung der oben erwähnten Abbildung von Jakob Hufnagel aus der Zeit um 1594 ist außer dem Stadtwappen deutlich die Jahreszahl „1446" zu erkennen. Dieses Datum nimmt Bezug auf das Jahr, in dem die Stadt ihre Freiheitsrechte gegen den Bischof geltend machte und vom König bestätigt bekam. Eine darunter gesetzte Inschrifttafel vermeldet in Übereinstimmung mit der Bauamtschronik „RENOVIERT/Anno 1579". Auf ein Rechtsdenkmal, auf ein Symbol der städtischen Freiheitsrechte und der Emanzipation aus der Vormundschaft der Bischöfe lasse auch die Tatsache schließen – so Paulus – „daß man sich 1579 eiligst zu einer Neuanfertigung des offenbar unentbehrlichen Männchens entschloß, als dieses Schaden genommen hatte".

Auch für die Bedeutung der Aufschrift „Schuck wie hais" auf dem Spruchband, das die Figur auf der Zeichnung in der rechten Hand hält, hat Paulus eine Erklärung. In einer alten Handschrift des Klosters St. Emmeram ist der vollständige Wortlaut wie folgt überliefert: „Schuk wie hais, zu Regensburg seyn dy heut faist." Da „Schuk" oder „Schuch" das Gefühl von Kälte ausdrückt und der Begriff „heut" ein abgemagertes Pferd bedeutet, ergibt sich bei wörtlicher Übersetzung: „Ob kalt, ob heiß, zu Regensburg sind selbst die Häuter feist." Paulus folgert daraus: „Die Inschrift bringt klar zum Ausdruck, daß in Regensburg manches anders ist als andernorts, und zwar auf Grund des Wohlstandes der Stadt in einem durchaus positiven Sinne."

Die Inschrift „Schuck wie hais" spielt eine besondere Rolle, seitdem versucht wird, das Rätsel Bruckmandl zu lösen. Gerne wird in Aufsätzen die von Georg A. Resch 1821 in seinem Büchlein „Die Steinerne Brücke zu Regensburg" fixierte Vermutung übernommen, die Aufschrift hänge mit der ungeheueren Dürre von 1135, dem ersten Jahr des Brückenbaues, zusammen. Dieser Ansicht übernahm auch Hugo Graf von Walderdorff. In seinem Standardwerk von 1896 ist nachzulesen, die Inschrift: ‚Schuck wie hais' zeige „ohne Zweifel eine Beziehung auf die ungeheuere Dürre des Jahres 1135, welche wegen des niederen Wasserstandes zum Baue der Brücke Veranlassung gab". Beliebt war auch die Interpretation, die Felix Mader 1933 in den „Kunstdenkmälern von Bayern" vertrat: Die Vermutung sei naheliegend, dass die zur Sonne sehende Figur, die die Hand schützend über die Augen halte, ähnlich wie das Astrolabium aus St. Emmeram eine astronomische Bedeutung besessen habe.

Eine andere Version brachte Professor B. Hanftmann aus Würzburg-Erfurt in die Diskussion. Er sah im Bruckmandl einen Püsterich, dessen Funktion er 1935 in einem Aufsatz folgendermaßen erklärte: „Der Püsterich ist eine Kleinbadeeinrichtung zur Erzeugung von Dampfgestäube. Man füllte ihn mit Wasser und machte ihm Feuer unter dem Hintern, worauf er den Dampf, die sogenannte Badebestäubung, ausspie." Der Wissenschaftler, der ursprünglich der Version eines Astrolabiuns zugeneigt war, hatte seine Meinung geändert, nachdem er einen Püsterich, der als Merkwürdigkeit im Schloss zu Sondershausen gezeigt wurde, gesehen hatte. Diese 57 Zentimeter hohe, stark beschädigte Bronzefigur war zwischen 1540 und 1550 im Schutt der Rothenburg unterm Kyffhäuser aufgefunden worden. Für Hanftmann war damit der Fall klar: Das Bruckmandl war eine Reklamefigur für die Badeeinrichtung eines so

Das neue Bruckmandl ist jetzt immerhin auch schon 150 Jahre alt

genannten „Kleinstäubers", der seinem Gewerbe am Fuße des Brückenabganges nachging. Die „Kleinstäubung" war eine Art Dampfdusche, die im Gegensatz zu den meist samstägigen Ganzbädern nur auf den Oberkörper und sozusagen nur im Vorbeigehen genommen wurde. So sei die kleine Regensburger Steinfigur dem gewerblichen Apparat als Einladungsschild nachgebildet worden, „wie der Schneider die Schere, der Bader das Seifbecken, der Bäcker die Bretzel usw. als Kenn- und Werbezeichen heraushingen". Auch die Aufschrift „Schuck wie heiß!" deutete Hanftmann als Hinweis auf die Funktion des kleinen Püsterichs.

Die Version vom Regensburger Bruckmandl als Püsterich hält Dr. Paulus für nachvollziehbar. Sie lasse sich von der Physiognomie und der Haltung der Hand her schwerlich angreifen. Der Püsterich, als technisches Wunderwerk des Mittelalters, wäre hier demnach der damals als Weltwunder geltenden Steinernen Brücke als Attribut beigegeben worden. Man kann außerdem davon ausgehen, dass man im Mittelalter über die antike Herkunft des Püsterichs Bescheid wusste. Seine Gestalt wurde häufig mit heidnischen Götzenbildern in Zusammenhang gebracht. Ähnlich der römischen Spolie eines geflügelten Löwen an der Nordfront des 1784 abgebrochenen Mittelturms könnte er ein Hinweis auf die römische Gründung Regensburgs gewesen sein.

Die Entstehung der Bruckmandl-Figur von 1854 gereicht dem stets um das Schicksal der Steinernen Brücke besorgten Historischen Verein von Oberpfalz und Regensburg durchaus zur Ehre. Der Hartnäckigkeit des Geschichtsforschers Joseph Rudolf Schuegraf (1790–1861) und seiner Mitstreiter war es zu verdanken, dass die Figur „wieder auf seinen Ehrenplatze" zurückkam, dem ihm die „Baugeschichte der glorreichen Brücke von Rechtswegen angewiesen" habe. Das Original blieb zwar im Depot, und für die Nachbildung wurde – entgegen dem zunächst formulierten Wunsch des Vereins – ein neuer Standort bestimmt: Auf der Westseite am höchsten Punkt der Brücke (7. Bogen).

Vereinsmitglied „Civilbau-Inspektor" Michael Maurer hatte sowohl die Zeichnung für die „Gedächtniß-Säule" als auch die Inschrift entworfen, die in einem Reimspruch die Daten des Brückenbaus nacherzählt. Bildhauer Anton Blank, ebenfalls Mitglied, meißelte das Bruckmandl nach dem Vorbild des „alten". Die Steinmetz-Arbeit besorgte Steinmetzmeister Beverlein.

Dass das Bruckmandl ausgerechnet an einem 23. April wieder auf die Steinerne Brücke zurückkehrte, hing damit zusammen, dass es auch als „Gedächtnissäule" an die furchtbare Schlacht vom 23. April 1809 zwischen den napoleonischen Truppen und den Österreichern aufgestellt wurde. Der Kampf hatte in seiner Endphase auf der Steinernen Brücke stattgefunden.

Wieder an einem 23. April, an dem des Jahres 1945, wurde das Bruckmandl Augenzeuge eines sinnlosen Zerstörungsaktes: In den Abendstunden dieses Tages sprengte ein Kommando der Waffen-SS die Steinerne Brücke als letzte der Regensburger Brücken. Beim Brücktor und an der Zufahrt zum Oberen Wöhrd sollten je zwei gesprengte Joche den US-Truppen das Eindringen in die Stadt verwehren. Das war aus der Sicht der deutschen Divisionen, die sich von den heranrückenden amerikanischen Einheiten zurückzogen, ein unsinniges Unterfangen. Die Blessuren, die das Bruckmandl dabei abbekam, wurden mit Hilfe der Dombauhütte sieben Jahre später behoben.

Franz J. Beranek, der während seiner Forschungen für den westjiddischen Sprachatlas auch in Regensburg zu Gast war, versuchte, hinter die Geheimnisse des Schriftzuges „Schuck wie heiß" zu kommen. Er glaubte, des Rätsels Lösung in einer alten jüdischen

Legende gefunden zu haben. Sie gilt einem Mann, der der berühmteste unter den im Mittelalter in Regensburg wirkenden Gelehrten war, die Weltruf genossen und die das Ansehen und den Ruhm der jüdischen Gemeinde begründeten: R. Juda ben Samuel, mit dem Beinamen Hechassid („der Fromme"). Schon zu seinen Lebzeiten, um 1200, soll er von seinen jüdischen Zeitgenossen als heilig verehrt worden sein. Um ihn ranken sich Legenden, die von Generation zur Generation mündlich überliefert und dann im vielgelesenen Maisse-Buch zusammen gefasst worden sind. Bekannt war demnach auch die Erzählung von dem stummen Knaben, der auf seine Empfehlung geheilt wird. Er hatte in Regensburg der Mutter den Rat gegeben, auf die Weisung des ersten Mannes zu hören, den sie auf den Weg nach Landshut in einem bestimmten Ort trifft. Als auf dessen Anraten das Kind in die Isar geworfen wurde, löste sich aus dessen Kehle der Aufschrei: „Schuck, schuck, schuck, wie kalt ist mir!" Dieser Satz wurde zum geflügelten Wort und forderte schließlich einen übermütigen Steinmetz heraus, ihn in Anlehnung an die damals weitverbreiteten Lügenmärchen – ins Gegenteil und damit in „Schuck wie heiß" zu verdrehen. In seinem Aufsatz im Bayerischen Jahrbuch für Volkskunde im Jahre 1961 fasst der Wissenschaftler zusammen: „Geblieben ist die scherzhafte Inschrift am Sockel des Brückenmännchens als Ausdruck bayerischen Volkshumors, der freilich verstanden sein will. Geblieben sind die rätselhaften, letzten Endes, wie gezeigt wurde, auf eine altjüdische Legende zurückgehenden Worte als Denkmal einstigen friedlichen und fruchtbaren Zusammenlebens der religiösen Konfessionen, die aus dem angeblich so finsteren Mittelalter in die Gegenwart hineinragt."

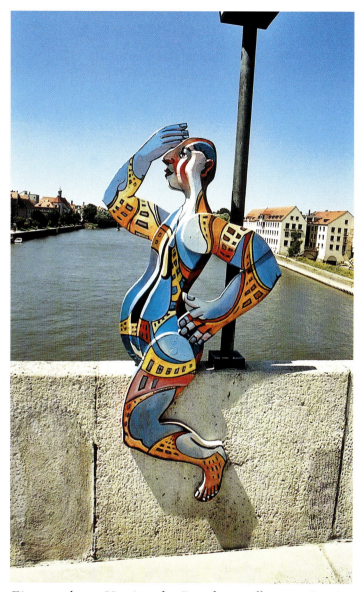

Eine moderne Version des Bruckmandls zum „Fest im Fluss"

BIRGIT WEICHMANN

Vom Buchladen zum größten katholischen Krankenhaus Deutschlands

Das Krankenhaus der Barmherzigen Brüder wird 75 Jahre alt

Auf einem weitläufigen Areal von gut 100 000 Quadratmetern breitet sich im Westen der Stadt Regensburg das größte Krankenhaus der Stadt und der Region aus. Aber nicht nur das, es ist sogar das größte katholische Krankenhaus Deutschlands. Birgit Weichmann schildert, wie sich das Krankenhaus der Barmherzigen Brüder im Laufe der vergangenen 75 Jahre aus kleinen Anfängen zu einem der größten Arbeitgeber der Stadt entwickelt hat.

„Nun kam das Unglaublichste: in der öffentlichen Sitzung des Stadtrates am 11. August 1927 stimmte die Linke gegen den Krankenhausbau durch die Barmherzigen Brüder." So berichtet die Zeitschrift des Ordens 1929 über die Eröffnung des neuen Regensburger Krankenhauses („Misericordia" 4/1929). In der Tat war es zwar eine dringende Notwendigkeit, in den 20er Jahren des 20. Jahrhunderts ein neues Krankenhaus in Regensburg zu errichten, doch von verschiedenen Seiten regte sich Widerstand. Anlass war u. a. eine Art Bestandschutz, der den Barmherzigen Brüdern garantieren sollte, dass so lange kein weiteres Männerkrankenhaus in Regensburg gebaut würde, das Krankenhaus der Barmherzigen Brüder die Versorgung sicherstellen konnte. Die Sozialdemokratische Partei der Stadt, die Gewerkschaften und die Deutsche Demokratische Partei, aber auch die berufsständische Vertretung der Regensburger Ärzteschaft forderten ein städtisches Krankenhaus und wandten sich gegen einen konfessionellen Träger. Man befürchtete unter anderem, der Orden könne mit seinem Krankenhaus große Gewinne machen, die die Stadt beim Betrieb eines eigenen Krankenhauses doch auch in den eigenen Säckel hätte leiten können. Der damalige Provinzial des Ordens der Barmherzigen Brüder, Frater Eustachius Kugler, und der rechtskundige Bürgermeister Hans Herrmann bemühten sich intensiv, Zweifel und Bedenken auszuräumen. So kam es schließlich am 10. August 1927 im Stadtrat zu einer knappen Mehrheit für das Projekt.

Eröffnung am 19. Juni 1929

Das überzeugendste Argument der Befürworter um Oberbürgermeister Dr. Otto Hipp waren die Finanzen: Die Stadt hatte in den vergangenen Jahrzehnten immer wieder mit dem Bau eines eigenen Krankenhauses geliebäugelt, wäre aber auf absehbare Zeit nicht im Stande gewesen, Mittel in dieser Höhe aufzubringen. Mit 17 gegen 14 Stimmen wurde daher schließlich der Antrag auf den Bau eines Männerkrankenhauses durch den Orden der Barmherzigen Brü-

Eine Postkarte aus den Anfangsjahren. Das Krankenhaus auf der „grünen Wiese", durch die baumbestandene Prüfeninger Straße mit dem Stadtzentrum verbunden.

der angenommen. Der Bau begann noch im November desselben Jahres. Dank eines milden Winters konnten der Komplex und die dazugehörige Krankenhauskirche St. Pius in nur anderthalb Jahren gebaut und entsprechend ausgestattet werden. Während die Kirche bereits am 22. April geweiht wurde, war am 19. Juni feierliche Eröffnung des Krankenhauses. Am 25. Juni zog der erste Patient in das Krankenhaus St. Pius mit seinen insgesamt 300 Betten ein. Der Operationsbetrieb startete am Tag darauf.

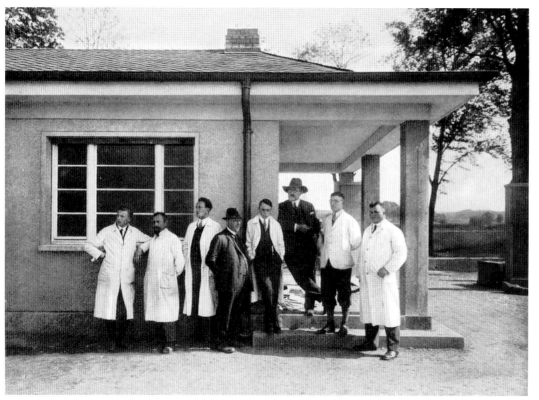

Die Bauleitung vor dem ehemaligen Pfortenhaus des Krankenhauses an der Prüfeninger Straße. Dritter von rechts ist der Architekt Professor Albert Boßlet aus München.

„Eines der schönsten und bestausgestatteten Krankenhäuser Deutschlands"

Inzwischen aber war das Projekt „Ordenskrankenhaus" in eine weitere Phase getreten. Bereits vor der Eröffnung des neuen Krankenhauses hatten die Barmherzigen Brüder Ende des Jahres 1928 der Stadt ein weiteres Angebot unterbreitet: Die Errichtung eines Frauenkrankenhauses. Erneut regte sich Widerstand, und wieder wurde nur mit der knappen Mehrheit von 17 gegen 15 Stimmen für den Bau gestimmt. Auch diesmal nahmen die Barmherzigen Brüder ihr Projekt schnell in Angriff: Die Bauarbeiten begannen im Mai 1929, noch vor der Eröffnung des Männerbaus. Im Dezember 1930 war dann schließlich auch das Frauenkrankenhaus St. Vinzenz mit seinen 270 Betten fertiggestellt. Es wurde betreut von den Barmherzigen Schwestern vom Heiligen Vinzenz von Paul (Mutterhaus München). Der Bau und seine Ausstattung waren für damalige Begriffe nahezu sensationell modern und überraschten durch eine nicht gekannte Großzügigkeit. So waren die Krankenzimmer beispielsweise nur für eine Belegung von ein bis sechs Patienten ausgelegt, während andernorts noch Krankensäle mit über 20 Personen üblich waren. Nicht umsonst freute sich Oberbürgermeister Dr. Otto Hipp bei seiner Eröffnungsrede am 19. Juni 1929: „Die Stadt Regensburg darf stolz darauf sein, eines der schönsten und bestausgestatteten Krankenhäuser Deutschlands erhalten zu haben."
Der Architekt der Anlage, Landesbaurat Professor Albert Boßlet aus München, galt damals als „Stararchi-

tekt". Für den Neubau hatte er zahlreiche Studien an Krankenhäusern im In- und Ausland betrieben. Er plante den Komplex im modern-sachlichen Stil des Weimarer und Dessauer Bauhauses und orientierte sich in der Funktionalität und Rationalität der Formen, mit den großzügigen Fensterfronten und dem Verzicht auf jegliche Bauornamente an der Formgebung der zeitgenössischen Architektur, beispielsweise Walter Gropius' Bauhaus in Dessau (1926). Der Bau darf als das wohl wichtigste Beispiel der Architektur der 1920er Jahre in Ostbayern gelten.

Schon damals galten die Barmherzigen Brüder als Vorreiter im Gesundheitswesen: So hatten sie als erstes Krankenhaus Leitlinien für eine moderne Katholische Klinik verwirklicht. Schon bald nach der Eröffnung des Krankenhauses konnte 1932 eine Krankenpflegeschule eröffnet werden. Westlich des Krankenhauses wurde ein Infektionsbau für Lungenkranke (heutiges Haus St. Wolfgang) errichtet. Neben den medizinischen Gebäuden fanden sich auch Garagen, Nutzgärten und sogar ein Schweinestall auf dem Gelände.

Der Gründer Frater Eustachius Kugler

Dass es überhaupt zu einem Krankenhaus-Neubau in Regensburg kam, war der Weitsicht und der Beharrlichkeit des damaligen Provinzials der Bayerischen Ordensprovinz, Frater Eustachius Kugler, zu verdanken. Der aus Neuhaus bei Nittenau stammende Kugler (1867–1946) war zunächst Schlosserlehrling in München. Als er nach einem Arbeitsunfall die Lehre abbrechen musste, kam er zu seiner Schwester nach Reichenbach ins Regental. Dort lernte er die Barmherzigen Brüder kennen, die in dem Ort noch heute ein Heim für geistig Behinderte betreiben. Am 4. Juni 1893 trat er als Novize in den Orden ein: Aus Josef

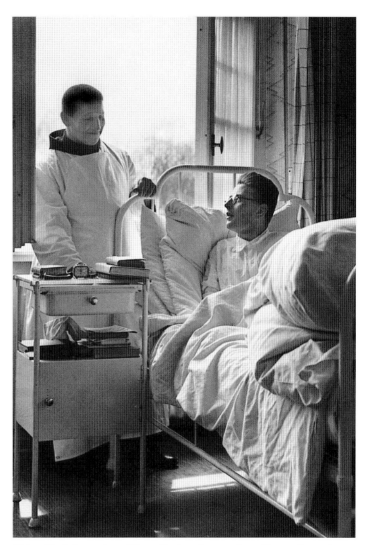

Die Brüder des Hospitalordens der Barmherzigen Brüder vom Heiligen Johannes von Gott sind durch ihr Gelübde der Hospitalität ein Orden, der sich um Kranke und Behinderte kümmert. Ein Foto aus den Anfangsjahren des Männerkrankenhauses.

Kugler wird Frater Eustachius. Nachdem er von 1905 an wiederholt Prior in verschiedenen Einrichtungen war, wurde er 1925 zum Provinzial der Bayerischen Ordensprovinz gewählt. Ein Amt, das er bis zu seinem Tode am 10. Juni 1946 innehatte.

Um den Brüdern der Bayerischen Ordensprovinz eine optimale Ausbildung zu ermöglichen, plante Kugler, ein modernes Krankenhaus zu bauen. Auf der Suche nach einem geeigneten Standort wurde er auf die desolate Situation des Krankenhauswesens in Regensburg aufmerksam, die sich nach dem Ersten Weltkrieg weiterhin zugespitzt hatte. In keiner anderen bayerischen Stadt, so die Chronik, war die Lage der Gesundheitsversorgung so dringlich wie in Regensburg: Hier standen im Jahr 1920 den damals in der Stadt lebenden 53000 Einwohnern insgesamt nur 168 Krankenhausbetten zur Verfügung. Nach der Eingemeindung von Reinhausen, Sallern, Stadtamhof, Steinweg, Schwabelweis, Winzer und Weichs im Jahre 1924, war die Einwohnerzahl sogar auf 77000 Einwohner gestiegen, ohne dass sich die Versorgung verbessert hätte.

Ein riesiges finanzielles Engagement

Finanziell engagierten sich die Barmherzigen Brüder immerhin mit mehr als 8,4 Millionen Reichsmark. Dem standen damals aber nur rund eine halbe Million Reichsmark an Barvermögen des Ordens entgegen. So musste die gesamte Bayerische Ordensprovinz das Regensburger Krankenhaus mitfinanzieren. Die einzelnen Häuser der Provinz hatten dafür pro Jahr je zehn Prozent ihrer Einnahmen an das Provinzialat abzuführen. Eustachius Kugler bemühte sich darüber hinaus auch um Darlehen im In- und Ausland. Noch im Jahre 1941 betrug die Hypothekenschuld für die beiden Krankenhäuser 4,4 Millionen Reichsmark. Beeindruckender noch erscheint das finanzielle Engagement des Ordens, wenn man die 8,4 Millionen Reichsmark dem Haushaltsplan der Stadt Regensburg gegenüberstellt, der für das Jahr 1928/29 8,15 Millionen Reichsmark an Einnahmen auswies. Die Gesamtkosten für den Bau des Krankenhauses überstiegen also die Einnahmen der Stadt. Regensburg hätte sich einen Krankenhausbau also gar nicht leisten können. Eustachius Kugler bedauerte verständlicherweise die Hindernisse, die ihm die Kommunalpolitiker in den Weg legten: „Um Schulden zu machen und den Kranken helfen zu dürfen, muß man noch lange herumstreiten."

Das Krankenhaus auf der grünen Wiese

Für den 1927 beschlossenen Neubau des Krankenhauses waren zunächst Standorte im Dörnbergpark und auf dem Ziegetsberg im Gespräch. Auch ein Umbau des ehemaligen Klosters Prüfening oder des Minoritenklosters wurden erwogen. Vertraglich einigten sich die Barmherzigen Brüder dann schließlich mit der Stadtführung darauf, dass ihnen im Westen des Stadtgebiets ein Grundstück kostenlos überlassen würde und die Stadt darüber hinaus die Ausarbeitung der Pläne, die Bauleitung und die Bauaufsicht übernimmt. Das Gelände, auf dem seinerzeit die beiden Krankenhäuser errichtet wurden, lag damals weit ab vom Stadtzentrum. Nicht einmal die Straßenbahn fuhr bis dorthin, sie endete bereits an der Goethestraße. Stadtauswärts, entlang der Prüfeninger Straße breiteten sich Felder aus. Der erste Chefarzt des Krankenhauses, Dr. Leo Ritter, berichtet gar davon, dass nach dem Bau der Krankenhäuser „dort sogar noch Treibjagden abgehalten" wurden.

Ein Blick in die Medizingeschichte

Als man in Regensburg 1929 der Grundstein legte, war das Penicillin gerade erst ein Jahr zuvor entdeckt worden. Es sollte noch Jahre dauern, bis sein Segen den Patienten zugute kam. Heute steht in den Krankenhäusern der Antibiotikaverbrauch an der Spitze der Ausgaben. 75 Jahre Medizingeschichte, das ist nur ein Menschenalter, ein kleiner zeitlicher Abschnitt in der Gesamtgeschichte des Ordens der Barmherzigen Brüder, aber für die Medizin bedeuteten die letzten 75 Jahre eine gewaltige Entwicklung, wie sie zuvor nicht erlebt wurde. Versetzen wir uns zurück ins Jahr der Gründung: Gegen Infektionskrankheiten, eine Hauptursache der hohen Sterblichkeitsrate, war man machtlos. Die Chemotherapie zur Behandlung bösartiger Erkrankungen lag in weiter Ferne. Diabetiker starben häufig im Zuckerkoma – die Insulintherapie steckte gerade in den Anfängen. Vitamin-Mangel-Erkrankungen verliefen meist tödlich. Im mutigen Selbstversuch wurde 1929 der erste Herzkatheter erprobt, und es sollte noch 45 Jahre dauern, bis diese Diagnostik und Therapie perfekt angewandt werden konnte. In Berlin trat der berühmte Chirurg Ferdinand Sauerbruch seinen Dienst an. Die Eiserne Lunge wurde erstmals zur Behandlung von Patienten eingesetzt. Noch gar nicht so lange war es her, dass die Tuberkel-Bazillen entdeckt worden waren und Blutgruppen unterschieden werden konnten.

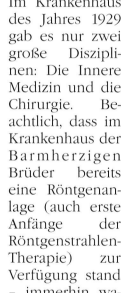

Juvenat 1955–1960 mit Pater Kamillus Halbleib

Im Krankenhaus des Jahres 1929 gab es nur zwei große Disziplinen: Die Innere Medizin und die Chirurgie. Beachtlich, dass im Krankenhaus der Barmherzigen Brüder bereits eine Röntgenanlage (auch erste Anfänge der Röntgenstrahlen-Therapie) zur Verfügung stand – immerhin waren die Röntgenstrahlen doch erst vor gar nicht so langer Zeit entdeckt worden. Ein weiterer zentraler Mittelpunkt der Diagnostik war das Mikroskop, mit dem die Blut- und Körpersäfte beurteilt wurden. Die chirurgische Abteilung des neuen Krankenhauses bestand aus einem Gipsraum, einem Zystoskopie-Zimmer und zwei Operationssälen, einer Dampf- und Trockensterilisation zur Behandlung der Instrumente und einer Anlage zur Herstellung von destilliertem Wasser. Narkosen wurden im Wesentlichen mit Äther, verbunden mit einer Spritze zur Beruhigung, durchgeführt. Erfahrung und Gespür der Ärzte, der klinische Blick und das gründliche Abtasten waren wesentliche Elemente für Diagnose und mögliche Therapien.

Heute: Das größte Krankenhaus der Region
Heute, im 75. Jahr nach seiner Gründung, verfügt das Krankenhaus an zwei Standorten über 18 Hauptfachabteilungen und vier Belegabteilungen. Rund 33000 stationäre Patienten werden jedes Jahr in 918 Betten versorgt. Das Krankenhaus zählt mit seinen rund 2000 Mitarbeiterinnen und Mitarbeitern zu den größten Arbeitgebern in Regensburg. Es ist das größte Krankenhaus Regensburgs und der Region und darüber hinaus nicht nur das größte Ordenskrankenhaus, sondern auch das größte katholische Krankenhaus Deutschlands. Dies kam maßgeblich zustande durch die Übernahme der Klinik St. Hedwig in der Steinmetzstraße vom Orden der Blauen Schwestern von der Hl. Elisabeth im Juli 2001. Dadurch ergab sich eine fachliche Ergänzung des Gesamtspektrums des Krankenhauses um die Bereiche Gynäkologie und Geburtshilfe sowie Pädiatrie mit der Kinderonkologie und einer Abteilung für Kinderchirurgie. (Siehe auch den Beitrag von Christof Schütz: Die Regensburger Kinderkrankenhäuser.) Ende 2002 übernahm der Orden die Private Frauenklinik Dr. Opitz in Regensburg, löste diese auf und integrierte einen Teilbereich als gynäkologische Belegabteilung in die Klinik St. Hedwig. Parallel zur Entwicklung des Krankenhauses der Barmherzigen Brüder sind in den letzten 15 Jahren sowohl die regionale Entwicklung mit der Gründung der Universitätsklinik als auch die gesundheitspolitischen Veränderungen zu sehen. Wichtig sind in diesem Zusammenhang auch die inzwischen laufenden Kooperationsmodelle, die für die Entwicklungen im Gesundheitswesen sicherlich richtungsweisenden Charakter haben. Die im Frühjahr 2003 neu gegründete Abteilung für Kinderurologie an der Klinik St. Hedwig ist in ihrer wissenschaftlichen Ausrichtung an den Urologischen Lehrstuhl der Universität Regensburg angegliedert, der an das Caritas-Krankenhaus St. Josef angebunden ist. Die Abteilung für Geburtshilfe und Gynäkologie der Klinik St. Hedwig ist ebenso wie die gesamte Abteilung für Kinder- und Jugendmedizin und die Kinderchirurgie seit Anfang 2004 als Teilbereich des Universitätsklinikums in die Maximalversorgung der Region und die Forschung und Lehre des Universitätsklinikums eingebunden.

Quellen und Literatur
Chroniken und Festschriften des Krankenhauses Barmherzige Brüder aus den Jahren 1929, 1954, 1979, 1989, 1995, 2004 sowie Beiträge aus „Misericordia", der Ordenszeitschrift, aus verschiedenen Jahrgängen, im Zentralarchiv des Ordens und dem Archiv des Krankenhauses.
Frater Rudolf Knopp, „Die Barmherzigen Brüder. Ein Krankenpflegeorden des 16. Jahrhunderts und seine Tätigkeit in Regensburg", in: Regensburger Spitäler und Stiftungen. Regensburger Herbstsymposion zur Kunstgeschichte und Denkmalpflege, hg. von Helmut-Eberhard Paulus u. a., Regensburg, 1995.
Werner Chrobak, Das Krankenhaus der Barmherzigen Brüder, in: Denkmäler des Wandels. Produktion – Technik – Soziales 1800 bis 2000. Regensburger Herbstsymposions zur Kunst, Geschichte und Denkmalpflege, hg. von Martin Dallmeier u. a., Regensburg, 2003.

HANS JÜRGEN DRUMM

Der Rotary-Club Regensburg wird fünfzig

Mehr als ein alltägliches Jubiläum?

Im menschlichen Leben mag der 50. Geburtstag ein besonderes Ereignis darstellen. Gerne spricht man dann von der Lebensmitte, auch wenn man natürlich weiß, dass diese bereits überschritten ist. Für Vereine und Clubs gelten meistens andere Regeln, nach denen Jubiläen gefeiert werden. Nicht so bei Rotary International, denn diese Vereinigung existiert bereits seit 100 Jahren weltweit und ist sowohl auf generationsbedingten Wechsel der Mitglieder, als auch auf Kontinuität des Vereinszwecks gegründet.

Rotary wurde am 23. Februar 1905 in Chicago von dem Rechtsanwalt Paul Harris gegründet, um über die Grenzen des eigenen Berufs hinaus Nutzen für die Allgemeinheit zu stiften. 1927 entsteht als Teil von Rotary International der erste Rotary-Club Deutschlands in Hamburg, der 1928 als ersten in Bayern den Rotary-Club München gegründet hat. Heute existieren weltweit rund 30000 Clubs. Der Rotary-Club Regensburg, und als sein amtierender Präsident darf ich sagen „mein Club", ist am 12. Dezember 1954 vom Rotary-Club Nürnberg gegründet worden und hat am 12. März 1955 die „Charter" erhalten: Er wurde an diesem Tag offiziell von Rotary International anerkannt. Sein offizieller Geburtstag liegt am 12. März 2005 also 50 Jahre zurück und wird gebührend gefeiert werden. Warum? Dafür gibt es vor allem zwei miteinander verknüpfte Gründe: „Mein Club" ist als Teil von Rotary International eine lokale und zugleich regionale gesellschaftliche und moralische Institution. Er hat im Verlauf seiner Geschichte das Gemeinwohl vor allem in unserer Stadt nachhaltig gefördert.

Rotary gehören berufstätige Männer und seit einigen Jahren auch Frauen an, die hervorragende berufliche Leistungen erbracht haben und weiter erbringen, die eine weltoffene Haltung vertreten, über persönliche Integrität verfügen und zum persönlichen Dienst am Gemeinwohl bereit sind. Für andere da sein und für sie arbeiten geschieht ohne Begrenzungen durch bestimmte Religionen, Rassen, Völker oder demokratische Systeme. Nur Diktaturen haben deshalb regelmäßig Rotary als gefährlich angesehen und verboten. Rotary als internationale Organisation ruht also auf ethischem Fundament.

Doch nun zum Gemeinwohl. Als professoraler Betriebswirt weiß ich, dass Marketingkonzepte eine wichtige Grundlage für die Information der Öffentlichkeit sind: Wenn man Gutes tut, muss man anschließend, gelegentlich sogar schon zuvor darüber reden und schreiben. Wer als Wohltäter wartet, bis andere über seine Wohltaten reden, kann darüber manchmal sehr alt werden. Wir sind nun alt genug, um über unsere Wohltaten zu reden und zu schreiben. Die Liste mäzenatischer Großprojekte, die der Rotary-Club Regensburg in seinem fünfzigjährigen Leben unterstützt und gefördert hat, wäre lang, wenn man alles vollständig aufzählen wollte. Zahllose kleinere Spenden hat es stets gegeben, so in jüngster Zeit etwa die deutliche Unterstützung des Kindertheaters Coccodrillo, was die lokale Presse in ihren Berichten leider regelmäßig verschwiegen hat.

Ein retrospektiver Blick auf die wichtigsten Großprojekte „meines Clubs" soll hier genügen, zumindest wenn man die aufgebrachten Geldsummen als Maßstab für Größe berücksichtigt. Der zentrale Kronleuchter im restaurierten Neuhaussaal ist unser offizielles Geburtstagsgeschenk an die Stadt. Die komplette Restaurierung des Altars der Leonhardskirche gehört zu unseren etwas weiter zurückliegenden mäzenatischen Aktionen und ist zusammen mit der Schwalbennestorgel in der Minoritenkirche von „meinem Club" zu dessen fünfundzwanzigjährigem Jubiläum gespendet worden. „Mein Rotary-Club" hat mit großen Spenden die Aktion Polio Plus unterstützt, durch die Kinderlähmung in der Welt ausgerottet werden sollte und inzwischen auch nahezu ausgerottet worden ist. Auch das Noma-Projekt zur Wiederherstellung entstellter Gesichter kleiner Afrikaner wurde von uns großzügig gefördert. Wir haben für die Stadt Regensburg eine sehr große Spende für den Fall bereit gestellt, dass das Karavan-Projekt auf dem Neupfarrplatz als stadtgeschichtliches wichtiges Denkmal trotz aller Schwierigkeiten endlich realisiert sein wird. Das Bayerische Rote Kreuz im allgemeinen, aber auch eine große Aktion zur Operation von Augenerkrankungen in Äthiopien haben wir mit viel Geld gefördert. Das mehrbändige Werk „Denkmaltopographie Regensburg" zur Baugeschichte öffentlicher Bauten und Bürgerhäuser wäre ohne unsere Hilfe kaum publiziert worden. Mehrfach haben wir auch die Gesellschaft für christlich-jüdische Zusammenarbeit sowie verschiedene SOS-Kinderdörfer mit namhaften Spenden unterstützt.

Und immer wieder ist in den vergangenen 50 Jahren die Stadt Regensburg mit verschiedenen ihrer Institutionen sowie die Universität Regensburg in den Genuss unserer Spenden gekommen. Alle geförderten sozialen, künstlerischen und bildungsorientierten Projekte sowie Institutionen kommen den Bürgern der Stadt und der Region zu Gute. Unsere Spenden wurden durch Umlage von den Clubmitgliedern aufgebracht und in Einzelfällen durch große Individualspenden einzelner Mitglieder ergänzt. Der Rotary-Club Regensburg hat daher insgesamt einen bemerkenswerten Beitrag zum Gemeinwohl geleistet – Anlass genug für ein nicht alltägliches Jubiläum. Es wird mit einem Festakt im Alten Rathaus, einem Galakonzert im Neuhaussaal, einem gemeinsamen Abschlussessen im Clublokal – und eben diesem Essay begangen.

Wie alles anfing, ist den ersten Protokollen und der Chronik des Clubs zu entnehmen. Im August 1951 trafen sich der spätere Rotarier Albert Ludwig mit dem Rotarier Dr. Winkhaus in Düsseldorf, um erstmals über eine Clubgründung in Regensburg zu sprechen. Man muss dies vor dem Hintergrund sehen, dass Regensburg eine rund 150 Jahre lange Phase des entwicklungsarmen, wirtschaftlichen und politischen Hindämmerns, des Träumens von vergangenen großen Zeiten, aber realem Bedeutungsverlust hinter sich gebracht hatte. Die weiteren Bemühungen um die Gründung des ersten Rotary-Clubs verliefen aus verschiedenen Gründen sehr schleppend, bis im No-

Die Mitglieder des Rotary-Clubs Regensburg und ihr Präsident (1. Reihe rechts)

vember 1954 endlich die Gründung vorbereitet werden konnte. Gründungsvorstand waren Edwin Hauberrisser als Präsident, Carl Funk als Vizepräsident, Baron von Gumppenberg als Sekretär, Max Braun als Schatzmeister und Wilhelm Gutbrod sowie Albert Ludwig als Beisitzer. Am 12. Dezember 1954 fand unter dem Vorsitz des Gründungsbeauftragten vom Rotary Club Nürnberg, Dr. Paul Hinsel, die Gründung im damals noch existierenden Hotel Grüner Kranz statt. Am 12. März 1955 wurde im Herzogssaal die Charter als offizielle Anerkennung des Clubs durch Rotary International überreicht: Der sechste bayerische Rotary-Club nach denjenigen in München, Nürnberg, Garmisch-Partenkirchen, Augsburg und Bad Reichenhall-Berchtesgaden war geboren! Der Club wuchs rasch und nahm neue Mitglieder nicht nur aus Regensburg, sondern auch aus der gesamten Oberpfalz auf. Von diesen Mitgliedern der ersten Jahre leben noch heute Willy Lersch und Franz Buechl unter uns. Weitere prominente, inzwischen verstorbene Mitglieder wurden später Dr. Friedrich Bassermann, Karlheinz Esser und Prof. Dr. Ernst Emmerig. Die heutige Club-Prominenz hält sich bescheiden zurück.

Der Rotary-Club Regensburg hat stets herausragende Vertreter des öffentlichen Lebens, Angehörige der verschiedensten freien Berufe, der Kirchen, der wichtigsten großen Unternehmungen in der Region und des Kulturlebens sowie ab 1965 Meinungsführer unter den Professoren der Universität in seinen Reihen gehabt. Auswahlkriterien waren nie Vermögen, Einkommen oder Macht, sondern stets, ob man eine Persönlichkeit war und etwas zum Clubleben sowie dem Gemeinwohl der Stadt beizutragen hatte. Rotary International gibt zwar einen Ziel- und Verhaltensrahmen für alle Clubs vor. Die einzelnen Clubs könnten aber nicht unterschiedlicher sein. Jeder Rotary-Club, und so auch „mein Club", wird von den Köpfen, Interessen, ja selbst Eigenarten seiner Mitglieder geprägt. Man könnte die Organisationskultur des Rotary-Clubs Regensburg knapp mit den drei Worten „freundschaftlich gepflegte Geistigkeit" umreißen.

Die Gewinnung neuer herausragender Persönlichkeiten ist vor dem Hintergrund der Ziele von Rotary International und der gewachsenen Kultur „meines Clubs" nicht leicht. Inzwischen existieren in Regensburg zwei weitere Rotary-Clubs, die trotz freundschaftlicher Bindungen zu uns das gleiche Potenzial an Nachwuchsmitgliedern ansprechen. Dass die Stadt noch weitere Service-Clubs wie z. B. Lions beheimatet, die sich ebenfalls um eine ähnliche Zielgruppe bemühen, macht die Akquisition neuer Mitglieder für den Rotary-Club Regensburg nicht einfacher. Über fünfzig Jahre hinweg haben wir es geschafft, attraktive neue Mitglieder zu gewinnen und die generationsbedingt wechselnden Gruppen von Mitgliedern in gegenseitiger Freundschaft und Unterstützung miteinander zu verbinden. Die daraus abgeleitete Verpflichtung für die nächsten fünfzig Jahre muss daher heißen, dass „mein Club" seine akquisitorischen Möglichkeiten ausbaut, um auch in Zukunft attraktiv für Persönlichkeiten aus Stadt und Region zu bleiben.

Mit Rotary verbindet sich in den Köpfen mancher Menschen die falsche Vorstellung von einem Geheimbund. Viele Fragen zu Rotary sind in der Öffentlichkeit offen: Kann jeder Mensch Rotarier werden, wenn er nur will? Tritt man wie in einen Sportverein aus eigenem Willen ein, und gegebenenfalls auch wieder aus? Sind die Entscheidungsstrukturen demokratisch oder autoritär? Pflegt Rotary Vetternwirtschaft und

Spezeltum? Dreht sich Rotary wie sein Symbol, das gezähnte Rad, nur um sich selbst? Ist Rotary elitär? Von den Vorstellungen, die sich hinter diesen Fragen verbergen, ist kaum etwas richtig. Rotary hat bisher auf breite Publizität verzichtet. Dieser Essay ist ein Schritt hin zu mehr Publizität.

Jeder Rotary-Club kooptiert seine neuen Mitglieder aufgrund von Vorschlägen der bereits existierenden Mitglieder selbst. In einem sorgfältigen Auswahlverfahren wird geprüft, ob das vorgeschlagene neue Mitglied Persönlichkeit besitzt und in den Club passt. Ein Vortrag des vorgeschlagenen Mitglieds vor dem Club muss eine weitere Beurteilungsgrundlage für die Aufnahme liefern. Wenn danach Einstimmigkeit herrscht, wird der Vorschlag akzeptiert und die vorgeschlagene Person aufgenommen. Wer diese Suche nach Persönlichkeiten als elitär empfindet, für den sind wir elitär. Da bei Rotary akademische Titel zwar bekannt sind, aber nie benutzt werden, vergisst man mit der Aufnahme in den Club auch alle Titel: Man wird zum rotarischen Freund. Austreten kann man immer, aber freiwillige Austritte habe ich während meiner nun achtzehnjährigen Mitgliedschaft kaum erlebt. Man kann ausgeschlossen werden, wenn man das Präsenzsoll von 60% aller Meetings nicht erfüllt oder sich gravierende Verstöße gegen moralische Grundsätze leistet. Solche Ereignisse musste „mein Club" nur sehr selten durchstehen. Der Club hat es auch verstanden, Spezelwirtschaft von sich fern zu halten. Vorteilnahme für Clubmitglieder im Berufsleben gehört zu den eisernen Tabus des Clubs. Man berät sich, so wie das gute Freunde untereinander tun – und das war es dann auch.

Die Entscheidungsstrukturen im Club folgen dem Delegationsmuster, das für alle Vereine ebenso wie auch für Rechtsformen von Kapitalunternehmungen gilt: Kleinere Routineentscheidungen trifft der Präsident als Erster unter Gleichen im Vorstand. Laufende Geschäfte werden von einem mehrköpfigen Vorstand entschieden. Grundsätzliche Entscheidungen treffen Vorstand und Mitgliederversammlung gemeinsam. Von Meinungsdiktatur fehlt jede Spur. Da der Präsident jährlich wechselt und für seinen Club zu arbeiten hat, kann er sich kaum ein Machtpotenzial aufbauen. Zur Lösung von Spezialproblemen können Ausschüsse gebildet werden. Einen Aufsichtsrat gibt es allerdings nicht.

Jeder Club braucht eine Residenz, mit der er sich identifizieren kann. „Mein Club" residierte nach der Gründung im „Grünen Kranz", später im Hotel Maximilian sowie im Obermünster und nun seit über 18 Jahren im Hotel Bischofshof. Jeder Club hat auch eine gewisse, durchaus menschliche Neigung, sich zu vervielfältigen und – bescheidenen – Einfluss auszuüben. Im Verlauf seiner Geschichte stellte der Club zweimal den Governor unseres Distrikts, der heute die Oberfalz und das östliche Sachsen umfasst. 1986/87 und 1987/88 waren Josef Duschl und 2002/03 Dr. Roland Schönfeld im Amt des Governors tätig. Der Rotary-Club Regensburg sorgte insofern für „Nachwuchs" als er 1961 den Rotary-Club Weiden, 1962 den Rotary-Club Amberg, 1965 den Rotary-Club Cham und 1975 den Rotary-Club Regensburg-Porta Praetoria gründete und zum Leben brachte. Mit allen unseren guten Wünschen zur Zukunft feiert der Rotary-Club Regensburg-Porta Praetoria als quasi unser Sohn 2005 seinen dreißigsten, der von ihm wiederum gegründete Rotary-Club Regensburg-Marc Aurel als quasi unser Enkel seinen zehnten Geburtstag. Der Rotary-Club Linz wurde 1956 unser erster und der Rotary Club Besancon zwei

Jahre später unser zweiter ausländischer Kontaktclub. Der Austausch zwischen beiden Clubs und dem Club Regensburg ist trotz des Wechsels der Generationen bis heute eng geblieben. Auch die zukünftige Förderung dieser grenzüberschreitenden Freundschaften gehört zum Programm „meines Clubs". Als Rotarier kann man bei Gelegenheit weltweit an den wöchentlichen Treffen fremder Clubs teilnehmen. „Meine" Clubmitglieder machen von dieser Möglichkeit regen Gebrauch und erweitern so ihren Horizont. Ebenso sind wir regelmäßig Gastgeber für Rotarier aus anderen Clubs der ganzen Welt.

Und wie hält man einen fünfzig Jahre alten Club mit seinen rund 70 Mitgliedern allen Alters jung? Durch Aufnahme junger Mitglieder, durch Kontakte mit der rotarischen Jugendorganisation Rotaract Club Regensburg, durch Betreuung zahlreicher Rotary-Stipendiaten aus allen Nationen, durch gemeinsame Kunst- und Bildungsreisen im In- und Ausland sowie durch regelmäßige gemeinsame festliche Veranstaltungen. Beitrag zur Alterungsbegrenzung ist aber vor allem das unentwegte Training von Geist und Gedächtnis durch wöchentlich einen, meist sehr anspruchsvollen Vortrag von Clubmitgliedern aus den verschiedensten Berufsfeldern. Wer weiß schon genau, ob Amalgam wirklich giftig ist, wie Italiener mit Organisation umgehen, wie Parfüm entsteht und in Seife, Waschmittel, Wäsche oder Automobil-Innenausstattungen kommt, warum das Bundesverfassungsgericht überbeschäftigt ist, welche Folgen für das deutsche Bildungssystem das willkürliche und zukunftsfeindliche Streichkonzept des bayerischen Ministerpräsidenten bei den bayerischen Universitäten hat, auf welchen Glaubensgrundlagen der Islam ruht, warum das deutsche Namensrecht so geworden ist wie wir es heute anwenden, welches die wahren Ursachen der Krise auf dem Balkan sind, was Kindertheater will und ist, warum die genetische Veränderung von Pflanzen viel älter als die angstvolle politische Diskussion darüber ist oder wie ein Universitätsklinikum mit organisatorischem Chaos erfolgreich umgeht? Wir durften das und noch Vieles mehr kennen lernen. Nur Berichte über Ferienerlebnisse ... sagen wir auf irgendeiner Insel ... sind verpönt. Man muss sich schon etwas anstrengen, um einen guten Vortrag zu halten, aber genau das hält jung! Mein Club hat nicht zuletzt durch diese wöchentlichen, berufsbezogenen Vorträge dazu beigetragen, die Allgemeinbildung seiner Mitglieder über das eigene Berufsfeld hinaus deutlich auszudehnen.

Wie sieht ein schon, oder besser erst fünfzig Jahre alter Service-Club mit rund 70 Mitgliedern der Zukunft entgegen? Mit lebhaftem Geist und sozialem Engagement sowie gespannter Gelassenheit! Aber was wäre ein Jubiläumsessay ohne ein zünftiges „Vereinsbild" zum Abschluss? Eine kalte Suppe ohne Geschmack! Das muss nicht sein, weshalb eine fotografierwillige Auslese der Mitglieder „meines Clubs" auf Seite 159 zu sehen ist. Zum Schluss aber eine rhetorische Frage: Was wird wohl 2055 im Bericht zum hundertsten Geburtstag des Rotary-Clubs Regensburg über dessen aus heutiger Sicht zukünftige Gemeinwohlaktivitäten im „Regensburger Almanach" zu lesen sein? Nur Gutes! Wetten?

PETER WITTMANN

Peter Bäumler – Galerist (55) und Galerie (30)

Randbemerkungen zu einer faszinierenden Zeit

Auch das ist ein Kapitel zum kulturellen Aufbruch Regensburgs am Beginn der siebziger Jahre: Nicht nur das erste Bürgerfest, die Entdeckung der historischen Altstadt und die ersten Studentenlokale – im Herbst 1974 eröffnet der damals 25-jährige Peter Bäumler, seines Zeichens Student an der Regensburger Uni (Deutsch, Englisch), in der Oberen Bachgasse eine Galerie, wie es sie bis dahin in Regensburg noch nicht gegeben hatte. Der Künstler Peter Wittmann, ein Freund des Galeristen und wie er mit der Galerie „aufgewachsen", erinnert sich an dreißig gemeinsame Jahre.

Eingeladen, zu diesem Thema mich zu äußern, habe ich die Gelegenheit, meine Erinnerungen an eine Zeit wachzurufen und zu überdenken, die mir einst hautnahe Gegenwart war. So zwischen den Zeiten kommen bei mir recht zwiespältige Gefühle auf. Durch 15 Einzelausstellungen und ebenso vielen Ausstellungsbeteiligungen in die Geschehnisse dieser 30 Jahre eingebunden, fällt es mir nicht leicht, historisch objektiv zu berichten. Ein verklärter Rückblick scheint mir genauso unrichtig und suspekt wie eine nüchterne Bestandsaufnahme bekannter Fakten.

Die 70er Jahre

Wenn wir in Regensburg heute den Begriff „Galerie Bäumler" hören oder gebrauchen, verbinden wir alle damit in erster Linie den Galeristen Peter Bäumler. In der Zeit von Herbst 1974 bis Frühjahr 1975 war dies aber noch nicht so. Damals hieß es noch „Galleria Nova", und Heiner Fitzner, ein begeisterter Altbausanierer, war Peter Bäumlers Kompagnon. In der Stadt gab es damals außer der etwas altväterlichen Galerie Heinrich, die überwiegend Kunst des 19. Jahrhunderts und ab und zu einen älteren lebenden Regensburger Künstler wie zum Beispiel Otto Baumann oder Kurt von Unruh zeigte, keine einzige Privatgalerie.

Zur ersten Ausstellungseröffnung, die die Bezeichnung Vernissage verdiente, in den Räumen der Oberen Bachgasse 9 mit Bruno Bruni, kamen alle Kulturinteressierten der näheren und weiteren Umgebung und gratulierten. Doch unter vorgehaltener Hand konnte man vernehmen, dass sie für das Überleben der Galerie hier in Regensburg keinen Pfifferling gegeben hätten. Peter Bäumler und Heiner Fitzner waren groß angetreten – farbige Einladung auf Hochglanzpapier, Plakate, ein kleiner Vierfarbkatalog und gut ausgeleuchtete, weißgetünchte Gewölberäume in südfranzösischer Manier renoviert. Dieser Stil wurde die ersten Monate für die Ausstellungen von Adi Holzer, Peter Paul und Ernst Fuchs durchgehalten.

Ich weiß noch gut, dass Peter Bäumler, nachdem er 1975 die Galerie alleine führte und später in „Galerie

Auch nach 30 Jahren blickt Peter Bäumler weiterhin optimistisch in die Zukunft

Peter Bäumler" umbenannt hatte, seine Pionierarbeit ausweitete und beschleunigte. Es kommen Konzertreihen, Theateraufführungen, Dichterlesungen und Kunstaktionen dazu. So zeigte ich anlässlich meiner ersten Ausstellung – ich teilte mir die Räume mit Farbholzschnitten von Hokusai und Hiroshige aus der Sammlung Winzinger – auf meiner Tiefdruckpresse die Entstehung einer Radierung vor versammeltem Abendpublikum.

In den ersten fünf Jahren veranstaltete Peter Bäumler etwa 50 Vernissagen. Ich denke da speziell an die Arbeiten Alfred Hrdlickas und Max Ernsts. So löste damals eine in der Fußgängerzone aufgestellte Skulptur von Alfred Hrdlicka noch heftigen Protest bei Teilen der Regensburger Bürgerschaft aus. Wir fühlten uns seinerzeit doch sehr in einer Kunstdiaspora tätig, waren uns aber unserer Sache und Arbeit recht sicher.

Die 80er Jahre

War das Programm von mir und der Galerie Bäumler in den 70ern noch überwiegend surrealistischen Tendenzen verhaftet, konnten wir uns nun und auch Regensburg jetzt etwas öffnen. Die Stadt bekam mit dem Leeren Beutel ihr Kulturzentrum, die städtische Galerie, und dazu einen eigenen Kunsthistoriker – Veit Loers. Damit kam viel frischer Wind in die junge Universitätsstadt. In der Unteren Bachgasse war inzwischen mit Marianne Schönsteiners Kunstkabinett eine zweite renommierte Galerie in die Szene gekommen.

Für die Galerie Bäumler traten wichtige Freunde und Förderer auf – ich möchte vor allen an den damaligen Kulturdezernenten Dr. Bernd Mayer erinnern und an den genialen und schwierigen Kunsthistoriker und

Sammler Franz Winzinger. Unvergessen ist auch Wolfi, sprich Wolf Cieciersky, ein ebenso passionierter Sammler wie Bonvivant. Rückblickend erscheinen mir die 80er als die aufregendste und spannendste Phase in der dreißigjährigen Galeriegeschichte. Ich möchte sagen: Künstler, Sammler und Händler zogen alle an einem Strick, saßen in einem Boot. Eine höchst anregende Illusion, die viele erfolgreiche Aktionen und Ausstellungsprojekte gebar. Gezeigt wurden in der Galerie Horst Antes und HAP Grieshaber (Schüler/Lehrer), der geniale Zeichner Horst Janssen und Emil Nolde, Lovis Corinth, Max Beckmann sowie Künstler aus der damaligen DDR, und und und ….

Als sich die Ostdeutsche Galerie – staatlich verordnet – geziert hatte, die überlebensgroßen Aktfotografien der Helmut Newton Ausstellung „Nordfleisch" zu zeigen, sprang Bäumler ein und präsentierte sie spontan in seinen Räumen. Auf meinen Vorschlag hin, man müsse mal Arbeiten von Alberto Giacometti zeigen, fuhr Peter kurzerhand nach Frankreich und kam mit einer beachtenswerten Ausstellung zurück. Das war 1982. 1985 folgten wir beide der Einladung Valerio Adamis zu dessen Vernissage im Centre Pompidou. Gerne denke ich an die sich anschließende Festivität in dessen Atelierräumen. Was da an veritabler Kunstprominenz auftauchte, hatten wir bis dahin nur aus Literatur und Medien gekannt. Wir waren zum erstenmal erwünschte Teilnehmer im internationalen Kulturleben.

Parallel dazu verstärkte die Galerie ihre Verbindungen zur Berliner Kunstszene. Gerade dort herrschte in den 80er Jahren mit den Jungen Wilden Aufbruchsstimmung. Erfolgreiche Schauen mit Zille, Grützke, Tripp, Waldschmidt, Marwan …. kamen in die Galerie Bäumler, und im Gegenzug dazu wurden

„Portrait meines Galeristen", Collage 1989 von Peter Wittmann

meine Arbeiten in einer renommierten Galerie am Kudamm gezeigt. Zwar musste damals in Regensburg ein Teil des Plakats „Pantalon ouvert" der Berliner Realisten überklebt werden, dennoch aber war inzwischen fast jede Vernissage bei Peter Bäumler zum gesellschaftlichen Ereignis geworden. Und es waren nicht nur die Freunde der Galerie, die am Freitag ab 20 Uhr in die Bachgasse kamen. Sehen und gesehen werden, Smalltalk bei einem Glas Wein und danach meist bis in den frühen Samstagmorgen geselliges Gespräch im Orphée.

Gerade unter den mehr als 90 Ausstellungen dieser ersten zehn Jahre waren viele Highlights: Expressionismus in Davos, Joseph Beuys (posthum), Antoni Tàpies und einige Themenausstellungen. Besonders diese Themenausstellungen stießen auf großes Interesse. Wir erarbeiteten sie häufig gemeinsam. Doch kaum ein Außenstehender kann sich vorstellen, wie viel Anstrengung, Planung und Zeit hinter diesen Dingen steht. Es sollten ja neben qualitativen Exponaten auch mehr oder weniger alle erreichbaren Schöpfer derselben zum Ereignis vor Ort sein. Peter legte und legt bis heute größten Wert darauf, dass der oder die jeweiligen Künstler bei ihren Schauen fürs Publikum erreichbar sind. Für die Interessierten natürlich ein großer Vorteil sich aus erster Hand informieren zu können.

Die 90er Jahre

Inzwischen hatten sich die Untere und Obere Bachgasse samt näherer Umgebung zu einer regelrechten Kunstmeile entwickelt. Die bildende Kunst war im Bewusstsein der Gesellschaft angelangt und begann dort einen höheren Stellenwert einzunehmen. Die Zeitgeistphilosophen sprachen von einer „bildermächtigen Zeit". Der Sache tat das nicht immer gut, und es tauchten immer mehr malende Hausfrauen und Shootingstars in der Szene auf. Die Ergebnisse waren denn auch entsprechend – „tonnenweise, quadratkilometerweise Müllmalerei, Müllskulptur" (Gerhard Richter: *Text*, Frankfurt a. M./Leipzig, 1993, S. 102). Peter Bäumler erweiterte sein Ausstellungsrepertoire während dieser Zeit mit junger Kunst aus Amerika und einem neuen Schwerpunkt: Sockelskulpturen, einer Kunstauffassung, die sich entschieden gegen die von Joseph Beuys entwickelte Richtung gewandt hatte. Mir bleiben zwischen 90 und 95 die Shows von Baselitz, Imi Knöbel, Immendorf und Salomé in Erinnerung. 1996 zieht die Galerie in die größeren und repräsentativeren Räume in die Obere Bachgasse 16 um. Neben Joseph Beuys werden jetzt vor allem James Brown, Ford Beckmann, Lawrence Caroll und Victor Mira gezeigt. Zu fast allen diesen Ausstellungen wurden wieder wie einst in den 70ern Kataloge publiziert. Ich selbst fand das damalige Kunstgeschehen zu überhitzt und zog mich aus dem allgemeinen Kunstbetrieb zurück, um in Weillohe meinen Garten zu gestalten – „und er ging in den Garten" ... (Voltaire).

Für Peter Bäumler und die Galerie war gerade diese Zeitspanne besonders erfolgreich. So realisiert er 1996 zusammen mit dem Regensburger Diözesanmuseum in dessen Räumen die hochkarätige Ausstellung „Kulturzeichen Kreuz". 2000 führt er im Regensburger Gewerbepark eine große Skulpturenshow mit international arrivierten Künstlern durch. Beide Ausstellungen werden von fundierten Katalogbüchern begleitet und finden großen öffentlichen Anklang. Währenddessen fördert der Galerist auch Nachwuchskünstler wie Günther Kempf, Michael Franz und Dietmar Spörl mit One-man-Shows und Katalogen. Weiterhin finden Themenausstellungen statt, die wir gemeinsam konzipierten, wie beispielsweise die „Meisterzeichnungen", „Der Kopf", die – nicht selten jahrelang geplant – zu großen Publikumserfolgen wurden.

Das neue Jahrtausend und die Zeit bis 2004

Die Galerie Bäumler hat bis heute etwa 250 öffentlich zugängliche Ausstellungen durchgeführt, zu denen jeweils etwa 1500 Einladungskarten gedruckt und zum Teil in alle Welt verschickt werden. Mehrere Dutzend heikle Bilder sind zu rahmen, Passepartouts zu schneiden, Kataloge und Plakate sind zu drucken und, und, und ... Sicher kann sich jeder vorstellen, welchen Stellenwert die Galerie inzwischen für die Stadt und die Umgebung gewonnen hat. Ein gutes Beispiel dafür ist die 2000 erschienene Publikation „Im Spiegel der Stadt" von Wilhelm Amann, die Künstler von 1900 bis 2000 die Stadt Regensburg reflektieren lässt. Von den 100 Abbildungen nehmen mehr als ein Dutzend die von der Galerie vertretenen Künstler ein. Und wer erinnert sich auch nicht gern an die große Anzahl von Festivitäten, die Peter und Christine in den letzten 30 Jahren ausgerichtet haben, an die oft brodelnd vollen Vernissagen, an die vielen roten Punkte? Das häufig angestimmte Lamento vom provinziellen Regensburg – für Peter nur ein Grund mehr, neue Impulse dagegen zu setzen und seine Arbeit unbeirrt weiterzumachen. Inzwischen gibt es ja auch jenen unentbehrlichen Sammlerstamm, der Peter Bäumlers Engagement honoriert.

So, um nicht gleich in ein nil nisi Fahrwasser zu geraten, möchte ich der Galerie weiterhin viel Erfolg wünschen und mit dem Motto schließen: Kunst ist nicht alles, doch ohne Kunst ist alles nichts.

Zum 30. Geburtstag der Galerie Bäumler: der Galerist im Kreis seiner Künstler

WERNER A. WIDMANN

Das Jahr der schönen Täuschungen

Regensburg vor 50 Jahren

Alle Jahre wieder naht im späten Frühjahr der Redaktionsschluss für den „Almanach". Das bedeutet für mich, der ich mich zum alljährlichen Rückblick auf die 50 Jahre davor stattgefundenen Ereignisse verpflichtet habe, immer auch ein kleines Abenteuer. Da sitze ich zwei, drei Tage in der Bischöflichen Bibliothek über die fünfzig Jahre alten Regensburger Zeitungsbände gebeugt und bin gespannt darauf, was wir Regensburger damals so alles erlebt haben mögen und was mir – obwohl bis 1959 als Reporter beim „Tages-Anzeiger" – nicht mehr alles im Gedächtnis geblieben ist.

Hinter den öffentlichen Dingen, die da in der Zeitung stehen, lassen sich dann auch die nichtöffentlichen, die eigenen privaten Erlebnisse wieder besser einordnen. Für 1955 ist da zum Beispiel bei mir eine recht freundliche Erinnerung wach geworden: Adenauer reist nach Moskau und verhandelt nicht nur erfolgreich über die Aufnahme gegenseitiger diplomatischer Beziehungen, sondern auch über die Freilassung der letzten deutschen Kriegsgefangenen. Um diese Zeit, das wird mir beim Lesen dieser Meldungen klar, war ich einen Tag lang im malerischen fränkischen Weinort Iphofen zusammen mit einer schönen Regensburgerin namens Ingrid. Wir haben uns dort in den Weinbergen verlobt. Meine einzige Verlobung. Geheiratet hat man mich zweimal, verliebt war ich x-mal.

Das herausragende Ereignis im Jahr 1955 war also die Rückkehr der letzten deutschen Kriegsgefangenen nach zehn und mehr Jahren in russischen Arbeitslagern. Auch in Regensburg konnten glückliche Angehörige ihre Heimkehrer in die Arme schließen. Die Ironie, die auch unserer neueren Geschichte nicht fehlt, hätte es beinahe zuwege gebracht, dass die nicht gerade blühend aussehenden Heimkehrer gleich jenen forschen Männern hätten begegnen können, die eben auf dem Weg waren, sich als neue deutsche Soldaten einkleiden zu lassen. Im Frühsommer hatte in Bonn, nach dem am 5. Mai aufgehobenen Besatzungsstatut und dem vier Tage später erfolgten Beitritt zur NATO, die Wehrdebatte getobt. Das Endergebnis war die Wiederbewaffnung. Theodor Blank wurde erster Verteidigungsminister. Truppe war noch keine da. Es sollten zunächst auch nur Freiwilligenverbände gegründet und diese in eigens eingerichteten Schulen in die Aufgaben eines „Bürgers in Uniform" und in das Prinzip der „Inneren Führung" eingewiesen werden. Schon Anfang Juli gab es dann die Schlagzeile im Lokalteil „Regensburg wird bald wieder Garnisonsstadt sein", und am 12. August hieß die politische Schlagzeile „Schon 150000 Freiwillige für Blank". Damit war das vorgesehene Soll zunächst erfüllt, die allgemeine Wehrpflicht wurde erst im Juli 1956 eingeführt.

„Der fragende Wunsch an das neue Jahr ist es: Werden wir zu dem großen Tag der Wiedervereinigung

Schlangestehen in den Fünfziger Jahren: Tausende von Regensburgern erweisen dem verstorbenen Fürsten Albert Maria Lamoral von Thurn und Taxis die letzte Ehre

kommen oder ihn doch sehen können, an dem die Menschen in Dresden und Köln, in Rostock und Frankfurt, in München und Magdeburg aus der geistigen in die rechtliche Einheit zurückkehren?" Neujahrsworte von Bundespräsident Theodor Heuss. War das wirklich Hoffnung oder nur politische Pflichtübung? Das Jahr 1955, in dem übrigens im April Sir Winston Churchill im Alter von 81 Jahren sein Amt als Premierminister an Sir Anthony Eden abgeben musste, brachte allerdings ein wenig Wiedervereinigung, für Deutschland und für den Freistaat Bayern. Das zwischen Bonn und Paris ausgehandelte „Saar-

Statut" wurde von der Bevölkerung der Saar bei einer Wahlbeteiligung von sage und schreibe 98 Prozent mit Zweidrittelmehrheit abgelehnt. So wurden die Saarländer nicht – wie zunächst vorgesehen – die ersten europäischen Bürger, sondern gut ein Jahr später Bewohner eines neuen deutschen Bundeslandes. Und Bayerns Ministerpräsident Dr. Wilhelm Hoegner (SPD), der seit den Landtagswahlen vom Herbst 1954 einer Viererkoalition von SPD, Bayernpartei, FDP und Gesamtdeutscher Block/BHE (Bund der Heimatvertriebenen und Entrechteten) vorstand, bemühte sich nach Abzug der französischen Besatzer sofort und erfolgreich um die Zurückgewinnung des bayerischen Fensterplatzes am Bodensee: Stadt- und Landkreis Lindau kehrten nach Bayern zurück. Dem bayerischen Löwen an der Hafeneinfahrt von Lindau wird's recht gewesen sein, die Lindauer – bis 1805 Bürger einer Freien Reichsstadt – waren ziemlich geteilter Meinung, damals zumindest.

Als Kronprinz Rupprecht von Bayern am 2. August auf seinem Gut Leutstetten im Alter von 85 Jahren starb, wurde er vom Freistaat Bayern und dem SPD-Ministerpräsidenten Dr. Hoegner wie ein König beigesetzt. Nachrufe nannten Rupprecht den „Vater des Volkes". Ansonsten war es so ruhig in der bayerischen Politik, dass die Zeitungsreporter sogar einen offenbar recht heiteren „Landespolitischen Presseempfang" in der Münchner Schackgalerie ausführlich beschrieben. Dort erzählte der bestens aufgelegte Landwirtschaftsminister Dr. Josef Baumgartner von der Bayernpartei, dass der Pförtner seines Ministeriums ausgerechnet Bauernfeind heiße. So ungewöhnlich war das übrigens nicht. Da war doch schon von 1910 bis 1918 der aus Naabdemenreuth bei Windischeschenbach stammende Wolfgang Bauernfeind im Landtag gesessen, ein Mann, der besonders der schwachen Oberpfälzer Landwirtschaft auf die Beine geholfen und sich nebenbei noch Verdienste als Heimatschriftsteller und Sprachforscher erworben hatte. Von der damals 34-jährigen FDP-Abgeordneten Hildegard Hamm-Brücher wird anlässlich dieses Empfangs berichtet, dass sie „von Kavalieren umringt" gewesen sei und 10000 Mark demjenigen geboten habe, der sie von dem Handikup befreie, bei jeder Gelegenheit rot zu werden.

Erst im November 1955 verdunkelte sich der Himmel über Bayern, als mit dem Schlagwort „Spielbankenskandal" der erste Akt des Zerbrechens der Viererkoalition gespielt wird. Dr. Hoegner muss erst am 8. Oktober 1957 seine persönliche Konsequenz aus dem Intrigenspiel ziehen, an dem er unbeteiligt war. Er stellt sein Amt zur Verfügung – und seitdem regiert in Bayern die CSU.

Die lokale Regensburger Chronik auf das Jahr 1955 könnte man mit einem Buchtitel Hans Carossas überschreiben, den dieser große bayerische Dichter über den autobiographischen Bericht seines ersten Münchner Studienjahres geschrieben hatte: „Das Jahr der schönen Täuschungen". Große Vorhaben plant man in der Stadtverwaltung. Kühn ist das Projekt für die Landshuter Unterführung, die mit ihrer Enge ein wahres Hindernis im ständig wachsenden Straßenverkehr geworden war. Eine Überführung soll sie werden! Wer sich die heutige Situation an dieser Stelle anschaut, kann sich so etwas einfach nicht vorstellen. Es wurde ja auch nichts aus dem Projekt.

Ein anderes Vorhaben gehört wohl kaum in die Rubrik „schöne Täuschungen", sondern wurde zum Glück zu den Akten gelegt. Die Stadtplanung wollte ihr schon in den Vorjahren angekündigtes Projekt von einer großen Magistrale voranbringen, die eine breite, schnelle Verbindung von der Prüfeninger Straße über die Wittelsbacherstraße und dem Abbruch des Roten-Lilien-Winkels zum Emmeramsplatz und zur Landshuter Straße schaffen sollte. Unser damaliger Museumsdirektor Dr. Walter Boll, noch von keinem Denkmalschutzgesetz unterstützt, konnte mit guten Argumenten diesen Plan endgültig verhindern. Er empfahl, diesen Verkehr doch über eine ausgebaute Margareten- und Albertstraße zu führen, wie es ja nun seit Jahren im Einbahnverbund mit der Bahnhofstraße auch funktioniert.

Tief berührt hat mich ein Bericht, der in der Wochenendausgabe vom 29. und 30. Januar 1955 zu lesen ist:

Die Stadt Regensburg und das Arbeitsamt vermitteln 120 Lehrlinge für den Bergbau im Ruhrgebiet. Sie sind nicht die ersten. Seit Jahren lockt der Ruhrbergbau mit erstklassigen sozialen und finanziellen Bedingungen junge Männer an. Einer meiner Freunde, aus Schlesien stammend, war zu dieser Zeit sogar schon in den südafrikanischen Gold- und Diamantenminen tätig, brachte es zu Reichtum und Wohlstand. Aus dem Ruhrgebiet aber kommen 1955 begeisterte Briefe von „ausgewanderten" Jungkumpeln, die neue junge Leute in Bewegung bringen. Es gibt sogar in Dortmund eine Patenzeche „Hansa", mit der die Regensburger Vermittler bestens zusammenarbeiten. Ganz schön mutig und mobil damals die jungen Männer Regensburgs!

Ein großes Ereignis für Regensburg war die Einweihung des Hallenbades an der Gabelsbergerstraße am 27. November 1955. Nicht einmal zwei Jahre nach der Gründung eines Hallenbadvereins wurde der Wunsch namhafter Regensburger Bürger und des 2. Bürgermeisters Josef Rothammer (SPD) Wirklichkeit. Ein halbes Jahrhundert hat dieses heute fast nostalgisch wirkende Bad der Erholung und der sportlichen Betätigung so vieler Menschen, vor allem auch Kindern gedient. Ehre gebührt denen, die sich trotz heftiger Gegenargumente damals der Idee angenommen haben. Ein Bauwerk ganz anderer Art entstand 1955 am Eisbuckel. Bagger und Planierraupen fraßen sich dort durch eine aufgelöste Kleingartenanlage. Der Verlag Friedrich Pustet begann sein großes Verwaltungs- und Druckereigebäude zu errichten. Viel Platz war in der technischen Abteilung für die Herstellung liturgischer Bücher vorgesehen, vor allem der „Missale", die in handwerklicher Arbeit als Prachtausgaben in die ganze katholische Welt verschickt wurden. Der Text war ja noch einheitlich in lateinischer Sprache gedruckt. Als dann 1962 das Zweite Vatikanische Konzil einberufen wurde, das für den Gottesdienst die jeweilige Volkssprache bestimmte, wurde dies zu einem großen Schaden für das Haus Pustet. Aber davon wusste man ja noch nichts beim hoffnungsvollen Baubeginn. Der Bau muss übrigens sehr schnell hochgezogen worden sein; denn in meiner Fotosammlung habe ich vom September 1956 einige schöne Bilder von der handwerklichen Buchbinderei im neuen Haus.

Obwohl in den fünfziger Jahren ein Teil der Regensburger nicht müde wurde, den greisen Erzbischof Michael Buchberger als Verhinderer des Fortschritts und der Industrieansiedlung ausfindig zu machen (so sei etwa DKW, heute AUDI, nach Ingolstadt und nicht nach Regensburg gekommen), bahnte sich die neue Zeit doch in kleineren Schritten ihren Weg in die Donaustadt. Im Juli kündeten die Lokalblätter das Aufstellen der ersten Parkuhren an, wenn auch die oft zu schmalen Bürgersteige dieses Vorhaben nicht gerade erleichterten. Kurioser Weise mussten an den Stellen künftiger Parkuhren zunächst einmal Parkverbotsschilder angebracht werden. Nur so war das Abkassieren nach damaligem Recht gültig. Man kaufte sich sozusagen vom Parkverbot durch ein oder zwei Zehnerl frei. Ein Fortschritt war zweifellos auch der erste „Freiwahlladen", der an der Ecke Schiller/Gerlichstraße von der Familie Meyerhofer und Söhne am 4. November 1955 (dem 63. Geburtstag meiner Mutter) eröffnet wurde. Man legte Wert darauf, dass dies kein reiner Selbstbedienungsladen sei. Man könne entweder einen Korb nehmen und sich selbst bedienen oder am Eingang stehen bleiben und die Wünsche dem Personal vortragen. Heute ist aus dem Laden längst das „Ristorante La Gondola" geworden.

Und dann im Januar: Ein Hochhaus in Planung! Die Bauherrin, die Arbeiterwohlfahrt, konnte damals die

Wechselbäder eines Bauwilligen erleben. Sie wollte nahe der Reinhausener Kirche (wo es heute noch immer steht) ein Altenwohnheim als erstes Regensburger Hochhaus bauen. Die Stadt und Reinhausener Bürger waren dagegen und so plante man um auf eine dreistöckige Anlage. Am Ende wurde aber doch ein Hochhaus daraus, das aber eigentlich keines war. Bei der Einweihung versicherten mir die Bauherren und der Architekt, dass man mit sieben Stockwerken geringfügig unter dem Maß geblieben war, ab dem ein Hochhaus auch baurechtlich eines ist. Man konnte so das Projekt stark verteuernde Vorschriften, die für Hochhäuser gelten, vermeiden. Und da war dann im Januar gleich von einem zweiten Hochhaus die Rede! Die Stadtplaner wollten am Kassiansplatz das Gebäude des damaligen Wohnungsamtes und alle Häuser zwischen Weiße-Lilien-Gasse und Kassiansplatz – bis auf das Weitmeier-Anwesen – abreißen und ein langgestrecktes Hochhaus mit einem Großladen im Parterre und vielen Parkplätzen errichten. Die etwas abgespeckte heutige Lösung ließ dann noch über vierzig Jahre auf sich warten. Das Jahr der schönen (?) Täuschungen eben.

Am 8. September 1955 kam Mrs. Sofie H. Bernard in der Stadt an. Sie führte eine gewaltige Golfausrüstung mit sich und fragte gleich einmal, ob es hier eine gute Oper gebe. Sie sei nämlich, von Hamburg anreisend, gestern erst einmal in München gewesen und habe dort einen exzellenten „Rosenkavalier" erlebt. Ob ihr die hiesige Oper genügte, weiß ich nicht. Zum Golfen musste sie allerdings bis zu einem der US-Truppenübungsplätze in Hohenfels oder Grafenwöhr fahren. Dort gab es so was. Sicher aber weiß ich, dass Mrs. Bernard eine ebenso temperamentvolle wie ausgezeichnete neue Leiterin des „Deutsch-Amerikanischen Instituts" (DAI) wurde, das bis kurz vor ihrer Ankunft noch schlicht als „Amerikahaus" bekannt und in den oberen drei Stockwerken des einstigen „Carlson-Hauses" (Ecke Goliathstraße/Watmarkt) untergebracht war. Als DAI sollte es zwei Jahre später in das Thon-Dittmer-Haus umziehen. Mit der Ankunft von Mrs. Bernard, die sich bald als echte Bereicherung des kulturellen und gesellschaftlichen Lebens in Regensburg erwies, wurden auch die 10000 Bände der „Regensburger Volksbücherei" in den Bücherbestand aufgenommen. Alle damals bedeutenden Regensburger Persönlichkeiten, die 1947 diese öffentliche Bücherei gegründet hatten, darunter Stadtrat Karl Staudinger, Dr. Binapfl, Dr. von Braunbehrens und mein schlesischer Dichterfreund Gerhard Kukofka, sind längst gestorben. So bin ich der letzte lebende Mitbegründer dieser „Volksbücherei", aus der die heutige Stadtbücherei erwuchs. Ich war ja auch 1947 mit meinen 21 Jahren der Benjamin in diesem erlauchten Kreis. Mein „Handwerkszeug" war ein Handwagerl, mit dem ich von Haus zu Haus zog und um Buchspenden bat, recht erfolgreich übrigens. Vom „Deutsch-Amerikanischen Institut" ist nach langem Zusammenwirken mit dem Kulturamt der Stadt heute nur noch ein offenbar dauerhaft leerer Briefkasten in der Einfahrt des Thon-Dittmer-Hauses geblieben.

Das Sportjahr 1955 sah einen SSV Jahn der sich gut im Mittelfeld der Oberliga Süd, der obersten Spielklasse, hielt. Am 23. Januar gewann man im Heimspiel gegen den „Club" 3:1. Das hätte aber gar nicht sein dürfen, wäre es nach dem Willen eines 24-jährigen württembergischen Schreiners gegangen, der als Totospieler der Jahnelf brieflich 10.000 Mark geboten hatte, wenn sie freiwillig gegen den „Club" verlieren wollte. Die Jahnerer erwiesen sich aber als unbestechlich, standen am Jahresende nach einem 7:1 Kantersieg über den SSV Reutlingen auf dem hoffnungsvollen Platz 7.

Mein heutiger Kollege und langjähriger Freund Horst Hanske wäre da noch zu melden. Er strampelte sich bei großen Radrennen im Jahr 1955 von Sieg zu Sieg. Und da war auch noch die deutsche Handball-Nationalelf, die am 12. Juli 1955 in der „Kampfbahn Rote Erde" zu Dortmund mit einem 25:13-Sieg gegen die Schweiz Handball-Weltmeister wurde. Das war aber noch das von mir geliebte und gern gespielte (Verteidiger) „Feldhandball", ein keineswegs so hartes und saugrobes Gerangel wie das jetzige Hallenhandball, bei dem die Stürmer mit dem Ball in der Hand ja fast in das winzige Tor springen.

Hatte Regensburg auch das DKW-Werk nicht bekommen und stand auch 1955 beileibe noch kein BMW-Werk am Stadtrand, so gab es auf dem Hockenheimring doch einen ganz großen Tag für ein Regensburger Auto. Der Typ „Super 200" des Messerschmitt-Kabinenrollers fuhr 19 Rekorde ein! Sechs Fahrer lösten sich in einem pausenlosen 24-Stunden-Rennen ab und brausten mit 70 Stundenkilometer über die Strecke. Die am Ende ziemlich geschafften, aber glücklichen Fahrer kämpften zeitweise gegen Nebel mit nur zehn Meter Sichtweite und gegen eine gewaltige Fliegenplage. Der „Super 200" unterschied sich vom Serienmodell übrigens nur durch ein Renndach und durch etwas niedrigere Kotflügel.

Nun zu den Seiten, die von vielen Zeitungslesern zuerst aufgeschlagen werden, den Todesanzeigen. Drei Jahre nach dem Tod von Fürst Albert starb am 2. Mai im 85. Lebensjahr „Ihre Kaiserliche und Königliche Hoheit Fürstin Margarete Klementine Maria von Thurn und Taxis, Erzherzogin von Österreich, Königliche Prinzessin von Ungarn und Böhmen". „Die Fürstin" war tot. Eine große Wohltäterin der Stadt war dahin. Fortan bürgerte sich das Wort „Die Fürstlichen" ein, mit dem man eher wirtschaftliche Beziehungen zu Brauereien, Pforzheimer Goldfirmen und amerikanischen Rinderfarmen denn eine glanzvolle Hofhaltung verband. Es war nicht immer respektvoll gemeint, oft hörte man auch „Diese Fürstlichen!". Und jetzt haben wir alle „unsere Gloria", die so viel Festlichkeit wieder ins Schloss bringt.

Im August starb im Alter von 75 Jahren Dominikus Böhm, der bedeutende schwäbische Baumeister, dem Regensburg die Wolfgangskirche zu verdanken hat. Ich habe diese Kirche von Anfang an bewundert und daher auch ihren Baumeister. Die von 1938 bis 1940 erbaute Wolfgangskirche in Regensburg und das von Alexander von Branca von 1977 bis 1979 in Diesenbach bei Regenstauf erbaute Kirchenzentrum St. Johannis sind für mich die eindrucksvollsten modernen Gotteshäuser in der Diözese Regensburg. Bei Dreharbeiten zu einem Fernsehbericht im Mindeltal stand ich in Jettingen einmal vor dem Geburtshaus Dominikus Böhms. Zufall war es wohl nicht, dass in diesem von einem Schloss der Grafen Schenk zu Stauffenberg gekrönten Marktflecken die geniale Erweiterung der gotischen Pfarrkirche 1967 in die Hände von Alexander von Branca gelegt worden war. Noch eine Todesanzeige: Am 24. April 1955 war Josef Händlmaier im Alter von 48 Jahren gestorben. „Plötzlich und unerwartet" hieß es im Nachruf. Wie mein Kollege Helmut Wanner im Almanach 1996 schrieb, hatte den bekannten Regensburger Metzgermeister einige Minuten nach dem Sieg seiner Rennpferde auf der Straubinger Trabrennbahn ein Herzschlag getötet. „Der erfolgreiche Metzgermeister hinterließ die Siegerprämie, die Pferde, eine Witwe und sechs Geschäfte" (Wanner). Das frühe Sterben Josef Händlmaiers veranlasste seine Witwe Luise, den Betrieb an die Großfirma Ostermeier zu verkaufen und sich selbst fürderhin ausschließlich der Produktion und dem

Vertrieb des schon um 1900 von ihrer Schwiegermutter Johanna „erfundenen" „Händlmaier-Senftes" zu widmen. So wurde der frühe und jähe Tod eines braven Metzgermeisters der Anlass für eine mittlerweile praktisch weltberühmt gewordene Senffabrik.

Am 7. Januar 1955, einem Freitag, war im nagelneuen „Gloria" Premiere des ersten Spielfilms, bei dem Produktion, Drehbuch und Regie in den Händen eines Regensburgers lagen, eines italienischen Regensburgers, nämlich meines Freundes Michele Dantoni, dem ich als „Maestro Michele" schon im Regensburger Almanach 1983 und in meinem 1999 im MZ-Buchverlag erschienenen Buch „Ja, so warns" ein kleines literarisches Denkmal gesetzt habe. Kaum ein anderer Regensburger wird mehr Zeit in Michele Dantons Eisdiele in der Maxstraße verbracht haben als ich. Den temperamentvollen Sizilianer und mich verband eben eine wunderbare Freundschaft. Es muss wohl 1953 gewesen sein, als wir – mit Hilfe eines teuren Münchner Kameramanns – einen 20 Minuten langen Kulturfilm über Regensburg drehten, der dann auch zumindest in den nun nicht mehr existierenden „Kammerlichtspielen" lief. Michele, der vor und während des Zweiten Weltkriegs bei der „Deutsch-Italienischen Filmunion" (die vor allem die Beniamino-Gigli-Filme vertrieb) in Berlin gearbeitet hatte, war von Filmleidenschaft erfüllt. Und so machten wir uns 1954 an einen Spielfilm. „Ich habe es nicht gewollt" lautete der Titel des Jugendfilms. Bei einem Indianerspiel verletzt ein Bub einen Freund und meint, ihn getötet zu haben. Die weitere Handlung zeigt den Buben auf der Flucht, die Suche nach ihm und das glückliche Ende. Die Hauptrollen spielten Horst Spanknebel und Michele Dantons Tochter Lorena. Das Drehbuch war gewiss schlicht und naiv. Meiner Erinnerung nach war es nicht von mir, ich hatte es nur auf der Maschine abgeschrieben. Wir waren ja – bis auf den Kameramann – ein Team begeisterter Laien, die alle ohne Geld mitmachten. Am 18. März 2004, ein halbes Jahrhundert nach den Dreharbeiten, konnte ich in der „Mittelbayerischen Zeitung" einen Fünfspalter über die Vorführung einer wiederentdeckten Kopie des nun „Kleines Herz im Donautal" betitelten Filmes lesen. Die Überschrift „Der miserable Film des Eisdielenbesitzers wird Kult" hat mir – vor allem für meinen längst verstorbenen Freund Michele – etwas weh getan, die Besprechung machte aber einiges wieder gut.

Am 12. Februar 1955 findet sich in meinem „Tages-Anzeiger" dann ein absoluter Exklusivbericht aus meiner Feder, der wiederum mit Michele Danton zu tun hatte. Von seinem „Freund Beniamino" schwärmte er immer und immer wieder. Ich fragte mich, ob er nun wirklich dem großen Tenor Beniamino Gigli so nahe stehe. Und dann erzählte mir mein Vater, Werkmeister bei der Bundesbahn, dass am 11. Februar 1955 der Salonwagen Giglis von einem Fernschnellzug auf einen anderen umgehängt und dabei eine knappe Stunde auf einem Kopfgleis des Hauptbahnhofs stehen werde. Es war die letzte Konzertreise des damals 65-jährigen Sängers, der zwei Jahre später starb. Die Stunde der Wahrheit für Michele! Der war sehr überrascht und einigermaßen aufgeregt. Ich besorgte (auf Redaktionskosten) einen Nelkenstrauß und um 15 Uhr 30 sahen wir den Salonwagen anrollen. Und siehe da, man ließ uns ein! Gigli, den sein Diener als „Commendatore" anredete, umarmte meinen Michele, dem mindestens eine Träne im Auge stand. Sie unterhielten sich längere Zeit auf italienisch. Ich fotografierte und hatte meinen Exklusivbericht. Micheles so oft von ihm beschworene Freundschaft mit dem großen alternden Tenor hatte sich nicht als „schöne Täuschung" erwiesen!

Unsere Autoren

Wilhelm Amann
Bibliothekar an der Universität Regensburg
Geboren 1940 in Regensburg. Von 1973 bis 1983 Gasthörer am Institut für Kunstgeschichte der Uni Regensburg. Zahlreiche kunsthistorische Veröffentlichungen von Monographien, Ausstellungskatalogen, Zeitschriften- und Zeitungsbeiträgen, Jahrbücher, Künstlerkatalogen, Buchbeiträge usw. Ständiger Mitarbeiter am Internationalen Künstlerlexikon.

Claudia Böken
Redakteurin
Geboren 1952 in Kelheim. Nach dem Gymnasium Volontariat beim Tages-Anzeiger in Regensburg. Seit 1973 Redakteurin bei der Mittelbayerischen Zeitung; zunächst als stellvertretende Redaktionsleiterin für den Landkreis Regensburg, jetzt in der Lokalredaktion Regensburg-Stadt tätig mit Schwerpunkt Kommunalpolitik.

Werner Chrobak
Dr. phil., Bibliotheksoberrat
Geboren 1948 in Flossenbürg/Oberpfalz. Humanistisches Gymnasium in Weiden, Studium der Kath. Theologie und Geschichte an den Universitäten Regensburg und Münster i. W. 1979 Promotion in Neuerer Geschichte mit einer Dissertation über „Politische Parteien, Verbände und Vereine in Regensburg 1869-1914" an der Universität Regensburg. Seit 1981 Angestellter im höheren Bibliotheksdienst in Regensburg. Von 1987 bis 1994 Vorsitzender des Historischen Vereins für Oberpfalz und Regensburg. Seit 1998 ehrenamtlicher Stadtheimatpfleger der Stadt Regensburg.

Eva Demski
Schriftstellerin
Geboren 1944 in Regensburg. Stammt mütterlicherseits aus der traditionsreichen Regensburger Eisenwaren-Großhandlung und Fabrik Christlieb & Fischer, ihr Vater war der Bühnenbildner Prof. Rudolf Küfner. Kindheitsjahre in Regensburg, dann Wiesbaden und Frankfurt/M. Studium der Germanistik, Kunstgeschichte und Philosophie in Mainz und Freiburg (1964-68). Zunächst Dramaturgieassistentin, freie Lektorin und Übersetzerin, dann Mitarbeit bei der TV-Sendereihe „Titel, Thesen, Temperamente" (1969-77), seit 1977 als freie Journalistin und Schriftstellerin in Frankfurt/M. In ihrem autobiographisch geprägten Debütroman „Goldkind" (1979) verarbeitet sie Regensburger Kindheits-Eindrücke. Es folgten die zeit- und gesellschaftskritischen Romane „Karneval" (1981), „Scheintod" (1984), „Hotel Hölle, Guten Tag..." (1987), „Afra" (1992) sowie etliche Sammelbände, Poetik-Vorlesungen und zahlreiche Fernsehfilme. 1987 erhielt sie den Kulturpreis der Stadt Regensburg.

Hans Jürgen Drumm
Prof. Dr. rer. pol., Hochschullehrer
Geboren 1937 in Saarbrücken. Studium an den Universitäten des Saarlandes, Hamburg und FU Berlin. Promotion an der FU Berlin 1964 bei Erich Kosiol. Habilitation 1972 an der Universität des Saarlandes bei Herbert Hax. Seit 1974 ordentlicher Professor für Betriebswirtschaftslehre mit den Schwerpunkten Personalwirtschaft, Organisation und Unternehmungsplanung an der Universität Regensburg. Rufe an die Universität des Saarlandes und die Universität Köln. Mitglied in verschiedenen universitären Gremien. Vizevorsitz des Verbands der Hochschullehrer für Betriebswirtschaft. Mitglied mehrerer wissenschaftlicher Gesellschaften und Vereinigungen. Autor und Herausgeber zahlreicher wissenschaftlicher Bücher und Fachaufsätze.

Konrad Maria Färber
Dr. phil., Verlagsleiter
Geboren 1941 in Innsbruck, Redakteur in Regensburg, München und Hamburg. Studium der Neueren Geschichte und Literaturwissenschaft an der Universität München. Wissenschaftlicher Mitarbeiter am Deutschen Historischen Institut in Paris und Rom sowie am Institut für Europäische Geschichte in Mainz. Publizistische Tätigkeit für verschiedene Zeitungen und beim Bayerischen Rundfunk, Vorträge in der Erwachsenenbildung. Seit 1991 Leiter des Buchverlags der Mittelbayerischen Zeitung und des Universitätsverlages.

Christian Feldmann
Autor
Geboren 1950 in Regensburg, Studium der Theologie und Soziologie an der Universität Regensburg. Zunächst freier Journalist und Korrespondent der Süddeutschen Zeitung sowie der Deutschen Presse-Agentur. Seit 1985 freier Schriftsteller. Zahlreiche, in zehn Sprachen übersetzte Biografien und Portraitsammlungen. Zuletzt veröffentlicht: „Elie Wiesel – Ein Leben gegen die Gleichgültigkeit" (1998), „‚Wir hätten schreien müssen' – Das Leben des Dietrich Bonhoeffer" (1998), „Mother Teresa – Love Stays" (New York 1998), „Adolph Kolping – Towards a Christian Society" (Nairobi 1999), „Johannes XXIII. Seine Liebe – sein Leben" (2000), „Pope John XXIII. – A Spiritual Biograph" (New York 2000).

Günther Handel
Dr. phil., Historiker
Geboren 1965 in Werneck (Lkr. Schweinfurt), nach einer Lehre als Maschinenschlosser Erwerb des Abiturs über den zweiten Bildungsweg am Bayernkolleg der Geschichte und Kommunikationswissenschaften an der Universität in Bamberg, dann Studium der Archivwissenschaften an der Beamtenfachhochschule in München, seit März 1997 im Stadtarchiv Regensburg als Archivar tätig.

Oswald Heimbucher
Realschulkonrektor i. R.
Geboren 1924 in Regensburg. Kriegsdienst in Frankreich, Rußland und Italien. Von Mai bis Oktober 1945 in jugoslawischer Gefangenschaft. Flucht aus der Batschka zu Fuß über Ungarn und Österreich. Studium der Pädagogik und Germanistik in Regensburg. Lehrtätigkeit in Regensburg, Stuttgart, Etzelwang, Sulzbach-Rosenberg und Riedenburg (Realschulkonrektor für Deutsch und Musik). Mitbegründer und langjähriger Leiter der Städtischen Sing- und Musikschule und des Literaturarchivs Sulzbach-Rosenberg. Literatur- und Musikkritiken in Amberg, Ingolstadt, Regensburg, Rosenheim und Traunstein. Heimat- und kulturgeschichtliche Schriften und Vorträge. Bundesverdienstkreuz am Bande. Kulturförderpreis Ostbayern, Kulturpreis Sulzbach-Rosenberg. Mitglied der Regensburger Schriftstellergruppe International.

Benno Hurt
Richter
1941 in Regensburg geboren, studierte in München, heute Richter in Regensburg. Kulturpreisträger der Stadt Regensburg. Prosa, Lyrik, Schauspiel, Essay. U. a.: „Frühling der Tage" – Erzählband (Carl-Hanser-Verlag, 1965), „Vor dem Leben" – Schulgeschichten von Thomas Mann bis Heinrich Böll (Nymphenburger Verlagshandlung, 1965), „Aussichten" – Lyriker des deutschen Sprachraums (Biederstein Verlag, 1966), „Dein Leib ist mein Gedicht" – erotische Lyrik aus fünf Jahrhunderten (Scherz Verlag, 1970), „Eine deutsche Meisterschaft" – Roman (Kellner Verlag, 1991), „Der Wald der Deutschen" – Roman (Kellner Verlag, 1993), „Ein deutscher Mittelläufer" – Roman (Kellner Verlag, 1996), „Jahreszeiten" – Erzählband (MZ Buchverlag, 1998), „Poggibonsi auf Kodachrome" – Gedichte

(edition lichtung, 1999), „Der Samt der Robe" – Erzählungen aus der Justiz (edition lichtung, 2002). Theaterstücke: „Freies Geleit" (Uraufführung 1987), „Weinzwang" (Uraufführung 1990), „Wer möchte nicht den Wald der Deutschen lieben!" (Uraufführung 1991). Publikationen in Fachzeitschriften und Funk, u. a. in Akzente, Merian, FAZ, Süddeutsche Zeitung, Frankfurter Rundschau. Veröffentlichte Fotos in allen namhaften Fotozeitschriften und in Kulturmagazinen, seit 1979 Ausstellungen im In- und Ausland.

Peter Küspert
Präsident des Landgerichts
Geboren 1955 in Hof/Saale, 1975 Abitur, anschließend Studium der Rechtswissenschaft und Referendarzeit in Regensburg, 1983–1985 Richter in Garmisch-Partenkirchen und Wolfratshausen, anschließend bis 1988 Referent für Strafgesetzgebung im Bundesministerium der Justiz in Bonn, 1989–1991 Staatsanwalt in München und Regensburg sowie Richter in Zivilsachen am Landgericht Regensburg, 1992–1998 Referatsleitung in der Strafvollzugsabteilung im Bayer. Staatsministerium der Justiz in München, anschließend Richter in Zivilsenaten am Oberlandesgericht in Nürnberg, 2000–2003 Referatsleiter Organisation und stellvertretender Leiter der Haushaltsabteilung im Bayer. Staatsministerium der Justiz, seit Juli 2003 Präsident des Landesgerichts Regensburg, verheiratet, zwei Kinder.

Peter Morsbach
Dr. phil., Kunsthistoriker
Geboren 1956, Abitur am Albrecht-Altdorfer-Gymnasium in Regensburg, Studium der Kunstgeschichte, Klassischen Archäologie und Denkmalpflege an den Universitäten Regensburg, Freiburg und Bamberg; 1987 Promotion zum Dr. phil. Anschließend Tätigkeit am Diözesanmuseum Regensburg und Diözesanbauamt Augsburg. Seit 1986 Lehrbeauftragter an der Universität Bamberg. Seit 1991 als Publizist und selbständiger Unternehmer in der Denkmalpflege und Kulturverwaltung tätig. 1998 Kulturförderpreisträger der Stadt Regensburg. Zahlreiche Publikationen zur Architektur- und Kunstgeschichte Regensburgs, Ostbayerns und Oberschwabens.

Berenike Nöll
M. A., Studienreferendarin
Geboren 1974 in Münster (Westfalen), High School Abschluss in Fort Myers, Florida/ USA, Abitur am Weidig-Gymnasium in Butzbach (Hessen), Studium der Anglistik, Geschichte und Germanistik an der Universität Regensburg und der Wolverhampton University/ England. 2002 erfolgreicher Abschluss der Zusatzausbildung Deutsch als Fremdsprache, 2004 Magisterexamen und Staatsexamen für das Lehramt an Gymnasien.

Heiner Riepl
M. A., Kunstmaler
1948 in Kelheim geboren. Studium an der Akademie der Bildenden Künste Nürnberg, Freie Malerei bei Prof. Ernst Weil, Meisterschüler; Studium an der Universität Regensburg, Philosophie, Geschichte, Wissenschaftsgeschichte, M. A.; seit 1980 als freiberuflicher Maler tätig; seit 1988 Leiter des Oberpfälzer Künstlerhauses, Schwandorf; 1980–81 Deutsch-Französisches Jugendwerk / Akademie Nürnberg, Ecole des Beaux-Arts, Quimper/Bretagne; 1986 Kulturförderpreis der Stadt Regensburg. 1994 Kulturförderpreis Ostbayern OBAG; Stipendium, Virginia Center for Creativ Arts, USA

Michael Sahr
Dr. phil., Seminar- und Schulleiter
Geboren 1930 in Limbach bei Chemnitz. Lehrer, Seminar- und Schulleiter zuletzt hauptberuflich am Institut für Germanistik an der Universität Regensburg. Schwerpunkt: Kinder- und Jugendliteratur. Zahlreiche Veröffentlichungen; zuletzt: „Andersen lesen." (1999), „Leseförderung

durch Kinderliteratur" (2000), „Ein ABC der Kinder- und Jugendliteratur" (2001), „Zeit für Märchen" (2002), „Verfilmte Kinder- und Jugendliteratur" (2004).

Günter Schießl

Journalist
Geboren 1940 in Bruck in der Oberpfalz, Journalistik-Studium an der Freien Universität Berlin. Tageszeitungsvolontariat in Rosenheim; seit 1973 Redakteur in Regensburg. Mai 1985: Bayerische Denkmalschutzmedaille; November 1985: Deutscher Preis für Denkmalschutz. 1993: Kulturförderpreis der Stadt Regensburg.

Albert von Schirnding

Schriftsteller
Geboren 1935 in Regensburg als Sohn des Freiherrn Ottokarl von Schirnding, der hier das Amt eines Hofmarschalls und Leiters der Gesamtverwaltung des Fürsten von Thurn und Taxis versah. 1953 Abitur am „Alten Gymnasium" in Regensburg, Studium der Altphilologie und Germanistik in München und Tübingen, von 1958 bis zur Pensionierung im Jahr 1997 Gymnasiallehrer für Griechisch und Deutsch. Seit ebenso vielen Jahren als Schriftsteller, Literaturkritiker und Essayist tätig, Mitglied der Bayerischen Akademie der Schönen Künste, deren Abteilung Literatur er leitet. Mehrere Preise, darunter der Deutschen Akademie für Sprache und Dichtung, Schwabinger Kunstpreis für Literatur (1982) und Ehrengabe der Bayerischen Akademie der Schönen Künste. Neben zahlreichen Gedichtbänden veröffentlichte er u.a. „Herkommen" (1987), „Maske und Mythos" (1990), „Posthorn-Serenade" (1992), „Halbkreise" (1997), „Literarische Landschaft" (1998). Lebt auf Schloss Harmating bei München

Wolf Peter Schnetz

Dr. phil., Kulturdezernent i. R.
1939 in Regensburg geboren, Abitur am „Alten Gymnasium", Studium in Erlangen, Mainz und München, von 1968 bis 1973 Kulturdezernent der Stadt Regensburg, anschließend bis zur Pensionierung in Erlangen. Verfasser zahlreicher Publikationen in Zeitschriften und Anthologien sowie im Rundfunk. Über zwanzig Bucheditionen, überwiegend Lyrik. Ehrenpreis des Schwabinger Kunstpreises 1966. Joachim-Ringelnatz-Preis der Stadt Cuxhaven 1988. Mitglied im P.E.N.-Zentrum der Bundesrepublik Deutschland. 1986/87 im Bundesvorstand des Verbandes deutscher Schriftsteller. In der Mittelbayerischen Druck- u. Verlags-Gesellschaft ist bislang von ihm erschienen: „Vergiß die Stadt, den Fluß, die Steine". Roman (1994) „Jugendsünden" (1996), „Tanzstunde" (1999) und der Gedichtband „Täglich ein Wunder".

Christof Schütz

Dr. med., Chefarzt i. R. Geboren 1930 in Wiesbaden, 1934 mit den Eltern nach Regensburg, dort Schulbesuch, Abitur und erster Teil des Medizinstudiums. Nach Staatsexamen 1955 in München und auswärtigen Assistentenjahren 1959–1964 Assistenzarzt an der Internen Abteilung der Städt. Kinderklinik, dort erneut ab 1968 als Oberarzt, ab 1972 als Chefarzt tätig. 1983–1995 Chefarzt der Kinderabteilung der Klinik St. Hedwig. Seitdem im Ruhestand.

Jutta Vielberth

Hausfrau und Mutter
Geboren 1944 in Eger, aufgewachsen in Regensburg. Hausfrau und Mutter von drei Kindern. Ururenkelin des Bleistiftfabrikanten Johann Christoph Rehbach. Initiatorin der Gedenktafel für die Rehbach'sche Bleistiftfabrik.

Birgit Weichmann

Dr. phil., Journalistin
Geboren 1963 im fränkischen Weißenburg. Studium der Romanistik und Anglistik in Regensburg, Oxford und Lyon. Erlernte nach der Promotion in italienischer Literatur das

journalistische Handwerk bei der Mittelbayerischen Zeitung. Nach Redakteurstätigkeit wechselte sie als Pressereferentin des Tourismusverbandes Ostbayern auf „die andere Seite" des Journalismus. Seit 1997 freie Journalistin, Autorin und PR-Beraterin. Ihre Liebe gilt neben Venedig und Venetien vor allen Dingen Regensburg. Als Regensburger Stadtführerin versucht sie, dieses Gefühl auch auswärtigen und ausländischen Gästen zu vermitteln.

Werner A. Widmann
Journalist und Autor
Geboren 1926 in Nürnberg, ab 1952 Reporter beim Regensburger „Tages-Anzeiger", seit 1962 in München als freier Journalist, Schriftsteller, Filmemacher und Moderator beim Bayerischen Fernsehen, vor allem für die Sendung „Zwischen Spessart und Karwendel". Verfasser von über sechzig Büchern. 1974 Verleihung des „Bayerischen Poetentalers" der „Münchner Turmschreiber". Im April 1996 Rückkehr nach Regensburg, seit 1997 Moderator bei TVA Ostbayern.

Peter Wittmann
Kunstmaler
1951 in Regensburg geboren. 1973 Eintritt in die Meisterklasse bei Prof. Hutter in Wien. Weitere Studien folgen 1978/82 in Dharamsala bei Alfred W. Hawlett und 1989 an der Fu Jen University, Taipei, Taiwan. Seit 1973 regelmäßige Ausstellungen: Bonn, Berlin, Düsseldorf, Frankfurt, München, Nizza, Regensburg sind einige der zahlreichen Ausstellungsorte. Seit 1980 erscheinen zahlreiche Kataloge und Künstlereditionen. Wittmanns Werke befinden sich in zahlreichen öffentlichen und privaten Sammlungen. Seit 1992 kommt zur bildnerischen Arbeit die Gestaltung seines Gartenprojekts in Weillohe (Vortrag dazu 2004 im Fürst Pückler Museum, Schloss Branitz, Cottbus).

Abbildungsnachweis und Quellenverzeichnis

Abbildungen:

Archiv des Ordens der Barmherzigen Brüder
   151, 152, 153, 155

Peter Ferstl
   75, 79, 81

Kunstsammlung der Sparkasse Regensburg
   Umschlagseite

Mittelbayerische Zeitung, *Archiv*
   83 (Foto: Raab), 85 (Foto: Nübler), 137, 139, 144 (Foto: Moosburger)

Peter Morsbach
   97

Privat
   27, 31, 37, 38, 39, 40, 41, 42, 43, 51, 63, 64, 65, 66, 87, 88, 89, 90, 91, 103, 106, 107, 109, 117, 118, 120, 125, 126, 127, 130, 131, 133, 134, 135, 164

Stadt Regensburg
Historisches Museum
   145, 146
Presse- und Informationsstelle, Bilddokumentation
   9, 11 (Fotos: Berger), 12 (Foto: Lang), 13 oben (Foto: Lang), 13 unten (Foto: Reisinger), 15, 17 (Foto: Berger), 24 (Foto: Lang), 132 unten, 142 (Foto: Reisinger), 169 (Foto: Lang)
Amt für Archiv und Denkmalpflege
   94, 95, 96, 98, 99, 100, 123,

Michael Scheiner
   167

Günther Schießl
   147, 149

Schiller-Nationalmuseum und Deutsches Literaturarchiv Marbach am Neckar
   132 oben

Wilkin Spitta
   159

Herbert Stolz
   69, 71, 73, 111

Peter Wittmann
   165

Walther Zeitler
   Umschlagseite (Fotos)

Quellen:

Eva Demski, Beerenlese, in: Eva Demski, Von Liebe, Reichtum, Tod und Schminke, Frankfurt am Main, 2004, S. 38–51.

Benno Hurt, Die Tochter des Hausmeisters, in: Benno Hurt, Eine deutsche Meisterschaft, Hamburg, 1991, S. 197–207.

Hans Dieter Schäfer, Augustabend im Spitalgarten, in: Spät am Leben, 2001.

Register der Jahrgänge 1968–2003

In dem vorliegenden Register erscheint zuerst die Jahreszahl, mit welcher der Band bezeichnet ist, die zweite Zahl bezeichnet die Seite, auf welcher der Beitrag beginnt. Das Erscheinungsjahr wird nicht angegeben.
Der Jahrgang 1998 existiert zweimal und zwar unter dem Titel „Regensburger Almanach 1998" (erschienen 1997) und dann unter dem Titel „Das war Regensburg 1998" (erschienen 1998). Um Verwechslungen der beiden mit der Jahreszahl 1998 bezeichneten Bände zu vermeiden, wird im Register der 1997 erschienene „Regensburger Almanach 1998" mit der Jahreszahl 1998 bezeichnet, der 1998 erschienene Band „Das war Regensburg 1998" erhält nach der Jahreszahl 1998 den Zusatz „DwR".

I. AUTORENREGISTER

II. SACHREGISTER
mit folgenden Sachgruppen:
Bauwerke
Betrachtungen
Bildbeiträge
Bildende Kunst
Bildung und Erziehung
Brauchtum
Chronik
Denkmalpflege
Erinnerungen
Erzählungen
Friedhöfe
Gastronomie
Gedichte
Geschichte Regensburg
 – allgemein
 – Vorgeschichte, Antike und Frühgeschichte
 – Mittelalter
 – Neuzeit
 – Zeitgeschichte

Handwerk
Internationale Beziehungen
Kirche
Kliniken und Krankenhäuser
Literatur
Militär
Museen, Sammlungen, Ausstellungen und Galerien
Musik
Natur und Umwelt
Persönlichkeiten
Sonstiges
Soziale Aktivitäten
Sport
Stadtentwicklung
Stadtteile
Theater
Umland
Veranstaltungen
Verkehr
Verlage
Verwaltung, Gericht und städtische Betriebe
Wirtschaft, Industrie und Technik
Wissenschaft und Forschung

I. AUTORENREGISTER

Adler, August W., 1973, 71
Ahlers, Heinrich, 1979, 109
Aichinger, Georg, 1985, 125
Albrecht, Andreas, 1973, 103; 1977, 95; 1979, 52; 1981, 54; 1982, 83;
1983, 60;1984, 28
Albrecht, Dieter, 1985, 37; 1988, 139
Altinger, Ludwig, 1970, 87
Altner, Helmut, 1994, 132; 1998, 169
Ambronn, Karl-Otto, 1987, 19
Amery, Carl, 1998, 33
Amann, Wilhelm, 2002, 63; 2003, 129
Angerer, Birgit, 1993, 29; 1997, 39; 1999,10;
Angerer, Martin, 1988, 15; 1990, 262; 1991, 263; 1992, 158; 1993, 218; 1994, 271; 1995, 222
Angermeier, Heinz, 1989, 178
Angerstorfer, Andreas, 1986, 167

Annuß, Erika, 1996, 45
Arnold, Ernst, 1992, 241
Arnold, Katrin, 1968, 89; 1969, 121; 1970, 115/127; 1973, 96; 1986, 56; 1987, 285
Aschenbrenner, Norbert, 1994, 137
Aschenbrenner, Rudolf, 1990, 169

Baldauf, Dieter, 1996, 110
Balsamer, Aloys (Pseudonym), 1972, 109; 1973, 136; 1974, 161; 1975, 124; 1976, 121; 1977, 134; 1978, 139; 1979, 158; 1980, 184; 1981, 163; 1982, 169; 1983, 180; 1984, 9/170
Bassermann, Friedrich, 1986, 268; 1990, 196; 1991,144;1993, 154
Bassermann, Wolfgang, 1991, 116
Bauer, Josef, 1973, 45
Bauer, Thilo, 2003, 150
Baumann, Wolfgang, 1985, 81; 1990, 301; 1996, 170; 2002,120
Becker, Hans-Jürgen, 1995, 59;
Beer, Uli, 2003, 109
Bemelmanns, Ludwig, 1999,88;
Berlinger, Joseph, 1998 DwR, 119
Biberger, Erich L., 1975, 105; 1983, 139; 1991, 186
Birkenseer, Karl, 1998, 157
Bleibrunner, Hans, 1973, 88
Bleisch, Ernst-Günther, 1986, 55
Blühm, Andreas, 1994, 203
Böcker, Franz, 1990, 315
Böhm, Karl, 2000, 143; 2001, 138
Bohr, Peter von, 1968, 45
Boll, Walter, 1968, 37; 1969, 59; 1970, 63; 1971, 33; 1978, 120; 1986, 120
Bosse, Bernhard, 1994, 52
Bradl, Hans, 1998, 163
Brandl, Wolfgang, 1994, 148
Brennauer, Thomas, 1968, 33; 1971, 25; 1992, 36
Bresinsky, Andreas, 1991, 154
Bretz, Hans, 1969, 85; 1976, 125; 1980, 161
Brincken, Gertrud von den, 1992, 193
Britting, Georg, 1968, 83; 1989, 79/105
Brunner, Anton, 1976, 77
Buhl, Johannes, 1992, 99
Bungert, Hans, 1985, 115

Bürckstümmer, Hermann, 1970, 51
Burzer, Helmut, 1990, 150; 1992, 284

Cameron, Alison, 1995, 20
Caspers, Klaus, 1998, 29
Chrobak, Werner Johann, 1989, 278; 2001, 31
Codreanu-Windauer, Silvia, 1985,136; 1992, 270; 1997, 14
Collande, Volker von, 1968, 59
Cording, Clemens, 2001, 146

Dachs, Johann, 1997, 120
Dallmeier, Lutz-Michael, 1992, 279
Dallmeier, Martin, 1988, 218; 1991, 51; 1993, 35
Daxlmüller, Christoph, 1996, 146
Deininger, Leonhard, 1975, 42
Demski, Eva, 1987, 49; 1989, 167; 1992, 255; 1999,107;
Dietl, Eduard, 1970, 7
Dietlmeier, Fritz, 1995, 203
Dolhofer, Josef, 1971, 91; 1972, 93; 1974, 93; 1977, 91
Drinda, Dorothea, 1995, 168
Drucker, Michael, 1999,54;
Dünninger, Eberhard, 1985, 73; 1986, 111; 1988,145; 1990, 96; 1991, 174; 1992, 218; 1993, 140; 1994, 104; 1998, 139; 1999,94; 2000, 33; 2002, 8

Ebneth, Rudolf, 1987, 87
Ehl, Andreas, 1993, 234; 1994, 154; 1995, 193
Eisenbeiß, Wilhelm, 1990, 158
Elsner, Hans, 1988, 84
Emmerig, Ernst, 1968, 7; 1970, 29; 1973, 19; 1976, 64; 1978, 102; 1986, 116; 1989, 27; 1991, 9; 1997, 156; 1998, 147
Emmerig, Thomas, 1987, 191; 1989, 81; 1990, 290; 1993, 228; 1998, 57
Endres, Werner, 1987, 104
Engelhardt, Manfred, 2003, 103
Erbguth, Horst, 1985, 98
Ernsberger, Jörg, 1989, 91
Ernstberger, Josef, siehe: Balsamer, Aloys
Ettl, Peter Jeremy, 1987, 65

Färber, Konrad M., 1993, 98/186; 1997, 20/101/146; 1998, 19/187; 1998 DwR, 63, 157; 1999,18/48/131/172/182; 2000, 45/137; 2002, 30, 76; 2003, 21 / 54
Färber, Sigfrid, 1972, 65; 1979, 24; 1980, 150; 1981, 79; 1983, 72; 1986, 290; 1987, 137; 1988, 239; 1990, 221; 1991, 169; 1993, 181; 1994, 197; 1995, 120; 2003, 60
Fastje, Heike, 1994, 241
Feldmann, Christian, 1986, 177; 1987, 215; 1993, 146; 1994, 217; 1996, 46; 1997, 126; 2000, 82; 2002, 107; 2003, 121 / 124 / 126
Fendl, Elisabeth, 1985, 81; 1990, 114; 1992, 233
Fendl, Josef, 1981, 138; 1982, 153; 1983, 120; 1984, 155; 1985, 229; 1987, 257
Feuchter, Paul, 1979, 96
Fischer, Thomas, 1984, 38
Fleckenstein, Franz, 1972, 89
Fleischmann, Bernhard, 1995, 186
Franck, Markus H., 1994, 81
Frank, Sepp, 1988, 289
Frankenberg von, 1986, 247

Gädeke, Peter Wilhelm, 1974, 131
Gamber, Klaus, 1970, 105
Gansbühler, Karl Josef, 1978, 73
Gastinger, Wilhelm, 1977, 64
Gebauer, Gunther, 1980, 103
Geigenfeind, Willy, 1978, 42; 1980, 39
Geißelmann, Friedrich, 1999,179;
Germann-Bauer, Peter, 1995, 239
Geßner, Ludwig, 1982, 117
Göller, Karl Heinz, 1987, 249; 1997, 112; 2001, 112;
Goethe, Wolfgang von, 1999,7;
Goppel, Alfons, 1969, 15; 1975, 29; 1985, 44; 1987,120
Gottfried, Annerose, 1975, 127
Graber, Rudolf, 1969, 21
Graggo, Werner, 2000, 137
Grashey, Hellmut, 1969, 93
Grcic-Ziersch, Marion, 1998, 91
Greiner, Eva, 1986, 277
Greipl, Egon J., 1996, 26; 1998, 9
Grill, Harald, 1987, 70; 1989, 81

Grimm, Reiner W., 1987, 109
Groh, Kurt, 1981, 122
Groß, Hans, 1977, 57
Gruber, Johann, 2002, 82

Hable, Guido, 1968, 51; 1981, 32; 1982, 35; 1985, 204
Hack, Günter, 1998 DwR, 139;
Hackl, Helmut, 1980, 62
Hage, Hermann, 1995, 73
Hammer, Johann W., 1977, 105; 1989, 155
Handel, Günther, 2000,95;
Hanekker, Julika, 1980, 117; 1983, 115; 1987, 71; 1991, 20; 1993, 59; 1994, 49; 2000, 107;
Hanske, Horst, 1978, 20; 1982, 133; 1998 DwR, 97; 1999, 72; 2000, 21; 2001, 127; 2002, 76, 102; 2003, 138
Hartmannsgruber, Friedrich, 1988, 39
Harzenetter, Markus, 2000, 45; 2001, 46;
Hausberger, Karl, 1991, 70; 1992, 207; 1993, 235
Hauschka, Ernst R., 1968, 71; 1969, 119; 1971, 117; 1972, 85; 1973, 114; 1974, 104/114; 1976, 100; 1977, 114; 1978, 100; 1979, 39; 1980, 132; 1981, 61; 1983, 119; 1984, 31; 1985, 62/176; 1986, 135; 1990, 280; 1991, 199
Hausenstein, Wilhelm, 2003, 84
Hedeler, Heinz, 1990, 205; 1994, 20; 1996, 91
Heigl, Peter, 1987, 145; 1995, 43; 1998, 119
Heimbucher, Oswald, 1992, 143; 1994, 191
Hein, Helmut, 1998 DwR, 163
Held, Irma, 1994, 95
Held, Philipp, 1970, 47;
Heldt, Gerhard, 1999,42;
Heller, Günther, 1979, 92
Henrich, Dieter, 1979, 102; 1981, 88
Herbert, M., 1992, 122
Hermes, Karl, 1987, 263; 1989, 106
Herzogenberg, Johanna von, 1989, 9
Hietsch, Otto, 1984, 43; 1986, 197; 1987, 234; 1989, 202
Hiltl, Franz, 1968, 79; 1971, 111; 1974, 25; 1975, 21; 1976, 20; 1977, 24; 1978, 25
Höcherl, Hermann, 1970, 37; 1972, 59; 1976, 72; 1977, 87; 1978, 48; 1979, 117; 1980, 167;

1981, 152; 1982, 164; 1983, 166; 1984, 59; 1985, 48; 1986, 227; 1987, 32; 1988, 135; 1989, 179
Hocke, Eberhard, 1974, 77
Hofmeister, Hans, 1986, 93
Hofmeister, Walter, 1993, 186
Hofner, Kurt, 1978, 107; 1979, 143; 1980, 122; 1981, 103; 1982, 142; 1983, 129; 1984, 68; 1985, 169; 1986, 128; 1988, 168; 1990, 243; 1991, 219/228; 1995, 94; 1996, 78/137; 1998, 179; 1999, 33;
Hohl, Josef, 1995, 145
Hölle, Margret, 1992, 9
Höllerer, Walter, 1988, 14
Hommes, Ulrich, 1991, 229
Hönle, Alois, 1976, 39; 1978, 52
Hopfner, Max, 1989, 98
Hruby, Josef, 1996, 196
Hubel, Achim, 1980, 22; 1985, 136; 1986, 59; 1993, 197
Huber, Werner, 1970, 111; 1971, 107; 1987, 9
Hübschmann, Wernfried, 1986, 100; 1995, 133
Hummel, Franz, 1994, 128
Hummer, Hans, 1974, 70
Hurt, Benno, 1993, 108; 1999,167; 2000, 14; 2001, 77; 2002, 151;

Jaumann, Michael, 1998 DwR, 147;
Jonas, Lore, 1989, 42
Judenmann, Franz Xaver, 1984, 63; 1985, 244

Kaitaeger, 1993, 65
Karl, Emil, 1975, 57
Käß, Siegfried, 1992, 172
Kelber, Ulrich, 1997, 153; 2001, 17; 2002, 36
Kellner, Reinhard, 2003, 80
Keßel, Willi, 1993, 51
Kick, Wilhelm, 1991, 78
Kirchinger, Johann, 2002, 44; 2003, 133
Kittel, Peter, 1998, 29
Klaes, Hansheinrich, 1992, 291
Klasen, Jürgen, 1984, 99
Klee, Katja, 2000, 131;
Klofat Hans J., 1987, 164; 1990, 25
Kneip, Heinz, 1989, 31; 1991, 25; 1995, 47

Knopp, Rudolf, 1996, 162
Knorr, Burgi, 1985, 81
Knorr, Gunter, 1977, 69; 1978, 79; 1979, 45; 1983, 176
Koehler, Johannes, 1989, 138;
Kohl, Ines, 1999,150;
Kohlmann, Gert, 1980, 51
König, Eginhard, 1996, 186; 1997, 88; 1998 DwR, 45; 1999,64;
Korner, Heinrich, 1970, 77
Krampol, Karl, 1986, 23; 1988, 27; 1992, 19
Kraus, Eberhard, 1987, 179
Krause, Heinz-Jürgen, 1978, 32; 1979, 72
Krech, Hubert, 1998 DwR, 57;
Kreitmeyr, Ludwig, 1980, 85
Krohn, Barbara, 1996, 130; 1998, 67
Kühlenthal, Michael, 1989, 82
Kuhlmann, Eberhard, 1972, 81
Kukofka, Gerhard, 1968, 63
Kunz, Georg, 1993, 93
Kunz, Hildegard, 2000, 162

Lagleder, Johannes, 1990, 54
Lang, Wilhelm, 1991, 281
Lankes, Hans, 1993, 132;
Laurer, Toni, 1999, 146;
Laufer, Cläre, 1976, 133; 1977, 135; 1978, 177; 1979, 204; 1980, 230; 1981, 208; 1982, 210; 1983, 37/181; 1984, 83/175; 1985, 225/249; 1986, 242/305; 1987, 129/293; 1988, 284/290; 1989, 300
Lautenschlager, Hans, 1971, 47
Lehner, Albert, 1994, 163
Leistner, Gerhard, 1992, 162; 1993, 221; 1994, 265
Lenz, Hermann, 1986, 50; 1987, 131; 1992, 68; 1994, 188; 1998, 135
Liebl, Franz, 1985 14/228; 1986, 166; 1987, 48; 1989, 80
Liefländer, Irene, 1988, 248; 1990, 256;
Liefländer, Martin, 2001, 59
List, Marietheres, 1999, 42;
Loers, Veit, 1982, 75; 1984, 132
Lohmer, Cornelia, 1988, 189; 1990, 173
Lohse, Hartwig, 1972, 55
Lottes, Gabriele, 1993, 16

Lottes, Günther, 1992, 140
Loverde, Ludwig, 1996, 197
Lukas, Herbert, 2002, 180

Mai, Paul, 1974, 122; 1976, 90; 1977, 39; 1979, 30; 1982, 25; 1985, 185; 1989, 20; 1993, 161
Maier, Hans, 1974, 43
Maier-Scheubeck, Nicolaus, 2001, 158
Mair, Georg, 1993, 65
Männer, Karl, 1980, 146
Manske, Dietrich Jürgen, 1988, 59
Manstorfer, Sigrid, 1982, 98
Mark, Oskar, 1976, 52; 1979, 60
Maydell, Uta von, 1988, 244; 1989, 194; 1993, 118; 1994, 61
Mayer, Franz, 1968, 17
Mayer, Peter, 1978, 114
Mazataud, Pierre, 1995, 23
Mederle, Helmut, 1997, 9
Meier, Bernhard, 1998 DwR, 125;
Meier, Christa, 1992, 27; 1993, 78; 1994, 9; 1995, 57; 1996, 20
Meier, Hans, 1980, 110
Meier-Quéruel, Ulrike, 1987, 53
Meierhofer, Peter, 1987, 119
Memmer, Hermann, 1981, 96
Menschick, Rosemarie, 1986, 140
Metzger, Alfons, 1998 DwR, 77;
Meyer, Bernd, 1979, 136; 1983, 46; 1989, 118
Meyer, Herbert, 1991, 210
Miedaner, Stefan, 1988, 271
Morgenschweis, Fritz, 1984, 58
Morsbach, Peter, 1989, 260; 1998 DwR, 83; 1999, 123; 2000, 122; 2002, 137; 2003, 44
Motyka, Gustl, 1990, 74; 1991, 270; 1992, 228; 1993, 242; 1994, 227
Müller, Manfred, 1992, 10; 1997, 83
Müller-Henning, Margarete, 1993, 160

Nastainczyk, Wolfgang, 1990, 184
Naumann, Josef, 1993, 173
Naumann, Markus, Naumann, Michael, 1986, 217; 1990,164
Nees, Werner, 1986, 258
Niedermeier, Ludwig Mario, 1981, 128

Nitz, Genoveva, 1987, 207; 1990, 267; 1992, 168; 1994, 275; 1995, 235
Nübler, Dieter, 1975, 8; 1976, 8; 1977, 8; 1978, 8; 1979, 8; 1980, 8; 1982, 8; 1983, 8; 1984, 10; 1985, 15; 1986, 36; 1989, 53; 1990, 47; 1992, 43; 1993, 10; 1994, 13

Oberkofler, Elmar, 1975, 20; 1977, 127; 1979, 108; 1981, 66; 1982,152; 1983, 45; 1985, 114; 1988, 278; 1990, 214; 1992, 184; 1995, 30
Obermair, Gustav M., 1973, 51
Ollert, Brigitte, 1977, 77
Opitz, Georg, 2003, 156
Oster, Heinz, 1983, 142; 1984, 138; 1985, 155; 1986, 295; 1993, 122; 1998, 105; 1998 DwR, 131; 1999, 82;
Osterhaus, Udo, 1991, 243
Ostermann, Rainer, 1996, 37
Otto, Gerd, 1972, 39; 1985, 218; 1996, 117; 1997, 20

Paretti, Sandra, 1995, 127
Pauer, Max, 1973, 59
Paulus, Helmut Eberhard, 1988, 200; 1989, 271; 1990, 89/297; 1991, 255; 1992, 95/199; 1993, 192; 1994, 258; 1995, 217; 1997, 26
Paust, Heinz, 1988, 77
Pavic, Milorad, 1988, 103
Pfeiffer, Wolfgang, 1982, 40; 1985, 92; 1986, 160; 1987, 200/203; 1988, 156; 1989, 244/263; 1990, 39; 1994, 233;
Pfeffer, Franz, 1999, 112;
Pfister, Kurt, 2000, 89;
Pfoser, Arthur, 2000, 53; 2001, 99;
Philipsborn, Henning von, 1996, 143
Piendl, Max, 1968, 25
Pigge, Helmut, 1990, 122; 1996, 73; 1998, 39
Pilz, Hans, 1986, 153
Prell, Hans, 1995, 67
Probst, Erwin, 1981, 21; 1983, 23; 1996, 9
Prößl, Heinrich, 1972, 105
Proschlitz, Hubertus, 1986, 247
Prugger, Max, 1969, 7
Pschorr, Rupprecht, 1973, 64
Pürner, Stefan, 1986,196
Putzer, Walter, 2001, 41

Raab, Harald, 1994, 111; 1995, 100; 1996, 84; 1999, 137; 2001, 32; 2002, 23;
Rattelmüller, Paul-Ernst, 2000, 100;
Ratzinger, Georg, 1968, 21; 1980, 110
Ratzka, Kurt, 1983, 101; 1988, 77
Rau, Hermann, 1980, 70; 1981, 71; 1988, 218; 1994, 250; 2003, 70
Rauch, Albert, 1987, 209
Rauschmayr, Hanns, 1978, 86
Rehorik, Heinz, 2000, 38
Reichmann, Claudia, 2000, 111;
Reichmann, Stefan, 1997, 131; 1998, 45; 1998 DwR, 113; 2001, 120;
Reichenwallner, Heinz, 1999, 128; 2003, 37
Reidel, Hermann, 1986, 164; 1988, 163/227; 1991, 266; 1993, 215; 1995, 237; 2003, 29
Reil, Richard, 1997, 32
Reinemer, Walther, 1974, 148; 1975, 98; 1976, 108; 1977, 128; 1978, 127; 1979, 78; 1980, 172; 1981, 146; 1983, 157; 1998 DwR, 91;
Reinhold, Beate, 1989, 235
Remlein, Thomas, 1997, 69; 1998, 73
Rheude, Max Maria, 1987, 134
Rieckhoff, Sabine, 1985, 95; 1988, 106; 1990, 9
Riederer von Paar, Franz Frhr., 1984, 127
Riedl-Valder, Christine, 2002, 165
Rieke, Thomas, 1994, 82
Ritt-Frank, Angelika, 1994, 38
Rocznik, Karl, 1991, 132
Rösch, Gertrud Maria, 2003, 89
Rollmann, Barbara, 1993, 208
Rosengold, Hans, 1986, 173
Rothenbücher, Ulrich, 1998 DwR, 103;
Rubner, Jeanne, 1995, 156
Ruile, Gerd, 1971, 53
Ruppel, Achim, 1995, 109
Ruscheinsky-Rogl, Dagmar, 1993, 113; 1998 DwR, 39;
Rüth, Josef D., 1988, 178; 1990, 234; 1994, 68

Sackmann, Franz, 1974,62
Sauerer, Angelika, 1998, 61; 1998 DwR, 19; 2000, 67;
Sauerer, Manfred, 1994, 78/144; 1995, 82; 1997, 79

Schäfer, Hans Dieter, 1991, 168
Scharnagl, August, 1985, 63; 1990, 272
Schauppmeier, Kurt, 1968, 67; 1969, 105; 1970, 119; 1971, 121; 1972, 101; 1973, 128; 2000,58; 2003, 115
Schauwecker, Heinz, 1974, 121
Schedl, Otto, 1969, 29; 1971, 17; 1986, 209
Scheiner, Michael, 1997, 60
Schellenberg, Heiko, 1994, 121
Scherl, Heinz, 1995, 91
Scherrer, Hans, 1990, 131
Schieder, Elmar, 1977, 83; 1981, 37; 1982, 61; 1985, 52
Schienle, Heinz, 1995, 38
Schießl, Günter, 1979, 128; 1998 DwR, 49; 1999, 175; 2002, 116; 2003, 8
Schindler, Herbert, 2001, 92; 2003, 97
Schindler, Mariele, 1996, 127
Schinhammer, Heinrich, 1976, 101
Schinner, Hans, 1995, 91
Schirmbeck, Udo, 1978, 94
Schirmer, Monika, 2002, 95
Schirnding, Albert von, 1985, 32; 1987, 61; 1992, 187/217; 2000, 9; 2001, 85; 2002, 16;
Schlemmer, Thomas, 1996, 59
Schlichting, Günter, 1985, 194
Schlichtinger, Rudolf, 1968, 11; 1969, 35; 1972, 17; 1973, 25; 1976, 27; 1977, 47; 1979, 121
Schmid, Albert, 1975, 36; 1978, 59
Schmid, Alois, 1987, 36; 1988, 125
Schmid, Diethard, 1989, 287
Schmid, Fritz, 1971, 83; 1973, 76
Schmid, Karl, 1985, 211
Schmid, Norbert E., 1994, 33; 1998, 53
Schmid, Rupert, 1973, 32; 1979, 127; 1980, 79; 1982, 139; 1984, 150; 1986, 18; 1993, 74
Schmidbauer, Irmengard, 1990, 64
Schmidt, Klaus Jürgen, 1986, 147; 1987, 174
Schmidt, Marianne, 2002, 54
Schmitz, Mathias, 1996, 51
Schmitz, Walter, 1989, 187
Schmuck, Carolin, 1995, 161; 2001, 133;
Schnabl, Arthur, 1998, 81
Schneider, Rolf, 1986, 142
Schnetz, Wolf Peter, 1972, 21; 1973, 121; 1995, 140; 1996, 104; 2001, 66; 2002, 112;

Schöll, Marion, 1998, 19
Scholz, Herbert, 1973, 37
Schönfeld, Renate, 1988, 262
Schönfeld, Roland, 1986, 75; 1991, 62
Schörnig, Wolfgang, 1994, 89; 1997, 73
Schreiber, Heinrich, 1973, 81
Schreiegg, Anton, 1988, 167; 1989, 80; 1990, 32; 1993, 42
Schubert, Wilhelm, 1985, 131
Schuhgraf, Josef, 1969, 83
Schuller, Rudolf, 1993, 84
Schumacher, Heinz, 1984, 95
Schuster, Adolf, 1982, 70; 1983, 32
Schuster, Lotte, 2000, 72;
Schwab, Dieter, 1989, 223; 1993, 22
Schwaiger, Dieter, 2002, 145
Schwaiger, Georg, 1989, 65
Schwämmlein, Karl, 1994, 208
Schwarz, Hans, 1992, 73
Schwarz, Klaus, 1969, 43
Schwarzmaier, Ernst, 1971, 99
Schweinar, Bernd, 1998 DwR, 25;

Scriba, Hans, 1989, 313
Seelig, Lorenz, 1998 DwR, 9;
Seidl, Florian, 1969, 113;
Sendtner, Florian, 1999, 117;
Seyboth, Hermann, 1974, 140
Siegert, Walter, 1991, 126
Silbereisen, Sigmund, 1971, 65
Sillner, Manfred, 1991, 237
Sowa, Wolfgang, 1993, 64
Sperb, Maria-Anna, 1994, 100
Sperb, Marianne, 1998, 87
Spies, Uta, 1998 DwR, 91;
Spitta, Wilkin, 1970, 7; 1971, 7; 1972, 7; 1973, 7; 1974, 7; 1987,14; 1988, 9
Spitzner, Alfred, 1989, 211; 1992, 123

Staab, Helmut Benno, 1975, 76
Staudigl, Franz Xaver, 1976, 82; 1978, 126; 1981, 137
Steck, Gerhard, 1983, 93
Stein, Franz A., 1980, 133; 1988, 255; 1993, 166; 1998 DwR, 71;
Steinbauer, Clemens, 1974, 35

Stellner, Norbert, 1998 DwR, 169;
Steppan, Erich, 1983, 163
Sterl, Raimund W., 1980, 45; 1981, 67; 1983, 40; 1985, 177; 1989, 230; 1992, 84; 1996, 179; 2002, 72;
Stilijanov-Nedo, Ingrid, 1988, 152
Stöberl, Günter, 1984, 118; 1987, 79; 1991, 110
Stöckl, Wilhelm, 1971, 75; 1983, 151
Stösser, Ernst, 1986, 233; 1997, 53
Straßberger, Peter, 1981, 46
Stroinski, Werner, 1976, 44
Stuber, Manfred, 1989, 216

Teufel, Otto, 1975, 49
Themessl, Peter, 1998 DwR, 147;
Thurn und Taxis, Johannes, Prinz von, 1970, 17
Timm, Werner, 1985, 98/105; 1986, 156; 1987, 192; 1989, 266; 1990, 226; 1991, 259; 1992, 150; 1993, 231; 1998 DwR, 97; 1999, 185;
Tittel, Lutz, 1995, 232
Titz, Josef, 1975, 72; 1980, 33
Treiber, Adolfine, 1977, 32
Triebe, Richard, 1969, 67; 1973, 115; 1984, 87; 1985, 150; 1987, 278
Troidl, Robert, 1988, 91; 1989, 303; 1990, 78; 1992, 110; 1994, 24

Unger, Klemens, 2001, 10; 2003, 54
Urbanek, Peter, 1991, 44

Vangerow, Hans-Heinrich, 1985, 238; 1986, 85; 1987, 97; 1988, 116; 1989, 128; 1990, 306; 1991, 293; 1992, 54; 1993, 248; 1994, 180
Vesenmayer, Hans H., 1969, 75; 1972, 49
Viehbacher, Friedrich, 1978, 66; 1980, 91; 1982, 103; 1983, 82; 1986, 9; 1990, 33
Vielberth, Johann, 1969, 99; 1975, 64; 1986, 102; 1988, 70
Vieracker, Christian, 1995, 177
Vogt, Rudolf H., 1974, 85
Volkert, Wilhelm, 1991, 36; 1995, 11
Völkl, Ekkehard, 1992, 131; 1994, 174
Vorbrodt, Günter W., 1974, 105; 1993, 225

Wachter, Gerhard, 1982, 113
Wagenknecht-Wollenschläger, Elke, 1980, 140
Waldherr, Gerhard, 1986, 187
Waldherr, Siegfried, 1970, 97; 1992, 260
Wallner Fritz, 1991, 275
Walter, Margot, 1990, 324; 1991, 302; 1992, 303; 1993, 258; 1994, 279; 1995, 244; 1996, 127/203; 1997, 66/160; 1998, 195
Walther, Adolf, 1987, 223
Wanner, Helmut, 1996, 124; 1997, 45/49; 1999, 155; 2000, 118; 2002, 109;
Wanderwitz, Heinrich 2002, 54
Wartner, Hubert, 1979, 87; 1996, 156
Weber, Ernst, 2001, 104
Weber, Hans, 1972, 27
Weichmann, Birgit, 2001, 72; 2002, 172
Weigl, Julia, 1993, 46; 1994, 249
Weinhold, Günter, 1981, 113
Weishaupt, Josef, 1991, 92
Weiß, Hermann, 1996, 140; 1998, 99; 1999, 60;
Wendisch, Karl Horst, 1999, 143;
Werner-Eichinger, Susanne, 1998, 156
Widmann, Werner A., 1973, 109; 1974, 155; 1975, 119; 1976, 117; 1977, 123; 1978, 134; 1979, 152; 1980, 180; 1981, 158; 1982, 160; 1983, 171; 1984, 166; 1985, 9; 1986, 222; 1987, 124; 1988, 97; 1989, 145; 1990, 20; 1991, 203; 1992, 249; 1993, 244; 1994, 29; 1995, 134; 1997, 106/140; 1998, 127; 1998 DwR, 175; 1999, 161; 2000, 149; 2001, 152; 2002, 159; 2003, 163
Wiedamann, Richard sen., 1990, 104
Wiedemann, Fritz, 1988, 53
Wiesinger, Hellmuth, 1988, 183
Wild, Georg, 1973, 132
Wilhelm, Helmut, 1974, 43
Winkler, Josef, 2001, 55
Winkler, Rudolf, 1982, 123
Winterstetter, Barbara, 1995, 150; 1997, 136
Wittmann, Fritz, 1980, 155
Wittmer, Siegfried, 2003, 142
Wolf, Jakob, 1972, 35
Woll, Eberhard, 1982, 128; 1983, 109; 1997, 149

Wolz, Gernot, 1991, 166
Wotruba, Claus-Dieter, 1995, 85;
　1998 DwR, 33;
Wunderer, Hansjörg, 1993, 177

Zeitler, Walther, 1990, 138; 1992, 291
Zeitner, Björen, 2002, 125
Zelzner, Johann, 1974, 56
Zehetner, Ludwig, 1999, 24;
Ziegler, Friedrich, 2000, 75;
Zimmermann, Hans Jürgen, 1981, 88
Zorger, Hans-Hagen, 1975, 90
Zweck, Hildegard, 1995, 206; 2000, 154

II. SACHREGISTER

Bauwerke

Albrecht-Altdorfer-Gymnasium, 1991, 255
Altes Rathaus, Reichssaal, 1977, 47
Altstadtsanierung, 1997, 8
Alumneum, 1985, 194
Anatomieturm, 1986, 277
Aschenbrennermarter, 1994, 250
Auerbräu, 1998, 73
Bauen, Neues, 1994, 121
BayWa-Lagerhaus, 2002, 44
Brücken, Bildbeitrag, 1975, 8
Brücken 1968, 37; 1986, 102; 2003, 8
Bürgerhaus, Wahlenstraße, 1993, 192
Burgen und Schlösser, 1984, 150
Dom, 1970, 115; 1971, 7; 1973, 115; 1977, 39;
　1984, 95; 1985, 135/150; 1986, 56; 1987, 278;
　1988, 163; 1989, 82; 1994, 249
Don-Juan-d'Austria-Standbild, 1978, 114
Dörnberg-Palais, 1987, 223
Fürstliches Schloß, 1988, 218
Gartenplais Löschenkohl, 2000, 45;
Goldenes Kreuz, 1979, 52; 1994, 233
Herzogshof, 2003, 60
Ingolstetterhaus, 1994, 241; 1999, 48;
Jugendherberge, 2000, 122;
Königliche Villa, 1970, 63
Landolt-Haus, 1997, 101
Lauser-Villa, 1979, 128

Leerer Beutel, 1979, 128; 1982, 40; 1993, 208
Löschenkohl Gartenpalais, 2000, 45;
Lokschuppen, Alter, 1999, 60; 2001, 138
Ludwigstraße 3, 1998, 157;
Neue Waag, 1999, 123;
Parkhotel Maximilian, 1979, 128; 1981, 79
Pestalozzi-Schule, 1993, 192
Postamt, neues, 1992, 284
Pürkelgut, 2001, 31
Restaurierung, 1969, 67; 1985, 150; 1994, 258
Runtingerhaus, 1969, 59
Salzstadel, 1993, 192
Sanierte Bauwerke, 1977, 8; 1979, 128; 1982,
　40/123; 1983, 46; 1987, 79;
Schnupftabakfabrik, 1999, 48;
Schultze, Max, 1996, 170
Stadel, historische, 1998 DwR, 83;
Stadthalle, 2001, 66
Sauseneck, Haus am, 1979, 128
Steinerne Brücke, 1968, 37; 1986, 102;
　1997, 26; 2003, 8
Steuersches Haus, 1993, 186
Synagoge, 1986, 167; 1997, 14; 2003, 142
Thon-Dittmer-Palais, 1974, 105; 1983, 46
Velodrom, 1996, 186; 1998, 87; 1999, 42;
Walhalla, 1987, 234
Weinschenkvilla, 1989, 211; 2001, 120
Weintingergasse, 1996, 197
Zanthaus, 1999, 48;
Zant-Haus, 1987, 49; 1994, 241
Ziebland, Georg Friedrich, 1993, 181

Kapellen
- Kreuzhofkapelle, 1986, 187
- Maria-Läng-Kapelle, 1983, 37
- Sigismund, 1974, 105
- Thomas-Kapelle, 1979, 128

Kirchen
- Karmelitenkirche, 1991, 210
- Kreuz-Kirchlein (Peterskirchlein), 1971, 91
- Minoritenkirche, 1979, 128
- Mittelmünster (St. Paul), 1985, 185
- Niedermünster, 1969, 43
- Obermünster, 1976, 90
- St. Anna, Großprüfening, 1989, 278

- St. Cäcilia, Stadtpfarrkirche, 1987, 215
- St. Emmeram
- - Glockenturm, 1969, 67
- - Kloster und Kirche, 1981, 21
- St. Oswald, evangelische Kirche, 1992, 95
- St. Paul, Stift, 1985, 185

Klöster
- Prüfening, 1979, 39

Verschwundene Bauwerke
- Freisinger Hof, 1988, 208
- Hunnenplatz, 1985, 211
- Mittelmünster (St. Paul), Stift, 1985, 185
- Obermünster, Stiftskirche, 1976, 90

Betrachtungen

Amann, Wilhelm, Regensburg und die fünf
　Sinne, 2002, 63
Arnold Katrin, Blick über die Stadt, 1970, 115
- Das Lächeln des Engels, 1986, 56
Balsamer, Aloys, Wia is des mit dera Refor-
　mirerei?, 1972, 109
- Über die Kunst, 1973, 136
- Wechseljahre, 1974, 161
- Die Zeit, 1975, 124
- Ein Jahr?, 1977, 134
- „Staade" Stunden, 1978, 139
- Weihnachten – und was bleibt?, 1979, 158
- Ein Licht, 1980, 184
- Abschied von 1980, 1981, 163
- An was ma so denkt... im Advent..., 1982,
　169
- Auferstehung?, 1983, 180
- Kartage..., 1984, 9
- Der Wald, 1984, 170
Demski, Eva
- Ein Regensburger, In Regensburg leben,
　1988, 287
- Rund wie die Erde, 1992, 255
Hauschka, Ernst R., Im Labyrinth der Felsen-
　gassen, 1968, 71
- Aus dem Regensburger Skizzenbuch,
　1971, 117

– J. W. von Goethes Spaziergang in Regensburg, 1981, 61;
Hausenstein, Wilhelm v., Pfingstfahrt nach Regensburg, 2003, 84
Hanske, Horst
– Servus, bis heut' Abend beim Knei, 1999, 72;
– Als die Regensburger noch von „Unserem Fürsten" sprachen, 2000, 21
Hiltl, Franz, Umweht von Herbheit und Würze, 1968, 79
Höcherl, Hermann Abschied von Bonn, 1977, 87;
Lauerer, Toni, Im Spitalgarten, 1999, 146;
Pavic, Milorad, Donaulegende, 1988, 103
Reinemer, Walther
– Kleiner Liebesbrief an Regensburg, 1977, 128
– Regensburg, meine Stadt..., 1980, 172
– Früher war man anders jung..., 1981, 146
Seyboth, Hermann, Faul wie ein Regensburger, 1974, 140
Widmann, Werner A., Jonas Ratisboniensis, 1973, 109
– Kallmünzer Impressionen, 1986, 222
– Restbestände, 1988, 97

Bildbeiträge

Alltag, Regensburg, 1970, 7
Altdorfer, Albrecht, Gemälde, 1981, 8
bayerische Volkskunst, 1982, 8
Berufe, 1976, 8
Brücken, 1975, 8
Castra Regina – 1800 Jahre, 1980, 8
Dom, 1971, 7
Donau und Zuflußgebiete, 1974, 7
Heimatbewußtsein, 1977, 8
Jugend in Regensburg, 1994, 13
Klöster, 1989, 53
Luftaufnahmen, Regensburg, 1969, 7
Moderne Betriebe, 1992, 42
Naturdenkmale, 1978, 8
Regensburg alt und neu, 1979, 8
Regensburg, Ansichten, 1988, 9

Schützenscheiben, 1986, 36
Sport und Freizeit, 1983, 8
Stadt und Fluß, 1972, 7
Stadt und Umgebung, 1973, 7
Steine reden, 1985, 15
steinerne Wahrzeichen, 1984, 10
Strom, 1987, 14

Bildende Kunst

Altdorfer, Albrecht, Wirkungsgeschichte, 1989, 244
Asam, Cosmas Damian, 1968, 25
Berufsverband Bildende Künstler, 1996, 84
Bier, Wolfgang, 1993, 231
Blechen, Karl, 1990, 229
Buchmalerei, Regensburg, 1988, 15
Burckhardt, Jacob, 1986, 111
Corinth, Lovis, 1986, 156
Dinnes, Manfred G., 1992, 150
Dom
– Glasmalerei, 1973, 115
– Kleinplastik, 1987, 278
– Pfingstfenster, 1990, 47
– Verkündigungsgruppe, 1986, 56
Don Juan d' Austria, Denkmal, 1978, 114
Emmeram, St. 1981, 21
Feininger Lyonel, Die Ruine auf dem Kliff, 1991, 259
Festdekorationen, barocke, 1985, 81
Fiederer, Georg, 1998 DwR, 125;
Friedel, 1990, 256; 2002, 102
Fuhr, Xaver, 1971, 107; 1998 DwR, 97;
Galerien, 1983, 115
Gebhardt-Westerbuchberg, Franz Sales, Die Passion, 1991, 219
Geistreiter, Hans, 1986, 128; 1997, 153
Glaskunst, 1987, 203
Glasmalerei, 1973, 115; 1991, 229
Heinrich, August, Galerist, 1996, 140
Herigoyen, Emanuel Joseph von, 1988, 227
Himmelfahrt Mariens, Tafelgemälde, 1993, 218
Historismus, fürstlich thurn- und taxis'scher Schloßbau, 1990, 301

Jaeckel, Willy, 1988, 152
Jakobusfahne, 1991, 266
Jugendwettbewerb, 1994, 68
Kallmünzer Maler, 1986, 222
Kloster Prüfening, 1979, 39
Königliche Gemäldegalerie, 2001, 133
Kruczek, Helmut, 1997, 149
Kunst am Bau in der Nachkriegszeit, 2002, 137
Kunstschätze und Kulturdenkmäler, 1977, 105; 1978, 25; 1980, 22
Leerer Beutel, 1993, 208;
Liebl, Peter, 1999, 150;
Lindinger, Jo, 1983, 129
Loeffler, Peter, 1977, 114
Loesch, Ernst, 1992, 184
Maria-Läng-Kapelle, 1983, 37
Mayer, Peter, 1978, 120
Menzel, Adolph, 1985, 105; 1992, 162
Nicolas, Richard, 1991, 237
Oberländer, Adolf, 1992, 172
Obermüller, Johanna, 1990, 243
Ostendorfer, Michael, Reformationsaltar, 1995, 161
Popp, Barbara, 1993, 29
Porzellan, 1987, 104
Preißl, Rupert D., 1980, 122
Preller, Friedrich d. Ä., 1985, 98
Schwendter, Isaac, Das gute Regiment, 1990, 39
Sigismundkapelle, 1974, 105
Sillner, Manfred, 1988, 168
Speer, Martin, 1986, 164
Steinerne Brücke, 1968, 37
Sturm, Margret, 2003, 129
Tonner, Winfried, 1987, 192; 2002, 112
Triebe, Richard, 1978, 107
Thurn und Taxis, Margarete von, 1993, 35
Ulfig, Willi, 1970, 111; 1981, 103
Unruh, Kurt von, 1984, 68
Wahrzeichen, 1984, 10; 1985,15
Waxschlunger, Johann Georg, 1987, 200
Wißner, Max, 1975, 98; 1990, 234
Wurmdobler, Fritz, 1979, 143
Zacharias, Alfred, 1998, 45
Zacharias, Walter, 1985, 169; 1993, 228

- Malerfamilie, 1989, 135
Zoffany, Joh. Joseph, 1985, 92

Bildung und Erziehung

Abendgymnasium, 1977, 83
Akademie für Erwachsenenbildung, 2001, 59
Albertus-Magnus-Gymnasium, 1989, 287
Alumneum, 1985, 194
Anatomischer Unterricht, 1986, 277
Arme Schulschwestern, 1986, 177
Behinderte, Waldtherapie, 1990, 306
Berufsförderungswerk Dr. Eckert, 1977, 77
Bibliotheken, 1988, 145; 1999, 54;
Bildungszentrum Thon-Dittmer-Palais, 1983, 46
Bischöfliche Zentralbibliothek, 1982, 25
Botanische Gesellschaft, 1981, 71
DAI, 2000, 118;
Don-Bosco-Zentrum, 1998 DwR, 131;
Elterninitiativen, 1980, 140; 1987, 71
Emmeram-Schule, 1983, 23
Fachhochschule, 1974, 85
Grünbeck, Josef, Lehrer und Gelehrter, 1972, 93
Gymnasium Poeticum, 1985, 194
Kindergarten, 1998, 67
Kirchenmusikschule, 1998 DwR, 71;
Klarenangerschule, 1992, 241
Jesuitenschule, 1985, 185
Landwirtschaftsschule, 1990, 205
Lesehaus, amerikanisches, 2000, 118;
Musikalische Bildung, 1968, 21; 1972, 89; 1980, 110; 1985, 194
Nachkriegsschulzeit, 1987, 61
Ostkirchliches Institut, 1987, 209
Placidus, Heinrich, Lehrer und Gelehrter, 1983, 23
Pestalozzischule, Chronik, 1996, 156
Poetenschule, 1972, 93; 1985, 194
Poetenschule, Beer, Johann, 1991, 169
Schullandheime, 1980, 146
Spitznamen von Regensburger Lehrern, 2001, 99

Universität, allgemein, 1968, 17; 1971, 53; 1972, 59; 1973, 51; 1975, 90; 1979, 102; 1998, 169
- Auditorium maximum, 1978, 94
- Bibliothek, 1973 59
- Blick in die Wissenschaft, 1994, 132
- Dachs, Hanna, 1993, 51
- Einzugsgebiet, 1984, 99
- Forschung und Lehre, 1968, 17; 1975, 90
- internationale Beziehungen, 1985, 115
- Klinikum, 1981, 88; 1993, 65
- kulturelle Aktivität, 1987, 153
- Studentenwerk, 1986, 258
- Studium im Alter, 1990, 196
- Theologiestudium, 1990, 185
Volkshochschule, 1995, 73; 1996, 127
Volksschule, 1971, 75
Waldjugendspiele, 1985, 238
Walter, Otto, 2000, 100;

Brauchtum

Bierkrugdeckel, 1983, 67
Christkindlmarkt, 1991, 199
Dult, 1987, 137
Fastnachtsbrauch, 1989, 223
Gewürzsträuße, 1980, 117
Ortsneckereien, 1983, 120
Redewendungen, 1982, 153
Reiseberichte, 1992, 218
Schützenscheiben, 1986, 36
Volksbelustigungen, 1990, 114
Volkskunst, 1982, 8

Chronik

1968, 89; 1969, 121; 1970, 127; 1971, 125; 1972, 115; 1973, 139; 1974, 165; 1975, 127; 1976, 133; 1977, 135; 1978, 177; 1979, 204; 1980, 230; 1981, 208; 1982, 210; 1983, 181; 1984, 175; 1985, 249; 1986, 305; 1987, 293; 1988, 290; 1989, 316; 1990, 324; 1991, 302; 1992, 303; 1993, 258; 1994, 279; 1995, 244; 1996, 203; 1997, 160; 1998, 195

Denkmalpflege

Bahnhofsüberbauung, 2001, 55
„document Neupfarrplatz", 2002, 54
Kunst am Bau in der Nachkriegszeit, 2002, 137
Pürkelgut, 2001, 31
Stiftung Regensburg 1963-1967, 2001, 46

Erinnerungen

Albrecht, Andreas
- Und so mancher ..., 1977, 95
- Nicht erstarrt in steifer Würde ..., 1983, 60
- Alois Huber, 1984, 28
Arnold, Ernst, Erinnerungen an die Klarenangerschule, 1992, 241
Bemelmanns, Ludwig, „Last visit to Regensburg", 1999, 88
Brincken, Gertrud von den, Zwischen 19 und 90, 1992, 193
Demski, Eva
- Abschied von einem alten Haus, 1987, 49;
- Als das Eisen seinen Frieden machte, 1999, 107;
Engelhardt, Manfred, Der Regensburger Eisbuckel, 2003, 103
Ettl, Peter Jeremy, Die Kinder vom „Glasscherbenviertel", 1987, 65;
Färber, Konrad Maria, Ich war im Museumskonzert, 1999, 131;
Feldmann, Christian, Fräulein Parzival, 1997, 126
Goppel, Alfons
- Vom Dorfbuben zum Ministerpräsidenten, 1969, 15
- Das alte Reinhausen, 1987, 120
Hanske, Horst, Helge und Schmid Sepp, 2001, 127
Hedeler, Franz, Beim Fürstn, 1996, 91
Heller, Günther, Als die Trambahn noch fuhr..., 1979, 92
Höcherl, Hermann, Zwei Bayern in Bonn, 1978, 48
- Begegnungen mit Theodor Heuss, 1979, 117

- Was ist Schönheit?, 1980, 167
- Der Unertl, 1981, 152
- „... und ich beschloß, Politiker zu werden", 1982, 164
- Brüsseler Impressionen, 1983, 166
- Miszellen, 1984, 59
- Mein Weg aus dem Vorwald..., 1986, 227
- Regensburger Blick auf Bonn, 1987, 32
- In Brennberg daheim, 1988, 135
- Leute, die ich kennen lernte, 1989, 179

Hönle, Alois, Die Eingemeindung – was war und bleibt, 1978, 52
Huber, Werner, Auf ungesicherten Pfaden, 1987, 9
Hurt, Benno,
- München-Kolbstadt, 1993, 108
- „Chopper", 2002, 151

Knorr, Gunter, Abschied von Regensburg, 1983, 176
Lenz, Hermann, Erinnerung an Regensburg, 1986, 50
- Ein Regensburger Minnesänger, 1994, 188
- Erinnerung an Castra Regina, 1998, 135

Pfoser, Arthur
- Heiße Rhythmen – heißes Eisen, 2000, 53
- Spitznamen von Regensburger Lehrern, 2001, 99

Reinemer, Walther, Die Fischer, 1974, 148
- Kleiner Liebesbrief an Regensburg, 1977, 128
- Regensburger Geschichten, 1978, 127

Schirnding, Albert von, Herkommen, 1985, 32;
- Troja lag näher als Stalingrad, 1987, 61
- Märchenbühne der Geschichte, 2000, 9
- „Voi che sapete", 2001, 85

Schindler, Herbert
- Der Zwiebelturm, 2001, 92;
- Jugend an der Donau, 2003, 97;

Schlichtinger, Rudolf, Erlebnisse am Rand, 1979, 121
Schnetz, Wolf Peter, Der Zinstag-Clan, 1995, 140
- Eine Erinnerung, 1996, 104

Schuster, Lotte, Ich bin eine Regensburgerin, 2000, 72;

Sterl, Raimund W., Rosine Suppe in Wien, 1996, 179
Wanner, Helmut, Da hilft auch kein Bauernseufzen, 1997, 49
Wartner, Hubert, Als wir Kumpfmühler noch unter uns waren, 1979, 87
Widmann, Werner A., Jonas Ratisboniensis, 1973, 109
- O Täler weit, o Höhen, 1974, 155
- Prost Holzmacher von Paris, 1975, 119
- Irene Ohngeschmack, 1976, 117
- Die Ondulier Anna mit den Bücklingen, 1977, 123
- Die Brändl Kramerin, 1978, 134
- Elisabeth, die Erste, 1979, 152
- Josephine F., 1980, 180
- Die Plakette, 1981, 158
- Der Matrose im Großformat, 1982, 160
- Maestro Michele, 1983, 171
- Mein Freund Aloys Balsamer, 1985, 9
- Neunmal Hausnummer 16a, 1987, 124
- Mein Stammtischbruder, der Herr Minister, 1990, 20
- Brot beim Binner, 1991, 203
- Reporter mit Radlaufglocken, 1992, 249
- In den Alleen hin und her..., 1993, 244
- Grüaß Gott, Herr Märchenonkel, 1994, 29
- Der Träumer aus der Blaufärberei, 1995, 134
- Lebensgefährtin gesucht, Stadträte gefunden, 1997, 106
- Ich bin wieder da, 1997, 140
- Das Hungerjahr 1947, 1998, 127
- Als die Stadt Notstandsgebiet werden sollte, 2001, 152
- Als sich „das Schlitzohr" zum Regieren aufmachte, 2002, 159
- Das Jahr der Spatenstiche und Einweihungen, 2003, 163

Erzählungen

Bemelmanns, Ludwig, „Last visit to Regensburg", 1999, 88;
Britting, Georg, Brudermord im Altwasser; Ferkelgedicht, 1968, 83

Demski, Eva
- Abschied von einem alten Haus, 1987, 49;
- Als das Eisen seinen Frieden machte, 1999, 107;

Hiltl, Franz, Die dicke Agnes und das Jüngferlein, 1971, 111
Hurt, Benno
- Gloria! hör' mein Herz ich rufen, 2000, 14
- Samstagvormittag, 2001, 77

Judenmann, Franz Xaver, Der 12.12.12, 1984, 63
- Die unlösbare Aufgabe, 1985, 244

Laufer, Cläre, Nach 41 Jahren, 1987, 129
Lenz, Hermann, Erinnerung an Regensburg, 1986, 50
- Feriengäste im Bayerischen Wald, 1992, 68

Schirnding, Albert von, „Voi che sapete", 2001, 85
Seidl, Florian, Der Baumeister, 1969, 113
Wiedamann, Richard sen., Der Regensburger Trojanische Krieg, 1990, 104

Friedhöfe

Evangelischer Zentralfriedhof, 1990, 78
Jüdischer Friedhof, 1993, 154
Oberer Katholischer Friedhof, 1989, 303
Peters-Friedhof mit Kirche, 1971, 91
Unterer Katholischer Friedhof, 1992, 110

Gastronomie

Auerbräu, 1998, 73;
Biergärten
- 1998 DwR, 147;
- Spitalgarten, 1999, 146;
Cappuccino, 1998 DwR, 157;
Das alte Cafe Rösch, 2002, 76
Kneitinger, 1999, 72; 2003, 110
Rehorik, 2000, 38;
Rosenpalais, 2000, 45;
Wirtshaus- und Brauereimuseum, 2000, 143;
Wurstküche, Historische, 2003, 139

Gedichte

Angermeier, Heinz, Regensburg, 1989, 178
Annuß, Erika, Regensburg, 1996, 45
Arnold, Katrin, Vielleicht..., 1987, 285
Biberger, Erich, Kleine Kunstgalerie, 1983, 139
Bleisch, Ernst Günther, Begegnung auf dem Wöhrd, 1986, 55
Brincken, Gertrud von den, Vier Gedichte, 1992, 193
Britting, Georg
- Geistliche Stadt, 1989, 79
- Nach dem Hochwasser, 1989, 105

Ehl, Andreas
- Museum, 1993, 234
- November, 1993, 234
- Blau, 1993, 234

Emmerig, Thomas
- Zum Gedenken an Kurt von Unruh, 1987, 191
- Die Taube und der Dom, 1989, 81

Franck, Markus H., Lebens-Bäume, 1994, 81
Grill, Harald
- am biertisch, 1987, 70
- im frühlingsregen, 1989, 81

Hauschka, Ernst R.
- Unbehagen an Regensburg, 1969, 119
- Regensburg, 1973, 114
- Am Donauhafen, 1974, 104
- Im Domgarten, 1976, 100
- Einer in einer veränderten Stadt, 1978, 100
- Bewegt, jedoch nicht schleppend, 1980, 132
- Ein Tag in Regensburg, 1983, 119
- Erker, 1985, 62
- Heimat, 1985, 176

Herbert, M., Regensburg, 1992, 122
Hölle, Margret, Oberpfälzer Psalm, 1992, 9
Höllerer, Walter, Was mir wohltut, 1988, 14
Hruby, Josef, Regensburg, 1996, 196
Hübschmann, Wernfried, Vier Gedichte, 1986, 100
- Drei Gedichte, 1995, 133

J. J. L., Im Spitalgarten, 1975, 123

Jobst, Max, Nachgelassene Gedichte, 1990, 290
Liebl, Franz
- An den Tod, 1985, 14
- Im Steinwald, 1985, 228
- Aussiedlung..., 1986, 166
- Das Portal, 1987, 48
- Gotischer Dom, 1989, 80

Meierhofer, Peter, Altstadt, 1987, 119
Menschick, Rosemarie, D' Rengschburgerin, 1986, 140
Morgenschweis, Fritz, z' Rengschburg, 1984, 58
Müller-Henning, Margarete
- Im Westpark, 1993, 160
- Im Donaubogen, 1993, 160
- Regensburg, 1993, 160

Oberkofler, Elmar
- Die Steinerne Brücke, 1975, 20
- Geständnis, 1977, 127
- Regensburg, 1979, 108
- Regensburg gibt es nur einmal, 1981, 66
- Sinnend in Regensburg, 1982, 152
- In Regensburg, 1983, 45
- Fassaden in Regensburg, 1985, 114

Pürner, Stefan, Regensburg, 1986, 196
Schäfer, Hans Dieter, Morgen im Mai, 1991, 168
Schauwecker, Heinz, Zur Nacht in Regensburg, 1974, 121
Schirnding, Albert von, Weihnachten in Regensburg, 1992, 217
Schreiegg, Anton
- Abends im Dom, 1988, 167
- Das Brückenmännlein, 1989, 32
- Der Dom zur Zeit der Renovierung, 1989, 80
- Auf das Vergängliche, 1991, 228

Schuhgraf, Josef, Der mißverstandene Brief, 1969, 83
Sowa, Wolfgang, Regensburg-Turmdohlen, 1993, 64
Staudigl, Franz X.
- Die Zeit ist die Beherrscherin der Dinge, 1978, 126
- Impressionen, 1981, 137

Werner-Eichinger, Susanne, Am Zaun, 1998, 156

Geschichte, Regensburg

Allgemein

Almanach, Regensburger, 1998, 187
Altregensburger, 1974, 140
Alumneum, 1985, 194
Aventinus, Johannes, 1993, 140
Bistum, Regensburg, 1989, 65
Bürgerfest, 1993, 132; 1998, 18/29
Burgfrieden, 1995, 59
Dalberg-Jahr, 1995, 67
Deutsch-französische Beziehungen, 1968, 51
Dialekt, Regensburger, 1999, 24;
Donauschiffahrt, 1982, 83; 1986, 75/85; 1996, 117
Europäische Beziehungen, 1991, 9
Europakolloquien, 1992, 140
Funde, 1982, 75
Gerichtswesen, 1970, 47
Hauptstädte, Oberpfalz, 1987, 19
Jahrmärkte, 1987, 137
jüdische Gemeinde, 1986, 167
Kaiser, Könige ..., Präsidenten, 1968, 7; 1972, 52
Kartause von Prüll, 1998, 163
Krankenhauswesen, 1971, 65
Militär in Regensburg, 1979, 45; 1980, 51
Münzen, 1980, 33
Polizeiwesen, 1974, 93
Postwesen, 1975, 76; 1992, 284
Ratsautonomie, städtische, 1995, 11
Regensburg als bayerische Hauptstadt, 1998 DwR, 45;
Regensburger Stadtgeschichte, 1993, 98; 1997, 112
Rußland und Ostbayern, 1994, 180
Spuren und Stätten, 1968, 71; 1981, 61
Südtiroler in Regensburg, 1988, 278
Waisenhaus St. Salvator, 1993, 235
Wallfahrt, 1993, 146
Zeitungswesen, 1973, 103
Zunftwesen, 1984, 83/87

Vorgeschichte, Antike und Frühgeschichte
Agilolfingisches Zeitalter, 1976, 20
archäologisches Freigelände, Ernst-Reuter-Platz, 1992, 260
bajuwarisches Reihengräberfeld, Geisling, 1992, 270
Christentum, frühes, 1979, 30
Frühgeschichte, Museum, 1985, 95
Gründung Regensburgs, 1978, 20; 1979, 24
Kelten und Germanen, 1988, 106
Kelten und Römer, 1975, 21
Marc Aurel, 1984, 31
Radaspona, Lage, 1991, 243
Römische Funde
 - Militärdiplome, 1978, 20
 - Schatz Regensburg-Kumpfmühl, 1990, 9
 - Tempel, 1984, 38
vorgeschichtlicher Mensch, 1974, 25

Mittelalter
Albertus Magnus, 1980, 150; 2002, 82
Albrecht IV., Reichsstadt, 1987, 36
Altes Rathaus, 1977, 47
Archäologie, Deggingerhaus, 1992, 279
Baierische Herzogspfalz, 1969, 43; 1986, 59
Brückenpreis, 1996, 20
Bürgerwappen und -siegel, 1991, 44
Christentum, frühes, 1979, 30
Fastnachtsbrauch, obrigkeitliche Reaktion, 1989, 223
Frauen, 1993, 16
Funde, Ausgrabungen, 1969, 43; 1984, 132; 1985, 136
Gerichtsbarkeit, 1969, 85
Handwerk, Regensburg, 1988, 18
Heinrich IV., V., Fehden, 1982, 70
Herrscher, 1968, 7; 1977, 24; 1979, 52
Juden, 1996, 146
Kreuzzüge, Schlachten, 1982, 70; 1984, 155
Liturgische Handschriften, 1970, 105; 1982, 25/70
Mission ins böhmische Land, 1969, 21
Mittelalter im Museum, 1995, 222
Patrizierburgen und Millionäre, 1993, 186
Patriziergeschlecht Runtinger, 1969, 59

Ratsautonomie, städtische, 1995, 11
Regensburg-Kiew, Beziehungen, 1989, 20
Reichspolitik, 1982, 70
Reichssaal, 1977, 47
Stadtfreiheit, 1996, 9
St. Emmeram, 1981, 21
St. Katharinenspital, 1977, 32
Sklavenmarkt Regensburg, 1989, 27
Stadtsiegel, 1991, 36
Turniere, 1983, 32; 1984, 155

Neuzeit
Albertus-Magnus-Gymnasium, 1989, 287
Blomberger, Barbara, kaiserliche Geliebte, 1989, 167; 2000, 89
Dalberg, Relief-Porträt, 2002, 120
Domfreiheit, 1994, 249
Etherege, Sir George, Diplomatenaffären, 1987, 249
Evangelisches Kirchenwesen, 1970, 51
Familienchronik, 1986, 93
Fastnachtsbrauch, obrigkeitliche Reaktion, 1989, 223
Feste, Empfänge, 1985, 81
Frauen, 1993, 16
Freimaurer, 2003, 150
Gewerbe, 1990, 173
Immerwährender Reichstag, 1991, 62; 2003, 21
Journalismus, 1989, 155
Keplers Spuren, 1981, 37
Krieg 1812/13, 1993, 248; 1994, 180
Lepanto, 1979, 60
Ludwig II., königliche Verlobung, 1977, 91
Maximilian II., Tod und Obduktion, 1988, 183
Mintrachinger Holz, 1988, 116
Mörike auf dem Pürkelgut, 2001, 41
Montag, Johann Leopold, 2001, 104
Napoleons Verwundung, 2003, 54
Pestjahr 1713, 1992, 207
Piontkowski, Napoleonischer Hauptmann, 1986, 290
Postwesen, Thurn und Taxis, 1991, 51
Protestantismus, Regensburg, 1992, 73
Regensburg in Bayern, 1985, 37

Reichsdeputations-Hauptschluss von 1803, 2003, 21
Reiseberichte, englische, 1984, 43; 1986, 197; 1987, 234
Säkularisation, 1990, 54; 2003, 29
Schandri, Marie, 2000, 95;
Steiglehner, Coelestin, Fürstabt St. Emmeram, 1991, 70
Thurn und Taxis, Familie, 1970, 17, 1993, 35
Vereine, Regensburg, 1988, 271

Zeitgeschichte
Agrarpolitik EG, 1978, 48
Automobil, Automobilclub, 2003, 115
Berufsfeuerwehr in Regensburg, 2002, 180
Blaue Schwestern von der Hl. Elisabeth, 2002, 172
Bonn, 1977, 87; 1987, 32
Bundeskanzler Konrad Adenauer, 1980, 167
Bundesminister
 - Fritz Schäffer, 1978, 48
 - Hermann Höcherl, 1978, 48; 1979, 117; 1985, 48
Bundespräsident Theodor Heuss, 1979, 117
Bundestagsabgeordnete
 - Hans Lautenschlager, 1971, 47
 - Josef Wallner, 1991, 275
Bundestagsarbeit, 1983, 151
Bürgerbeteiligung, 1975, 36
Bürgermeisteramt
 - Heiß, Alfons, 1998 DwR, 113;
 - Meier, Christa, 1991, 108; 1998 DwR, 57;
 - Schieder, Elmar, 1985, 52
 - Schaidinger, Hans, 1998 DwR, 57;
 - Schlichtinger, Rudolf, 1995, 57
 - Viehbacher, Friedrich, 1994, 9; 1979, 126; 1991, 106;
 - Zitzler, Georg, 1998 DwR, 113;
Dachs, Hanna, 1993, 51
Demokratie, 1996, 59
Deutsch-Amerikanisches Institut, 2000, 118;
Deutsch-französische Beziehungen, 1968, 51
Domfreiheit, 1994, 249
Drittes Reich, 1981, 158; 1986, 167; 1999, 94;
 - Heim ins Reich, 2002, 145
 - Euthanasie, Karthaus-Prüll, 1992, 123

- Widerstand, 1991, 78; 1996, 46; 1993, 46; 2003, 126
- Hamstern, 1994, 24

Europakolloquien im Alten Reichstag, 1992, 140; 1993, 93; 1996, 51
Europapolitik, 1983, 166; 1985, 44
Flüchtlinge, ukrainische, 1992, 131
Fraueninitiativen, 1993, 59
Gebietsreform, Regensburg, 1993, 74/78
Gesetze
- Denkmalschutz, Bayern, 1975, 29
- Grundgesetz, 1985, 48

Goppel, Alfons, 1969, 15; 1985, 44
Heil- und Pflegeanstalt im Nationalsozialismus, 2001, 146
Hochwasser, 1989, 98
Igl, Johann, 2003, 126
Juden, 1989, 42; 1999, 94;
Jüdische Gemeinde, 1986, 173;
Jugendherberge, 2000, 122;
Kinos, 2002, 125
Klemperer, Victor, Tagebücher, 1999, 94;
Kommunalpolitik, 1997, 9
Kommunalwahlen 1996, 1998 DwR, 57;
Kunst am Bau in der Nachkriegszeit, 2002, 137
Kulturreferat, 1995, 94; 1999, 33;
Lesehaus, amerikanisches 2000, 118
Medienpolitik, Ostbayern, 1988, 53
Moskau, Perestrojka, 1989, 31
Nachkriegszeit, 1996, 37
Nachkriegs-„Parsifal", 2000,75
Neupfarrplatz, 1999, 117;
Neutraubling, Geschichte, 1992, 233
Presse
- Die Woche, 1999, 137;
- Der Lagerspiegel, 2000, 131;
- Mittelbayerische Zeitung, 1996, 78

Regierungspräsidenten
- Ernst Emmerig, 1982, 94; 1999, 172;
- Karl Krampol, 1982, 96

Regensburg vor 50 Jahren, 2000, 149
- 1947, Hungerjahr, 1998, 127;
- 1948/49, Neues Geld, 1998 DwR, 175;
- 1950, Große Wende, 1999, 161;

Reichhart, Johann, Scharfrichter, 1997, 120

Stadttheater, 1996, 73
Strauß, Franz Josef ,1990, 33
Vertreibung, 1986, 166; 1987, 268
Vertriebenenverbände, 1988, 284
WAA, 1989, 216
Zeitgeschehen in der Presse, 1977, 95
Zweiter Weltkrieg, 1986, 268; 1987, 61/257; 1991, 92

Handwerk

Berufe, 1976, 8
Büchsenmacher, 1981, 54
Email, 1994, 275
Geschichte, 1988, 18
Gewerbe, allgemein, 1990, 173
Kunstgewerbe, 1980, 117
Landwirtschaft, 1996, 91
Mode, 1993, 113
Musikinstrumentenbauer, 1981, 67
Porzellan, 1978, 32; 1987, 104
Rauchfangkehrer, 1985, 225
Schreiner, 1984, 83
Steinmetz, -arbeiten, 1969, 67; 1984, 87
Zinngießer, -arbeiten, 1983, 67; 1986, 242

Internationale Beziehungen

Deutsch-französische-, 1968, 51
Europa- und EG-Politik, 1978, 86; 1983, 166; 1985,44
Feste, historische, 1985, 81
Handel, 1986, 85
Internationale Partnergesellschaften, 1991, 20
Künstlertreffen, 1973, 121
Moskau, Studienreise Universität, 1989, 31
Ökumenische Bewegung, 1985, 125/131; 1987, 209
Ost-West- Kirchendialog, 1987, 209
Partnerstädte
- Aberdeen, 1995, 20
- Brixen, 1995, 30
- Clermont, 1995, 23
- Odessa, 1991, 25; 1995, 47
- Pilsen, 1995, 43
- Tempe, 1995, 38

Prag-Regensburg, 1989, 9
Regensburger Schriftstellergruppe (RSG), 1975, 105
Schifffahrt, 1979, 96; 1982, 83
Universität, 1985, 115
US-Soldaten, 1978, 79

Kirche

Albertus Magnus, 2002, 82
Alumneum, 1985, 194
Archive, 1974, 122; 1985, 194
Arme Schulschwestern, 1986, 177
Bahnhofsmission, 1995, 203
Bettelmönche, Bruder Berthold, 1978, 25; 1982, 61
Bischöfe, 1983, 78; 1994, 217; 1998, 33
Bischöfliche Zentralbibliothek, 1982, 25
Bischöfliches Zentralarchiv, 1974, 122
Bistumsgeschichte, 1989, 65
Chorbücher, 1982, 25
Christentum, frühes, 1979, 30
Diepenbrock, Melchior, Anhänger Sailers, 1990, 54
Diözesanzentrum, 1976, 90
Diözesanmuseum, 1993, 215; 1995, 235/237
Dom
- Domfreiheit, 1994, 249
- Domorganist Eberhard Kraus, 1997, 136

Dominikanerinnen-Kloster, 1982, 25
Dominikanerinnenkloster Pettendorf, 1988, 125
Erminold, 1993, 197
Evangelisches Kirchenwesen, 1970, 51; 1985, 131
Fronleichnam, 1997, 83
Glaubensfehde, 1984, 166
Himmelfahrt Mariens, Tafelgemälde, 1993, 218
Karmeliten, 1991, 210
Kirchenbücher, 1974, 122
Kirchenmusik, 1993, 166

Liturgiewissenschaftliches Institut, 1970, 105
Liturgische Handschriften, 1970, 105;
　1982, 25/70
Marianische Congregation, Geschichte,
　1992, 99
Marienschwestern von Karmel, 1989, 300
Mensch und Schöpfung, 1992, 10
Mission in Böhmen, 1969, 21
Mittelmünster, 1985, 185
Niedermünster, 1969, 43
Obermünster, 1976, 90; 1995, 177
Ökumenische Tätigkeit, 1985, 125/131;
　1987, 209
Orden, Augustiner, 1987, 215
- Barmherzige Brüder, 1996, 162
- Benediktiner, 1985, 185
- Bettelmönche, 1978, 25; 1982, 61
- im Mittelalter, 1978, 25
- Jesuiten, 1985, 185
Ostendorfer, Michael, Reformationsaltar,
　1995, 161
Ostkirchliches Institut, 1987, 209
Proskesche Musikbibliothek, 1993, 161
Protestantismus in Regensburg, Geschichte,
　1992, 73
Reformationsjahrhundert, 1992, 84
St. Oswald, 1992, 95
St. Paul, Stift, 1985, 185
Theologiestudium, 1990, 185
Wallfahrt, 1993, 146; 1994, 227
Wallfahrtskirche auf dem Eichelberg,
　1992, 228

Literatur

Almanach, Regensburger, 1998, 187
Beer, Johann, 1991, 169
Bemelmans, Ludwig, 1998 DwR, 103;
　1999, 88;
Bonn, Franz, 1994, 197
Britting, Georg, 1985, 73; 1989, 187;
　1992, 187;
Demski, Eva, 1987, 49; 1999, 107;
Dollinger von Regensburg, 1988, 239;
　1996, 26

Esser, Karl Heinz, Verleger, 1996, 137
Fallmerayer, Jakob Philipp, 1990, 214
Färber, Sigfrid, 1997, 156
Ganghofer, Ludwig, 1991, 174
Grill, Harald, 1994, 33
Hack, Günter, 1998 DwR, 139;
Hoerburger, Felix, 1998, 57
Hölderlin, Friedrich, 1979, 72
Keither, Therese, 2003,89
Klüger, Ruth, 1998, 53
Lenz, Hermann, Hommage à Atlantis,
　1987, 131
Loesch, Ernst, 1992, 184
Manz, Georg Friedrich, 1994, 197
Medizinische Publikationen, 1986, 277
Menschick, Rosemarie, 1986, 135
Menzer, Clara, 2003, 89
Mittelbayerische Zeitung, 1996, 78
Mörike auf dem Pürkelgut, 2001, 41
Montag, Johann Leopold, 2001, 104
Mundartdichtung, Übersetzbarkeit,
　1989, 202
Pustet Verlag, 1968, 63
Regensburger Almanach, 20. Band, 1987, 9
Regensburger Schriftstellergruppe (RSG),
　1972, 85; 1975, 105
Reiseberichte, 18. und 19. Jh., 1985, 229
- Burckhardt, Jacob, 1986, 111
- englische, 1984, 43; 1986, 197; 1987, 234
Samstagvormittag 2001, 77
Schäfer, Hans Dieter, Regensburger Nacht,
　1991, 166
Schauwecker, Heinz, 1974, 114
Schirnding, Albert von, 1994, 104
Schriftstellergruppe International, 1991, 186
Staimer, Andreas, 2003, 124
Weber, Fritz Karl, 1994, 191
Widmann, Werner A., 1976, 121
Wißner, Max, 1975, 98

Militär

Abschied, 1983, 176
Bundeswehr und Gesellschaft, 1969, 93
Chevaulegers-Regiment Nr.2, 1980, 62

Garnison Regensburg, 1974, 77
4. Jägerdivision, 1977, 69
Militärische Geschichte, Regensburg,
　1979, 45; 1980, 51
Mitspracherecht, 1986, 295
Ostbayern beim Bund, 1983, 142
4. Panzergrenadierdivision, 1982, 113
römische Militärdiplome, 1978, 20
Sammlung, Volksbund, 1989, 313
Sprachhumor, 1984, 138
US-Soldaten, 1978, 79
Verbandsabzeichen, 1985, 155

**Museen, Sammlungen, Ausstellungen
und Galerien**

Abwanderung von Kunstwerken, 1977, 105;
　1980, 22
Ausstellungen
- Corinth Lovis, 1986, 156
- Dom, 1989, 260
- Donau-Einkaufszentrum, 1979, 136
- Jaeckel, Willy, 1988, 152
- Ratisbona sacra, 1989, 260
- Regensburger Buchmalerei, 1988, 15
- Zacharias, Walter, 1993, 228
Diözesanmuseum, 1979, 128; 1986,164; 1987,
　207; 1992, 168; 1993, 215; 1995, 235/237
„document Neupfarrplatz", 2002, 54
Domschatzmuseum, 1994, 275
Fürstenschatz, Thurn-und-Taxis-Museum,
　1998 DwR, 15;
Galerien, 1983, 115; 1988, 183; 1998, 91
Heinrich, August, Galerist, 1996, 140
Leerer Beutel, 1979, 128; 1982, 40; 1993, 208
Münzsammlung, 1980, 33
Museen, allgemein, 1979, 128
Museen der Stadt Regensburg, 1980, 33;
　1985, 92/95; 1986, 160; 1987, 200/203;
　1992, 158
Neuerwerbungen des Museums
- Altarflügel, 1991, 263
- Barockmöbel, 1986, 160
- Baumgarten, von, , 1995, 239
- Feininger, Lyonel, 1991, 259

193

- Flügelaltar, 1990, 262
- Friedlein, 1995, 239
- Haindl, 1995, 239
- Jakobusfahne, 1991, 266
- Kunsthandwerk, 1989, 263
- Mittelalter, 1995, 222
- Ostendorfer, 1994, 271
- Preller, Friedrich, d. Ä., 1985, 98
- Sammlung Ludwig Auer, 1990, 267
- Speer, Martin, 1986, 164
- Zingerl, 1994, 271
- Zoffany, Joh. Joseph, 1985, 92; 1994, 271;
Museumskonzerte, 1999, 131;
Ostdeutsche Galerie, 1971, 33; 1985, 98; 1986, 156; 1987, 192; 1989, 266; 1992, 162; 1993, 221; 1994, 265; 1995, 232
Schiffahrtsmuseum, 1985, 98; 1986, 153
Städtische Sammlungen, 1988, 156
Thurn-und-Taxis-Museum, 1998 DwR, 9;
Württembergisches Palais (Naturkundemuseum), 1993, 173/177

Musik

Albertus Magnus, 1989, 223;
Alte Musik, Tage, 1999, 143;
Auditorium Maximum, 1978, 94
Brünner, Richard, Tenor, 1997, 131
Cäcilienverein, 1993, 166
Chambergrass, 1988, 289
Collegium Musicum, 1971, 99; 1986, 147; 1995, 120
Dalberg, Carl Theodor von, Förderer, 1985, 63
Feuchtinger, Elisabeth, 1993, 42
Frantz, Justus, 1998, 9
Grobmeier, Heinz, 1998 DwR, 119;
Hoerburger, Felix, 1998, 57
Jazz-Szene, 1990, 131; 1997, 60
Jeunesse musicale, 1994, 52
Jobst, Max, 1990, 290
Jugend musiziert, 1988, 255
Junge Musikgemeinschaft (1947-1948), 1992, 143
Kirchenmusik

- Alumneum, 1985, 194
- Domorganist Eberhard Kraus, 1997, 136
- Kantorei, 1988, 262
- Kirchenmusikschule, 1998 DwR, 71;
- Proskesche Musikbibliothek, 1982, 25; 1993, 161
- Ratisbonensis, Paulus Hombergerus, 1994, 208
- Regensburger Domspatzen, 1968, 21; 1978, 102; 1980, 110
- Schule, 1972, 89
Komponisten, 1980, 45; 1985, 177; 1987, 179
Konzerte nach Kriegsende, 2002, 72
Mettenleiter, Johann Georg und Dominikus, 1990, 272;
Museumskonzert, 1999, 131;
Musikinstrumente, 1981, 67
Musikverein, 1980, 133
Open-Air-Festival im Villapark, 1998 DwR, 25;
Oper, 1995, 109
- Kammeroper, 1994, 128
Pokorny, Franz Xaver, 1994, 197
Reformationsjahrhundert, 1992, 84
Regensburger Chorkreis, 1987, 174
Rockmusik, 1995, 82
Schlagermusik, 1998 DwR, 163;
Sigmund, Oskar, 1990, 280
Stoll, Rudolf, 1995, 150
Suppe, Rosine, 1996, 179
Universitätsorchester, 1987, 153

Natur und Umwelt

Altmühltal, 1980, 85
Biologischer Landbau, 1994, 82
Botanische Gesellschaft, 1981, 71
Denkmale der Natur, 1978, 8
Denkmalschutzgesetz, 1975, 29
Denkmalsterben, 1985, 150
Dörnberg-Park, 1987, 223
Dschungel im Hafen, 2001, 72
Grünflächen, 1986, 233
Hochwasser, 1989, 91/98
Mensch und Schöpfung, 1992, 19

Nationalpark Bayerischer Wald, 1991, 293
Schlosspark, fürstlicher, 2003, 70
Stadtgartenamt, 1997, 53
Umweltschutz, 1973, 19; 1994, 89/95/100
Umweltschutz, Oberpfalz, 1992, 10
- Regensburg, 1992, 27
- Umwelttechnologie, 1992, 36
Waldfunktionsplan, 1992, 54
Waldjugendspiele, 1985, 238
Waldsterben, 1984, 127; 1987, 97
Württembergisches Palais (Naturkundemuseum), 1993, 173/177

Persönlichkeiten

Adenauer, Konrad, 1980, 167
Albertus Magnus, 1980, 150; 1989, 223; 2002, 82
Albrecht IV., 1987, 36
Altdorfer, Albrecht, 1989, 244
Altner, Prof. Dr. Helmut, 2001, 23
Asam, Cosmas Damian, 1968, 25
Aventinus, Johannes, 1993, 140
Balsamer, Aloys (= Ernstberger, Josef), 1985, 9
Baumann, Otto, 1982, 142
Beer, Johann, 1991, 169;
Beer, Marie, 1999, 175;
Bemelmans, Ludwig, 1998 DwR, 103;
Berthold von Regensburg, 2000, 82;
Blechen, Karl, 1990, 229
Blomberger, Barbara, 1989, 167; 2000, 89;
Böck, Emmi, 2003, 121
Boll, Walter, 1986, 116; 1999, 33;
Bonn, Franz, 1994, 197
Brander, Georg Friedrich, 1989, 145
Britting, Georg, 1985, 73; 1992, 187; 2002, 30
Bruder Berthold, 1982, 61
Brünner, Richard, 1997, 131
Burckhardt, Jacob, 1986, 111
Dachs, Hanna, 1993, 51
Dalberg, Carl Theodor von, 1985, 63
Diepenbrock, Melchior, 1990, 54
Diepolder, Irene, 1997, 146
Dinnes, Manfred G., 1992, 150

Don Juan d'Austria, 1979, 52/60
Dörnberg zu Herzberg, Grafen von, 1987, 223
Einstein, Albert, 1991, 144
Emmeram, Hl., 1981, 21
Emmeram, Pater, 2002, 102
Emmerig, Ernst, 1982, 94; 1999, 172;
Erhard, Hl., 1969, 43
Ernstberger Josef (= Balsamer, Aloys), 1985, 9
Etherege, George, 1987, 249
Färber, Sigfrid, 1997, 156;
Fallmerayer, Jakob Philipp, 1990, 214
Felixmüller, Conrad, 1993, 225
Feuchtinger, Elisabeth, 1993, 42
Fletscher, Tom Hugh, 1996, 143
Friedel, 1990, 256
Fuhr, Xaver, 1971, 107; 1998 DwR, 97;
Ganghofer, Ludwig, 1991, 174
Geistreiter, Hans, 1986, 128; 1997, 153;
Gerhardinger, Theresia, 1986, 177;
Götz, Karlheinz, 2000, 107;
Goethe, Johann Wolfgang, 1999, 7/10;
Goppel, Alfons, 1969, 15; 1985, 44
Graber, Rudolf, Bischof, 1983, 78;
Graggo, Familie, 2000, 137;
Greipl, Egon Johannes, 1999, 33;
Greflinger, Georg, 1989, 155
Grumbach, Argula von, 1984, 166
Grünbeck, Josef, 1972, 93
Habbel, Familie, 2000, 111;
Haberl, Ferdinand, 1972, 89
Haberl, Franz Xaver, 1972, 89
Händlmaier, Luise, 1996, 124
Heigl Frieda, 2002, 95
Heinrich IV., V., 1982, 70
Heiß, Alfons, 1998 DwR, 131;
Herigoyen, Emanuel Joseph von, 1988, 227
Heuss, Theodor, 1979, 117
Hiltl Franz, 2002, 107
Höcherl, Hermann, 1978, 48; 1979, 117; 1982, 164; 1983, 166; 1990, 20
Hölderlin, Friedrich, 1979, 72
Hösl, Johann, 2000, 33;
Hoerburger, Felix, 1998, 57;
Huber, Alois, 1984, 28

Igl, Johann, 2003, 126
Jakob, Hans, 1970, 119
Jobst, Max, 1990, 290
Karl V., 1979, 52
Kaltenecker, Gertraud, 1985, 177;
Keither, Therese, 2003, 89
Klemperer, Victor, 1999, 94;
Klüger, Ruth, 1998, 53
Krampol, Karl, 1982, 96
Klier, Gregor, 2003, 133
Kraus, Karl, 2002, 72
Kraus, Eberhard, 197, 136
Kruczek, Helmut, 1997, 149;
Lautenschlager, Hans, 1971, 47
Lindinger, Jo, 1983, 129
List, Marietheres, 2001, 17; 2002, 36
Loeffler, Peter M., 1977, 91
Loesch, Ernst, 1992, 184
Ludwig II., 1977, 114
Maier, Johann, 1996, 46
Mälzel, Joh. Nepomuk, 1983, 40
Manz, Georg Friedrich, 1994, 197
Marc Aurel, 1984, 31
Maximilian II. (Kaiser), 1988, 183
Mayer, Peter, 1978, 120
Meier, Christa, 1991, 108
Menschick, Rosemarie, 1986, 135
Menzel, Adolph, 1985, 105
Mettenleiter, Johann Georg, 1990, 272
Mettenleiter, Dominikus, 1990, 272;
Meyer, Bernd, 1999,33;
Montag, Johann Leopold, 2001, 104
Mörike, Eduard, 2001, 41
Müller, Manfred, Bischof, 1983, 79
Nicolas, Richard, 1991, 237
Oberdorfer, Simon, 1996, 186
Oberländer, Adolf, 1992, 172
Obermüller, Johanna, 1990, 243
Overbeck, Friedrich, 1994, 203
Paretti, Sandra, 1995, 127
Pauer, Max, 1999, 179;
Piontkowski, Carl F.J., Graf, 1986, 290; 2001, 112
Placidus, Heinrich, 1983, 23
Pokorny, Franz Xaver, 1994, 197
Popp, Barbara, 1993, 29

Porschet, Falko, 2002, 116
Prasch, Johann Ludwig, 1990, 96
Preißl, Rupert D., 1980, 122
Pustet, Friedrich, 1968, 63
Ratisbonensis, Paulus Hombergerus, 1994, 208
Reger, Max, 1987, 179
Renner, Joseph, 1987, 179
Rheude, Max Maria, 1987, 134; 2002, 30
Röhrl, Walter, 1981, 128
Sailer, Johann, 1998, 33
Schäfer, Karl-Heinz, 2002, 109
Schäffer, Fritz, 1978, 48
Schandri, Marie, 2000, 95;
Schels, August, 1995, 145
Schenk, Eduard von, 1988, 139
Schieder, Elmar, 1985, 52
Schindler, Rudolf, 1987, 174
Schirnding, Albert von, 1994, 104
Schmid, Rupert, 1979, 127
Schmitt, Wilhelm, 1980, 133;
Schnetz, Wolf Peter, 1999, 33;
Schöpf, Johann Adam, 2002, 165
Schricker, Elsa, 2003, 138
Schuegraf, Joseph Rudolf, 1990, 221
Schultze, Max, 1996, 170
Sigmund Oskar, 1990, 280;
Silbereisen, Sigmund, 1999, 182;
Sillner, Manfred, 1988, 168
Staimer, Andreas, 2003, 124
Steiglehner, Coelestin, 1991, 70
Stein, Franz A., 2002, 30
Sterl, Franz, 2002, 72
Stöckl, Wilhelm, 1983, 151
Strauß, Franz Josef, 1990, 33
Strohmaier, Fred, 1987, 131
Sturm, Margret, 2003, 129
Suppe, Rosine, 1996, 179
Thurn und Taxis, 1968, 25; 1970, 17; 1972, 17; 1975, 76; 1976, 108; 1980, 62; 1981, 96; 1987, 192/234; 1993, 35;
Timm, Werner, 1999, 185
Tonner, Winfried, 1987, 192; 2002, 112
Triebe, Richard, 1978, 107
Ulfig, Willi, 1970, 111; 1981, 103;
Unger, Clemens, 1999, 33;

Unruh, Kurt, von, 1984, 68
Valsassina, Margit von, 1993, 35
Viehbacher, Friedrich, 1979, 126; 1991, 106
Wallner, Josef, 1991, 275
Walter, Otto, 2000,100;
Waxschlunger, Johann Georg, 1987, 200
Weber, Fritz Karl, 1994, 191
Weil, Ernö, 2001, 17
Weiner, Siegfried, 1989, 42
Widmann, Werner A., 1976, 121
Wißner, Max, 1975, 98; 1990, 234; 1998, 91;
Wolfgang, Bischof, 1994, 217
Wurmdobler, Fritz, 1979, 143
Zacharias, Alfred, 1998, 45
Zacharias, Walter, 1985, 169; 1999, 167;
Ziebland, Georg Friedrich, 1993, 181
Zimmer, Prof. Dr. Alf, 2001, 32

Sonstiges

Altregensburger, 1974, 140
Auszeichnungen, Preise, 1987, 164
Brauereipferde, 1989, 138
Briefmarken, 1978, 42
Chopper, 2002, 151
Dult, Schausteller, 1997, 73
Eiskeller, 1986, 93
Essen, einst und jetzt, 1994, 154
Festdekorationen, 1985, 81
Flurnamen und -bezeichnungen, 1976, 101
Freizeit, Bildbeitrag, 1983, 8
- Einrichtungen, 1972, 21
- Fischen, 1983, 163
- Galerien, 1979, 136; 1983, 115
- Naherholung, 1982, 139; 1984, 150
- Planung, 1973, 121
- Thon-Dittmer-Palais, 1983, 46
Hobby: Bierkrugdeckel, 1983, 67
Hochwasser, 1989, 91/98
Hochwasserschutz, 1976, 44
Kunstprogramm der Olympischen Spiele, 1973, 121
Münzwesen, 1980, 33
Namensforschung, 1981, 138
Ortsneckereien, 1983, 120

Postwesen, 1975, 76
Redewendungen, bayerische, 1982, 153
Regensburger Almanach, 20. Band, 1987, 9
Schlaraffia, 1983, 157
Schützenwesen, 1981, 54; 1986, 36
Sonnenuhren, 1984, 95
Stadtfreiheitstag, 1990, 25
Straßennamen, 1985, 204
Wasserleitung, 1980, 70
Zeitungswesen, 1973, 103; 1975, 72; 1977, 95

Soziale Aktivitäten

Alumneum, Stiftung, 1985, 194
Arbeits-, Berufsberatung, 1973, 81
Bahnärzte, 1992, 291
Bahnhofsmission, 1995, 203
Blaue Schwestern von der Hl. Elisabeth, 2002, 172
Bürgerinitiativen, allgemein, 1975, 36; 1987, 71
- Elterninitiativen, 1980, 140; 1987, 71
- Freunde der Altstadt, 1987, 71
Caritas, Psychosoziale Beratungsstelle, 1991, 126
Donaustrudl, 2003, 80
Don-Bosco-Heim, 1998 DwR, 131;
Dörnbergsche Waisenfonds- Stiftung, 1970, 51; 1987, 223
Evangelische Wohltätigkeitsstiftungen, 1970, 51; 1985, 194
Feuerwehr, Regensburg, 1970, 97
Freimaurer, 2003, 150
Heilstätte Donaustauf, 1986, 268
Jugendgruppen, 1994, 49
Krabbelstube, 1996, 130
Krankenhauswesen, Regensburg, 1971, 65
Lions Club, 1995, 91
Ökumenische Wohltätigkeit, 1985, 125
Rehabilitation, 1977, 77
Rotes Kreuz, 2000, 162
St. Katharinenspital, 1977, 32
Stadtjugendring, 1994, 38; 1998, 179
Studentenwerk, 1986, 258

Unfallhilfe, Johanniter, 1988, 84
Vereine, 19. Jahrhundert, 1988, 271
Volksbund, Sammlung, 1989, 313
Waisenhaus St. Salvator, 1993, 235
Wasserrettung, DLRG, 1982, 117
Wasserwacht, 1978, 73

Sport

Baseball, 1998 DwR, 19;
Eishockey, 1995, 85; 1998 DwR, 33;
Fechtkunst, 1980, 155
Fischen, 1983, 163
Fußball
- Jakob, Hans, 1970, 119;
- Jahn (siehe SSV Jahn)
Jugend im Sport, 1994, 78
Kunstprogramm der Olympischen Spiele, 1973, 121
LLC Marathon, 1998, 61; 2000, 67
Motorsport: Ratisbona Bergrennen, 1973, 128
Olympiateilnehmer, 1969, 105
Radsport
- Arber-Radmarathon, 1990, 315
- Geschichte, 1998 DwR, 169;
- Touren und Wege, 1994, 148
Rallye-Weltmeister Walter Röhrl, 1981, 128
Schießen, 1973, 132
Schwimmsport
- Schillerwiese, 1999, 64;
Spitzensportler aus Regensburg, 1971, 121
Sport und Freizeit, Bildbeitrag, 1983, 8
Sportvereine, Freier Turn- und Sportverein, 1987, 145
- Ruder- und Tennisklub, 1972, 101; 1980, 161
SSV Jahn, 1968, 67; 1974, 131; 1991, 281; 1994, 144; 1997, 79; 1999, 128; 2000, 58; 2003, 37
StadtMarathon, 2000,67
Traumfabrik, 1988, 248
Winter-Freizeitsport, 1982, 139

Stadtentwicklung

Altstadtsanierung, 1998 DwR, 39;
Bahnhofsüberbauung, 2001, 55
Bürgerbeteiligung, 1975, 36
Denkmalpflege, 1989, 271; 1990, 297; 1991, 255; 1992, 95
Donau-Einkaufszentrum, 1969, 99; 1979, 136
Einzelhandel, Flächen, 1988, 70
Fremdenverkehr, 1997, 39
Grünflächen, 1986, 233
Harting, Eingemeindung, 1978, 52
Klinikum, 1981, 88; 1993, 65
Kulturinstitutionen, 1986, 120
Luftaufnahmen, Regensburg, 1969, 7
Maximilianstraße, 2003, 44
Perspektiven, 1986, 9
Probleme der , 1968, 11
Provinz-Metropole, 1998, 81
Sanierung, Baualterspläne, 1988, 200
Sanierung und Neubau, 1976, 27
Sechziger Jahre, 1993, 98
Stadthalle, 2001, 66
Stiftung Regensburg 1963-1967, 2001, 46
Umweltschutz, 1992, 27
Universität, 1971, 53; 1972, 59; 1973, 51; 1981, 88
Weintingergasse, 1996, 197
Westbad, 1988, 77
Wohnanlagen, 1971, 83; 1973, 76; 1976, 27; 1984, 118
Wohnsiedlungsbau, 1984, 118

Stadtteile

Abbrüche, 1985, 211
Altstadt, 1968, 11/45/71; 1970, 115; 1974, 35/43; 1976, 27; 1977, 8; 1978, 59; 1979, 128; 1980, 91/103; 1981, 61; 1982, 123; 1983, 82; 1986, 50/120; 1987, 79/119; 1997, 88
Damaschke-Siedlung, 1995, 217
Dechbetten, Wasserleitung, 1980, 70
Dschungel im Hafen, 2001, 72
Eisbuckel, 2003, 44
„Glasscherbenviertel", 1987, 65
Harting, 1978, 52; 1994, 100
Hunnenplatz, Bereich, 1985, 211
Königswiesen, 1973, 76; 1994, 33
Kulturviertel, 1986, 120
Kumpfmühl, 1979, 87; 1988, 91
Matting, 1994, 24
Prüfening, 1995, 206; 1997, 49; 1998, 139; 2000, 154
Reinhausen, 1987, 120; 1994, 20
Stadtamhof, 1982, 35; 1987, 137; 1997, 32
Steinweg, 1998, 147
Weichs, Radi, 1981, 46
Westnerwacht, 1992, 199
Wöhrd, 1990, 89

Theater

Arbeitskreis Film, 1998, 99
Bauernbühne, 1976, 125
Bühnentanz, 1994, 111
Dalberg, Carl Theodor von, Förderer, 1985, 63
Dult, Schausteller, 1997, 73;
Figurentheater im Stadtpark, 1999, 155;
Glanzzeit der Regensburger Oper, 2002, 16
Intendantenwechsel, 2001, 17
Kino, 1983, 72
Kleinkunstbühnen, 1989, 194
List, Marietheres, 2002, 36
Podiumbühne, 1968, 59
Probenarbeit, 1986, 142
Rezensenten und Rezensionen, 2002, 30
Regensburger Theatergeschichte, 1972, 65
Repertoire, Höhepunkte, 1972, 81
Schauspieler, 1987, 134
Schülertheater, 1994, 61
Skandale und Skandälchen, 2002, 23
Stadttheater, Geschichte, 2002, 8
Stadttheater, 1995, 100/150; 1996, 73
– Ein Theaternarr, 1998, 39
Studentenbühne (1946-1949), 1990, 122
Studententheater, Filmkreis, 1987, 153
Theater-Geschichten, 1979, 78
Thon-Dittmer-Palais, 1983, 46
Turmtheater (Goliathhaus), 1993, 118,
Velodrom, 1999, 42;
Werkstätten, 1988, 244

Umland

Adlersberg, 1972, 105
Altmühltal, Landschaft und Technik, 1980, 85
Bad Abbach, 1975, 57
Barbing, 2003, 97
BayWa-Genossenschaft, 1974, 70
Beratzhausen, 1976, 82
Biergärten, 1998 DwR, 147;
Biologischer Landbau, 1994, 82
Brücken, 1975, 8
Bundesbahndirektion, 1976, 52
Bundesstraßen, 1978, 66
Burgen und Ritter, 1984, 155
Burgen und Schlösser, 1984, 150; 1990, 74
Burgruine Loch (Eichhofen), 1993, 242
Donau und Zuflußgebiete (Bildbeitrag), 1974, 7
Donaustauf, 1977, 57
Donaustauf, Heilstätte, 1986, 268
– Weinbau, 1989, 128
Donautal, 1985, 229
Eichelberg, Wallfahrtskirche, 1992, 228
Energieversorgung Ostbayern (OBAG), 1981, 122
Falkensteiner Bockerl, 1986, 217
Flurnamen und -bezeichnungen, 1976, 101
Graß, 1980, 39
Harting, Eingemeindung, 1978, 52
Hochwasserschutz, 1976, 44
Kelheim, 1982, 98
Kelheimer Raum (Kulturgeschichtliches), 1973, 88
Landwirtschaft im Raum Regensburg, 1970, 37
Naturdenkmale (Bildbeitrag), 1978, 8
Neutraubling, 1973, 37; 1983, 109; 1987, 257/263; 1992, 233
Oberpfalz, Entwicklung, 1986, 23
– Hauptstädte, 1987, 19
– Umweltschutz, 1992, 19

– Waldjugendspiele, 1985, 238
Ortsneckereien, 1983, 120
Ostbayerische Soldaten, Verbandsabzeichen, 1985, 155
Ostbayern, 1988, 59
Rechberg, Wallfahrtskirche, 1991, 270
Regenstauf, 1974, 56
Regionalplanung, 1970, 29; 1974, 62; 1975, 42; 1986, 18
Reisebeschreibungen, 1985, 229
Schullandheime, 1980, 146
Siedlungsräume, 1973, 32
Siemens AG und der Oberpfälzer Raum, 1972, 55
Sinzing, 1986, 209
Stadtumland, 1973, 25; 1976, 39
Stadt und Umgebung (Bildbeitrag), 1973, 7
Strukturpolitik, 1970, 29; 1974, 62; 1975, 42; 1986, 18
Sulzbach/Donau, Aschenbrennermarter, 1994, 250
Universität, Einzugsgebiet, 1984, 99
Vorgeschichtlicher Mensch, 1974, 25
Waldfunktionsplan, 1992, 54
Waldsterben, 1984, 127; 1987, 97
Wenzenbach, 1987, 87
Winter-Freizeitsport, 1982, 139
Wirtschaft in Ostbayern, 1976, 72
Wörth, 1980, 79

Veranstaltungen

Bürgerfest, 2001, 10

Verkehr

Altstadtverkehr, 1968, 11; 1974, 35/43; 1983, 82
Automobil kommt nach Regensburg, 2003, 115
Bundesstraßen, Ostbayern, 1978, 66
Donauschiffahrt, 1982, 83; 1986, 75/85; 1993, 84; 1996, 117

Eisenbahn
– allgemein, 1970, 77
– Bundesbahndirektion, 1976, 52
– Falkensteiner Bockerl, 1986, 217

Hafen, Donauschiffahrt, 1971, 17; 1973, 71; 1979, 96; 1982, 83; 1986, 75/85/93; 1987, 234
Infrastruktur für Entwicklung, 1985, 218
Konzepte, Straßenverkehr, 1997, 69
Ludwig-Donau-Main-Kanal, 1990, 138

Öffentlicher-Personen-Nahverkehr
– Geschichte, 1998 DwR, 63;
– Trambahn, 1979, 92
Planung, Großprojekte, 1972, 27
Rhein-Main-Donau-Kanal (Europakanal), 1969, 29; 1973, 64; 1975, 49
Tiefgarage, 1982, 103
Verkehrsgeschichte, 1998, 119
Verkehrslage Regensburg, 1989, 106
Westumgehung Regensburgs, 1970, 87

Verlage

Der Zwiebelturm, 2001, 92
Kunstanstalt Franz Anton Niedermayr, 2002, 165

Verwaltung, Gericht und städtische Betriebe

Abwasserbeseitigung, 1981, 113
Altstadtplanung und -sanierung, 1968, 11/45; 1974, 43; 1975, 36; 1977, 8; 1978, 59; 1979, 128; 1980, 91/103; 1987, 79
Arbeitsamt, 1973, 81
Bauliche Abbrüche, 1985, 211
Bayerisches Denkmalschutzgesetz, 1975, 29
Bezirk, Aufgaben, 1976, 64
Bundesbahndirektion, 1976, 52
Bürgerbeteiligung, 1975, 36; 1987, 71
Bürgermeisteramt, 1985, 52

Energie- und Wasserversorgung (REWAG), 1983, 101; 1996, 110
Energieversorgung (OBAG), 1981, 122
Fremdenverkehrsverein, 1997, 39
Gerichtsbarkeit im Mittelalter, 1969, 85
Gerichtsorganisation, 1970, 47; 1973, 45
Hochwasserschutz, 1976, 44
Justizpalast, Humor im, 1983, 60
Klinikum, 1981, 88; 1993, 65
Oberzentrum, Regensburg-Ostbayern, 1988, 59
Polizeiorganisation, 1974, 93
Regierungssitz, 1968, 7
Staat, Arbeitgeber, 1977, 64
Stadtbaugesellschaft, 1971, 83; 1976, 27; 1982, 123
Stadtgartenamt, 1997, 53
Stadtgrenzen, 1973, 25
Stadtumland, 1973, 25; 1976, 39
Stadtwerke, 1969, 35
Tiefgarage, 1982, 103
Wasserleitung, -versorgung, 1980, 70; 1983, 101
Wohnungsbau, 1971, 83; 1976, 27; 1982, 123; 1984, 118

Wirtschaft, Industrie und Technik

alte Technik, Erfindungen, 1983, 40
– Schleusen, Ludwig-Kanal, 1980, 85
– Sonnenuhren, 1984, 95
– Wasserleitung, 1980, 70
Bäckerei Schindler, 1982, 133
Banken, Geschichte, 1991, 116
Baywa-Genossenschaft, 1974, 70
Baywa- Lagerhaus, 2002, 44
BMW, 1984, 109; 1997, 69
Brauereien, allgemein, 1969, 75
– Bischofshof, 1976, 77
– Thurn und Taxis, 1972, 49; 1997, 20
Brücken, 2003, 8
– Steinerne Brücke, 1986, 102
Donauausbau, 1993, 84
Donau-Einkaufszentrum, 1969, 99; 1998, 105; 1999, 82;

- Einzelhandel, 1972, 35
- Weichser Radi, 1981, 46
- Bäckerei Schindler, 1982, 133
- Kultur, 1993, 122

Donauschifffahrt, 1996, 117
Einzelhandel, Flächen, 1988, 70
Eisenbahn in Regensburg, 1970, 77
Energie- und Wasserversorgung (REWAG), 1983, 103
Energieversorgung (OBAG), 1981, 122
Feuerwehr, Regensburg, 1970, 97
Fremdenverkehr, 1989, 118
Geldinstitute, 1972, 39; 1983, 93
Götz Gebäudereinigung und Sicherheitsdienst, 1982, 128
Hafen, 1971, 17; 1973, 71; 1979, 96; 1998 DwR, 49;
Händlmaier, 1996, 124
Hochwasser, 1989, 91
Industrielle Entwicklung Regensburgs, 1968, 33; 1971, 25
Industriegemeinden
- Neutraubling, 1987, 257
- Regenstauf, 1974, 56

Kunstanstalt Franz Anton Niedermayr, 2002, 165
Landwirtschaft, Raum Regensburg, 1970, 37
Maschinenfabrik Reinhausen, 2001, 158
Messerschmitt, Kabinenroller, 1990, 164
Milchwerke, 1978, 86
Müllers Karlsbader, Neutraubling, 1983, 109
Oberzentrum, Regensburg-Ostbayern, 1988, 59
Porzellanmanufaktur, 1978, 32; 1987, 104
Postwesen, 1975, 76; 1990, 158; 1991, 51; 1992, 284
Pustet Verlag, 1968, 63
Regionalplanung, 1970, 29; 1974, 62; 1975, 42; 1986, 18
Rhein-Main-Donau-Kanal (Europakanal), 1969, 29; 1973, 64; 1980, 85
Sachsenwerk, 1990, 169
Siemens, allgemein, 1972, 55
- MEGA- Projekt, 1986, 247
- Zweigstelle Regenstauf, 1974, 56

Sparkasse, 1983, 93
Stadtbau GmbH, 1997, 45
Stadtwerke, 1969, 35; 1996, 110
Telefon, 1990, 150
Toshiba, 1991, 110
Umwelttechnologie, 1992, 36
Verkehrsinfrastruktur, 1985, 218
Waldfunktionsplan, 1992, 54
Wasserleitung, 1980, 70
Weinbau, 1995, 193
Wirtschaftliche Entwicklung, Oberpfalz, 1986, 23
- Ostbayern, 1976, 72

Wirtschaftlichkeit, Universität, 1975, 90
Wohnungsbau, 1971, 83; 1976, 27; 1982, 123; 1984, 118
Zippel Maschinenfabrik, 1995, 186
Zuckerfabrik, 1979, 109

Wissenschaft und Forschung

Anatomie und Medizin, 1986, 227; 1994, 163; 1994, 137.
BioRegio, 1999, 112;
Botanische Gesellschaft, 1981,71; 1991, 154
Brander, Georg Friedrich, Instrumentenbauer, 1989, 145
Chronogramm-Forschung, 1995, 168
Einstein, Albert, Walhalla, 1991, 144
Erfindungen, 1983, 40; 1984, 95
Europakolloquien, 1992, 140
Familienforschung im Bischöflichen Zentralarchiv, 1974, 122
Grünbeck, Josef, mittelalterlicher Gelehrter, 1972, 93
Hoerburger, Felix, 1998, 57
Kepler, Johannes, Mathematiker und Astronom, 1981, 37
Krebsforschung, 1995, 156; 1997, 66
Liturgieforschung, 1970, 105
Meteorologie, 1991, 132
Placidus, Heinrich, Gelehrter, 1983, 23
Prasch, Johann Ludwig, Sprachwissenschaftler, 1990, 96
Schels, August, 1995, 145
St. Emmeram, Quellenforschung, 1981, 21

Sprachwissenschaft, Flurnamen, 1976, 101
- Namensforschung, 1981, 138
- Ortsneckereien, 1983, 120
- Redewendungen, 1982, 153
- Soldatensprache, 1984, 138
- Straßennamen, 1985, 204

Theologie
- Scheuchzer, Johann Jakob, Physica sacra, 1992, 168

Universität, 1968, 17; 1975, 90
- Einzugsbereich, 1988, 59
- Strukturplanung, 1988, 39
- Verein der Freunde der Universität, 1988, 27; 1998 DwR, 77

Waldsterben, 1987, 97
Zimmer, Rektor, Universität, 2001, 32
Zivilisationsforschung, 1982, 75; 1984, 132